仿制药专利侵权风险预警分析

黑龙江省知识产权保护中心　组织编写

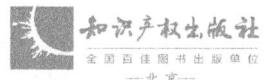

知识产权出版社
全国百佳图书出版单位
— 北京 —

图书在版编目（CIP）数据

仿制药专利侵权风险预警分析 / 黑龙江省知识产权保护中心组织编写. -- 北京：知识产权出版社, 2025.8. -- ISBN 978-7-5130-9979-0

Ⅰ.D923.42

中国国家版本馆 CIP 数据核字第 2025FG6837 号

内容提要

本书旨在深度剖析仿制药领域的政策导向、专利风险预警和应对策略、专利链接制度，以及海外市场的专利侵权防控措施，通过精选市场价值显著、备受业界关注的仿制药案例，分析其专利布局、市场竞争格局及潜在侵权风险，探讨在原研药密集专利网下，仿制药企业如何通过创新设计、专利绕行等方式寻找突破口，详细展示如何进行专利挖掘、侵权风险评估、预警措施制定及侵权纠纷的应对。本书通过理论阐述与实战案例分析相结合的方式，力求为仿制药企业在立项、研发、临床试验及提交注册审批等阶段针对避免专利侵权、解决专利纠纷提供操作指南，同时为推动我国药品专利保护制度持续优化提供重要参考。

本书适合药物研发企业负责药品注册申请的工作人员、知识产权管理人员、从事仿制药研发的科研人员、专利工程师、专利代理机构，以及其他相关咨询与服务机构人员阅读。

责任编辑：许 波　　　　　　　　责任印制：孙婷婷

仿制药专利侵权风险预警分析
FANGZHIYAO ZHUANLI QINQUAN FENGXIAN YUJING FENXI

黑龙江省知识产权保护中心　组织编写

出版发行：知识产权出版社 有限责任公司	网　　址：http://www.ipph.cn
电　　话：010-82004826	http://www.laichushu.com
社　　址：北京市海淀区气象路 50 号院	邮　　编：100081
责编电话：010-82000860 转 8380	责编邮箱：xbsun@163.com
发行电话：010-82000860 转 8101	发行传真：010-82000893
印　　刷：北京中献拓方科技发展有限公司	经　　销：新华书店、各大网上书店及相关专业书店
开　　本：720mm×1000mm　1/16	印　　张：18.5
版　　次：2025 年 8 月第 1 版	印　　次：2025 年 8 月第 1 次印刷
字　　数：270 千字	定　　价：108.00 元
ISBN 978-7-5130-9979-0	

出版权专有　侵权必究

如有印装质量问题，本社负责调换。

编委会

主　　编：马　冀
副 主 编：王　珣　曹福成
编　　委：吴　楠　王世琨　高斯珈　关红岩　刘　庆
　　　　　张滨滨　孔鲁裔　牟　钰　张　军　殷　江
　　　　　王铁霖　翟　爽　梁　丽　王　雪　冯　磊
　　　　　曲　菲　任佰慧　王　欢　童　瑶

前 言
preface

在当今时代，全球医药市场正以前所未有的速度发展。其中，仿制药的兴起对于提升公共健康水平、降低医疗成本具有不可估量的影响，已成为全球医药政策和经济发展的关键因素。随着众多专利药物保护期的结束，仿制药行业站在了新的发展风口，迎来了前所未有的增长和机遇。然而，这一领域也充满了挑战，尤其是复杂的专利侵权风险，对制药企业的法律合规性、市场策略乃至商业成功构成了严峻考验。正是在这样的大背景下，我们精心编撰了《仿制药专利侵权风险预警分析》一书，旨在为制药行业的专业人士、政策制定者、法律顾问及对仿制药领域有深入研究兴趣的读者提供一份全面的参考。本书深入剖析了仿制药在专利到期潮中的市场机遇与挑战，遴选了仿制药典型案例，系统阐述了专利布局策略、侵权预警机制，并进行了实际案例分析，旨在帮助读者理解仿制药领域的复杂性，把握行业发展脉络，规避潜在的专利风险，从而在激烈的市场竞争中占据有利地位。本书通过提供实用的分析工具和策略建议，不仅为读者揭示了仿制药行业的内在逻辑，也为仿制药行业的健康发展提供了理论支持。我们期望，通过本书的深入分析和实用指导，能够为读者在仿制药领域的探索和实践打下坚实的基础，共同推动医药行业的创新与进步。

本书共分为五章，第一章介绍了仿制药的基本概念、分类及我国相关的政策和仿制药目录，为读者提供了仿制药行业的宏观视角。第二章深入探讨了仿制药专利侵权风险预警，包括专利侵权判定规则、仿制药研发过程中的侵权风险点及相应的应对措施。第三章详细阐述了仿制药专利制度，包括专利期限补偿制度、药品专利链接制度的背景、适用范围、主要内容及其对仿制药企业的影响。第四章聚焦仿制药海外专利侵权风险防控，提供了海外专利纠纷应对措施和解决关键环节的分析和建议。第五章首先介绍了仿制药遴选的原则，包括市场价值、疗效、靶点多样性、适应证广泛性、原研药专利布局完整性及化学药和生物药的覆盖。其次重点以卡博替尼、艾地骨化醇、曲妥珠单抗和阿塞那平等药物作为实际案例，深入探讨了上述药物的市场应用前景、专利状态、国内仿制热度及相关专利的侵权及其应对措施等内容。通过对上述实例药物的专利布局和潜在竞争对手的专利技术分析梳理，提供了仿制药企业在研发和市场推广过程中的专利策略和侵权风险预警。最后，介绍了专利无效抗辩、药品专利链接诉讼等实际操作层面上的相关内容，为仿制药企业提供了相关参考和启示。

  本书虽倾尽编者们的智慧和心血，然仍难免有所疏漏，望广大读者批评指正。

  另外，我们想提示读者的是，本书旨在提供仿制药专利侵权风险预警分析，书中所表达的观点和建议仅代表作者个人观点，并不一定反映出版方或其他相关方的意见。同时，尽管作者和出版方已尽力确保所提供信息的准确性和时效性，但由于知识产权领域的发展变化及受众个人情况的差异，我们不能保证本书中的所有内容适合每一位受众。因此，建议读者在因参阅本书而采取任何行动前仔细评估相关信息，并充分考虑与自身条件的匹配。

本书编写组
2024 年 10 月 25 日

目 录
contents

第一章 仿制药相关政策 ·········· **001**
 第一节 仿制药及其分类 ·········· 001
 第二节 我国相关政策及仿制药品目录 ·········· 003

第二章 仿制药专利侵权风险预警 ·········· **013**
 第一节 专利侵权判定规则 ·········· 013
 第二节 仿制药研发过程、侵权风险和应对措施 ·········· 024

第三章 仿制药专利制度 ·········· **057**
 第一节 专利期限补偿 ·········· 059
 第二节 药品专利链接制度 ·········· 071

第四章 仿制药海外专利侵权风险防控 ·········· **102**
 第一节 海外专利纠纷应对措施 ·········· 103
 第二节 海外专利纠纷解决的关键环节 ·········· 124

第五章 仿制药专利分析 ·········· **137**
 第一节 遴选仿制药 ·········· 137
 第二节 卡博替尼专利分析 ·········· 143
 第三节 艾地骨化醇专利分析 ·········· 173
 第四节 曲妥珠单抗分析 ·········· 218
 第五节 阿塞那平专利分析 ·········· 255

参考文献 ·········· **288**

第一章

仿制药相关政策

第一节　仿制药及其分类

一、仿制药介绍

仿制药是指具有与原研药相同的活性成分、剂型、给药途径和治疗作用的药品，一般情况下，当原研药的专利期限到期后，可被仿制药合法替代。[1] 2015年8月，《国务院关于改革药品医疗器械审评审批制度的意见》（国发〔2015〕44号）发布，将仿制药由"仿已有国家标准的药品"调整为"仿与原研药品质量和疗效一致的药品"，并调整药品注册分类，要求仿制药审评审批要以原研药品作为参比制剂，确保新批准的仿制药质量和疗效与原研药品一致。[2]

---

[1] 蒋煜.化学仿制药新法规对研发及注册管理的影响分析[J].中国新药杂志，2016,25(18):2067-2073.

[2] 肖连立.山东省通过仿制药质量和疗效一致性评价药品备案变更审评关注要点与常见问题[J].食品与药品，2024(4):347-352.

二、仿制药的分类

仿制药可以分为化学仿制药和生物类似药两大类。化学仿制药主要是通过化学合成的方法生产专利失效的药品，通常属于小分子化学药。这类药物的有效成分和参照药完全一致，其生产过程相对简单，药物结构明确，质量属性容易描述。化学仿制药与原研药在剂量、安全性、效力、质量、作用及适应证上相同，主要是与原研药的活性成分相同，但非活性成分和制备工艺可能有所不同。生物类似药则属于生物药范畴，与化学仿制药相比，生物类似药是由活细胞或生物体制备的，属于生物药。这类药物在结构、制备和药学性质上与化学仿制药存在较大差异，因为生物类似药通常指治疗用生物技术药物，包括蛋白质、抗体等药物，这些药物在分子大小、结构复杂性、生产过程的敏感性，以及免疫原性等方面与化学药物有显著不同。此外，生物类似药和化学仿制药在研发、生产、临床研究、质量控制等方面也存在差异。生物类似药的生产过程复杂，对工艺变化敏感，而化学仿制药的生产工艺则相对简单，药物结构明确。在临床研究方面，化学仿制药主要进行人体药动学的生物等效性研究，而生物类似药则需要进行更复杂的质量一致性评价和安全性、有效性证明。❶

我国《化学药品注册分类及申报资料要求》明确了仿制药包括化学药品3类、化学药品4类和化学药品5类。其中，境内仿制药（3类）是指境内申请人仿制境外上市但境内未上市原研药品的药品，应与参比制剂的质量和疗效一致。境内仿制药（4类）是指境内申请人仿制已在境内上市原研药品的药品，应与参比制剂的质量和疗效一致。境外上市药品（5类）中的原研药品和改良型药品（5.1类）是指境外上市的原研药品和改良型药品申请在境内上市，改良型药品应具有明显临床优势。仿制药（5.2类）是指境外上市的仿制药申请在境内上市，应与参比制剂的质量和疗效一致。

---

❶ 马丁灯.生物类似药从研发到使用[M].北京：中国医药科学技术出版社，2021：4-7.

第二节　我国相关政策及仿制药品目录

为提高仿制药的质量，促进对原研药的临床替代，提升我国制药行业整体水平，我国自2016年开始推进仿制药质量与疗效一致性评价工作。《国务院办公厅关于开展仿制药质量和疗效一致性评价的意见》（国办发〔2016〕8号）指出，开展仿制药质量和疗效一致性评价（以下简称"一致性评价"）工作，对提升我国制药行业整体水平，保障药品安全性和有效性，促进医药产业升级和结构调整，增强国际竞争能力，都具有十分重要的意义。现根据本书需要概括为以下具体意见。

第一方面，明确评价对象和时限。化学药品新注册分类实施前批准上市的仿制药，凡未按照与原研药品质量和疗效一致原则审批的，均须开展一致性评价。

第二方面，确定参比制剂遴选原则。参比制剂原则上首选原研药品，也可以选用国际公认的同种药品。

第三方面，合理选用评价方法。药品生产企业原则上应采用体内生物等效性试验的方法进行一致性评价。符合豁免生物等效性试验原则的品种，允许药品生产企业采取体外溶出度试验的方法进行一致性评价。

第四方面，落实企业主体责任。药品生产企业是一致性评价工作的主体，应主动选购参比制剂并开展相关研究，确保药品质量和疗效与参比制剂一致。完成一致性评价后，可将评价结果及调整处方、工艺的资料，按照药品注册补充申请程序，一并提交食品药品监管部门。

第五方面，加强对一致性评价工作的管理。国家食品药品监督管理总局（以下简称"国家药监局"）负责发布一致性评价的相关指导原则，加强对药品生产企业一致性评价工作的技术指导；组织专家审核企业报送的参比制剂资料，分期分批公布经审核确定的参比制剂目录，建立我国仿制药参比制剂目录集；及时将按新标准批准上市的药品收入参比制剂目录集并公布；设立统一的审评通道，一并审评企业提交的一致性评价资料和药品注册补充申请。

第六方面，鼓励企业开展一致性评价工作。通过一致性评价的药品品种，由国家药监局向社会公布。截至 2023 年底，已批准 3 797 个品规、666 个品种的仿制药通过一致性评价。

这一政策显著提升了我国仿制药的质量和疗效，为人民群众提供了更多安全有效的用药选择。

《鼓励仿制药品目录》是中华人民共和国国家卫生健康委员会（以下简称"国家卫生健康委"）联合中华人民共和国科学技术部（以下简称"科学技术部"）、中华人民共和国工业和信息化部（以下简称"工业和信息化部"）、国家药监局、国家知识产权局等部门组织制定的目录，截至 2023 年已发布三批。2019 年 9 月 17 日，国家卫生健康委联合科学技术部、工业和信息化部、国家药监局、国家知识产权局等部门组织专家对国内专利到期和专利即将到期尚没有提出注册申请、临床供应短缺（竞争不充分）及企业主动申报的药品进行遴选论证，经过一系列程序，制定出了《第一批鼓励仿制药品目录》，具体见表 1-1。

表 1-1　第一批鼓励仿制药品目录

编号	药品通用名	剂型	规格
1	尼替西农	胶囊	20mg
2	富马酸福莫特罗	吸入溶液剂	0.02mg/2mL
3	泊沙康唑	注射液	300mg/16.7mL（18mg/mL）
		肠溶片	100mg
4	氨苯砜	片剂	50mg、100mg
5	缬更昔洛韦	口服溶液剂	50mg/mL
		片剂	450mg
6	阿巴卡韦	口服溶液剂	20mg/mL
		片剂	300mg
7	厄他培南	注射用无菌粉末	1.0g
8	阿托伐醌	混悬液	750mg/5mL

续表

编号	药品通用名	剂型	规格
9	伊沙匹隆	注射用无菌粉末	15mg、45mg
10	氟维司群	注射液	5mL：0.25g
11	巯嘌呤	片剂	25mg、50mg
12	甲氨蝶呤	片剂	2.5mg
13	环磷酰胺	片剂	50mg
14	维A酸	片剂	10mg
15	非索罗定	缓释片	4mg、8mg
16	格拉替雷	注射液	20mg/mL、40mg/mL
17	硫唑嘌呤	片剂	50mg、100mg
18	雷洛昔芬	片剂	60mg
19	左甲状腺素钠	片剂	50μg
20	依来曲普坦	片剂	20mg、40mg
21	溴吡斯的明	片剂	60mg
21	溴吡斯的明	缓释片	180mg
22	多巴丝肼	片剂	0.25g（0.2g：0.05g）（左旋多巴：苄丝肼）
23	布瓦西坦/布立西坦	片剂	10mg、25mg、50mg、75mg、100mg
24	福沙吡坦二甲葡胺	注射用无菌粉末	150mg
25	曲前列尼尔	注射液	1mg/mL、2.5mg/mL、5mg/mL、10mg/mL
26	波生坦	片剂	62.5mg、125mg
27	盐酸考来维仑	片剂	625mg
28	多非利特	胶囊	0.125mg、0.25mg、0.5mg
29	艾替班特	注射液	30mg/3mL（10mg/mL）
30	地拉罗司	分散片	0.125g、0.25g、0.5g
31	阿卡他定	滴眼剂	0.25%
32	他氟前列素	滴眼剂	0.0015%
33	氨己烯酸	片剂	500mg

2021年2月20日，国家卫生健康委联合科学技术部、工业和信息化部、国家医疗保障局、国家药监局、国家知识产权局等部门组织专家对国内专利即将到期尚未提出注册申请及临床供应短缺（竞争不充分）的药品进行遴选论证，制定了《第二批鼓励仿制药品目录》，见表1-2。

表1-2　第二批鼓励仿制药品目录

编号	药品通用名	剂型	规格
1	阿福特罗	吸入溶液剂	2mL：15μg
2	糠酸氟替卡松维兰特罗	吸入粉雾剂	氟替卡松0.1mg，维兰特罗25μg
3	氟替美维	吸入粉雾剂	氟替卡松0.1mg，乌美溴铵62.5μg，维兰特罗25μg；氟替卡松0.2mg，乌美溴铵62.5μg，维兰特罗25μg
4	氯维地平	注射用乳剂	50mL：25mg、100mL：50mg
5	奥贝胆酸	片剂	5mg
6	普卡那肽	片剂	3mg
7	米拉贝隆	缓释片	25mg、50mg
8	噁拉戈利	片剂	150mg、200mg
9	依利格鲁司他	胶囊剂	84mg
10	玛莫瑞林	口服溶液剂	120mL：60mg
11	艾司利卡西平	片剂	200mg、400mg
12	吡仑帕奈	片剂	2mg、4mg
		口服混悬剂	0.5mg/mL
13	布瓦西坦	口服溶液剂	10mg/mL
		注射剂	5mL：50mg
14	去甲文拉法辛	缓释片	25mg、50mg、100mg
15	他司美琼	胶囊剂	20mg
16	他喷他多	缓释片	50mg、100mg
17	卡巴他赛	注射剂	1.5mL：60mg

2023年12月，国家卫生健康委印发《第三批鼓励仿制药品目录》，见表1-3。

表1-3 第三批鼓励仿制药品目录

序号	药品名称	剂型	规格
1	贝美替尼	片剂	15mg
2	伏环孢素	胶囊剂	7.9mg
3	伊德利塞	片剂	0.1g
		片剂	0.15g
4	艾曲泊帕乙醇胺	片剂	25mg
		片剂	50mg
5	拉替拉韦	干混悬剂	0.1g
6	利非司特	滴眼剂	0.05
7	芦比替定	注射剂	4mg
8	芦曲泊帕	片剂	3mg
9	哌马色林	片剂	10mg
		片剂	17mg
		胶囊剂	34mg
10	瑞卢戈利	片剂	0.12g
		片剂	40mg
11	替拉凡星	粉针剂	0.25g
		粉针剂	0.75g
12	妥卡替尼	片剂	50mg
		片剂	0.15g
13	福他替尼	片剂	0.1g
		片剂	0.15g
14	纳洛醇醚	片剂	12.5mg
		片剂	25mg
15	帕替司兰	注射剂	5mL：10mg
16	芦卡帕利	片剂	0.25g
		片剂	0.3g
17	替伏扎尼	胶囊剂	0.89mg
		胶囊剂	1.34mg

续表

序号	药品名称	剂型	规格
18	阿立哌唑	缓释注射剂	1.6mL：0.441g
		缓释注射剂	2.4mL：0.675g
		缓释注射剂	3.2mL：0.96g
19	阿莫非尼	片剂	50mg
		片剂	0.2g
20	阿塞那平	舌下片	2.5mg
		舌下片	5mg
		舌下片	10mg
21	奥氮平+沙米哌烷,复方	片剂	15mg：奥氮平5mg,沙米哌烷10mg
		片剂	20mg：奥氮平10mg,沙米哌烷10mg
		片剂	25mg：奥氮平15mg,沙米哌烷10mg
		片剂	30mg：奥氮平20mg,沙米哌烷10mg
22	贝派度酸	片剂	0.18g
23	凡他尼布	片剂	0.1g
		片剂	0.3g
24	非达米星	片剂	0.2g
25	加巴喷汀酯	缓释片	0.3g
		缓释片	0.6g
26	卡波替尼	胶囊剂	20mg
		胶囊剂	80mg
		片剂	20mg
		片剂	40mg
		片剂	60mg
27	卡替拉韦	缓释注射剂	3mL：0.6g
28	瑞维那新	吸入溶液剂	3mL：0.175mg
29	利右苯丙胺	胶囊剂	10mg
		胶囊剂	20mg
		胶囊剂	40mg

续表

序号	药品名称	剂型	规格
29	利右苯丙胺	咀嚼片	10mg
		咀嚼片	20mg
		咀嚼片	40mg
30	瑞卢戈利+雌二醇+炔诺酮,复方	片剂	41.5mg:瑞卢戈利40mg,雌二醇1mg,炔诺酮0.5mg
31	依普利酮	片剂	25mg
		片剂	50mg
32	硝唑沙奈	片剂	0.5g
		混悬剂	5mL:0.1g
33	氯巴占	片剂	20mg
		膜剂	5mg
		膜剂	10mg
		膜剂	20mg
		混悬剂	1mL:2.5mg
34	Ga-68dotatate	注射剂	10mL:20mCi
35	F-18 多巴	注射剂	10mL:40.5mCi
36	F-18 氟代雌二醇	注射剂	10mL:40.5mCi
37	F-18 氟化钠	注射剂	10mL:40.5mCi
38	F-18 氟贝他吡/18F-AV1451	注射剂	10mL:40.5mCi
39	I-123 间碘苄胍/MIBG	注射剂	10mL:20mCi

国家卫生健康委联合工业和信息化部、国家知识产权局等部门,根据临床用药需求和药品专利情况,定期发布鼓励仿制药品目录。截至目前,已发布多批目录,其中包括抗肿瘤、抗感染等多个治疗领域的药品。通过发布鼓励仿制药品目录,有效激发了企业研发和生产仿制药的积极性,填补了国内临床用药的空白,提高了药品的可及性。

近年来,我国加快了药品审评审批制度的改革。《药品注册管理办法》(国家市场监督管理总局令第27号)指出,化学药注册按照化学药创新药、化学药品改良型新药、仿制药等进行分类。药品注册管理遵循公开、公平、公正原则，以临床价值为导向，鼓励研究和创制新药，积极推动仿制药发展。国家药品监督管理局建立收载新批准上市及通过仿制药质量和疗效一致性评价的化学药品目录集，载明药品名称、活性成分、剂型、规格、是否为参比制剂、持有人等相关信息，及时更新并向社会公开。化学药品目录集收载程序和要求，由药品审评中心制定，并向社会公布。按照药品管理的体外诊断试剂及其他符合条件的情形，仿制药经申请人评估，认为无须或者不能开展药物临床试验，符合豁免药物临床试验条件的，申请人可以直接提出药品上市许可申请。豁免药物临床试验的技术指导原则和有关具体要求，由药品审评中心制定公布。仿制药应当与参比制剂质量和疗效一致。申请人应当参照相关技术指导原则选择合理的参比制剂。药品审评中心在审评药品制剂注册申请时，对药品制剂选用的化学原料药、辅料及直接接触药品的包装材料和容器进行关联审评。需补充资料的，按照补充资料程序要求药品制剂申请人或者化学原料药、辅料及直接接触药品的包装材料和容器登记企业补充资料，可以基于风险提出对化学原料药、辅料及直接接触药品的包装材料和容器企业进行延伸检查。仿制境内已上市药品所用的化学原料药，可以申请单独审评审批。对于仿制药等，根据是否已获得相应生产范围药品生产许可证且已有同剂型品种上市等情况，基于风险进行药品注册生产现场核查、上市前药品生产质量管理规范检查。单独申报仿制境内已上市化学原料药的审评时限为二百日。相关政策优化了审评审批工作流程，提高审评审批效率，强化药品全生命周期管理；同时，支持创新药、罕见病治疗药品等的研发和上市。其目的在于加快新药上市速度，提高药品质量和疗效，满足临床用药需求。

《国家药监局关于无参比制剂品种仿制研究的公告》（2023年第130号）主要围绕无参比制剂品种的仿制研究进行了详细规定，旨在满足患者临床用药需求，保障药品安全、有效、质量可控。基本原则是高标准、严要求：以问题为导向，深化药品审评审批制度改革，为公众提供高质量的仿制药，促进仿制药产业高质量发展。以临床价值为导向：仿制的品种须符合当前科学认识和临床诊疗需求，作为主流药品被广泛使用，且具备不可替代性特征，同时有足够临床试验数据支持临床获益大于风险。实施最严格的标准：申请人应基于现行技术要求开展仿制研究，并对已上市同品种药品开展全面质量评估，以确保仿制药品质量不低于同类已上市品种。开展临床研究的无参比制剂品种仿制药批准上市后，将被纳入《新批准上市以及通过仿制药质量和疗效一致性评价的化学药品目录集》。

《国务院办公厅关于改革完善仿制药供应保障及使用政策的意见》旨在促进仿制药研发，提升仿制药质量疗效，提高药品供应保障能力，更好地满足临床用药及公共卫生安全需求，加快我国由制药大国向制药强国跨越，具体概括为以下几点：

① 制定鼓励仿制的药品目录。建立跨部门的药品生产和使用信息共享机制，强化药品供应保障及使用信息监测。鼓励仿制临床必需、疗效确切、供应短缺的药品，以及重大传染病防治、罕见病治疗、突发公共卫生事件处置、儿童使用等特定需求的药品。定期发布并动态调整鼓励仿制的药品目录。

② 加强仿制药技术攻关。将重点化学药品、生物药品关键共性技术研究列入国家相关科技计划。健全产学研医用协同创新机制，建立仿制药技术攻关联盟。积极引进国际先进技术，进行消化吸收再提高。

③ 完善药品知识产权保护研究。完善与我国经济社会发展水平和产业发展阶段相适应的药品知识产权保护制度。实施专利质量提升工程，培育更多高价值知识产权。加强知识产权领域反垄断执法，防止知识产权滥用。

④ 加快推进仿制药质量和疗效一致性评价工作，提高医疗机构和医务人员开展临床试验的积极性。对临床使用量大、金额占比高的品种加快工作进度；对临床必需、价格低廉的品种采取针对性措施给予支持。

⑤ 提高药用原辅料和包装材料质量。组织开展质量标准制修订工作。推动企业加强研发，提高质量水平。推动技术升级，改变依赖进口的局面。

⑥ 提高工艺制造水平。大力提升制药装备和智能制造水平。推广应用新技术，优化和改进工艺生产管理。推进药品生产质量控制信息化建设。

⑦ 严格药品审评审批。深化药品审评审批制度改革，严格审评审批标准。优化审评审批流程，提高仿制药上市审评审批效率。对特定仿制药注册申请给予优先审评审批。

⑧ 加强药品质量监管。建立覆盖仿制药全生命周期的质量管理和质量追溯制度。加强对药物研发、生产、流通及使用过程的监督检查。严肃查处违法违规行为，强化责任追究。

⑨ 及时纳入采购目录。药品集中采购机构按药品通用名编制采购目录。促进与原研药质量和疗效一致的仿制药和原研药平等竞争。对新批准上市的仿制药及时纳入采购目录。

⑩ 发挥基本医疗保险的激励作用。加快制定医保药品支付标准，与原研药质量和疗效一致的仿制药、原研药按相同标准支付。建立完善基本医疗保险药品目录动态调整机制。通过医保支付激励约束机制鼓励医疗机构使用仿制药。

⑪ 明确药品专利实施强制许可路径。依法分类实施药品专利强制许可。鼓励专利权人实施自愿许可。在特定情况下，提出强制许可请求并依法处理。

⑫ 落实税收优惠政策和价格政策。落实现行税收优惠政策，支持仿制药企业研发和创新。加大扶持力度，支持仿制药企业工艺改造。持续推进药品价格改革，形成科学合理的采购价格。

为完善药品供应保障体系和机制，国家采取了一系列措施来保障药品的稳定供应。这包括建设现代药品流通体系、推动药品流通供应链智能化应用、完善短缺药品保供稳价报告机制和分级应对管理措施等。国务院办公厅关于印发《深化医药卫生体制改革2024年重点工作任务》的通知（国办发〔2024〕29号）。其中指出，完善药品使用和管理。推动国家基本药物目录与国家医保药品目录、药品集采、仿制药质量与疗效一致性评价协同衔接，适时优化调整国家基本药物目录。研究制定关于建立基层医疗卫生机构药品联动管理机制的政策文件。加大创新药临床综合评价力度，促进创新药加快合理应用。深化药品审评审批制度改革。制定关于全链条支持创新药发展的指导性文件。加快创新药、罕见病治疗药品、临床急需药品等，以及创新医疗器械、疫情防控药械的审评审批。制定发布第五批鼓励研发申报儿童药品清单和第四批鼓励仿制药品目录。通过加强药品供应保障政策，确保了仿制药的稳定供应和价格稳定，满足了人民群众对仿制药的需求。

第二章

仿制药专利侵权风险预警

第一节 专利侵权判定规则

一、专利侵权判定概念

专利权是一项排他性权利,即赋予发明人排他性地享有使用、制造、销售、许诺销售其发明的产品或者方法的权利,而非授予发明人据其发明本身享有制造、使用、销售等权利。司法实践中对于专利侵权案件的表述,通常以"某一产品或方法侵犯他人专利权"的句式表述专利侵权纠纷,但是认定专利侵权的依据并非产品或者方法本身,而是产品或方法专利权利要求书中所包含的技术特征或者技术方案。所以,专利侵权判定指的是审判人员针对具体案件中特定的专利侵权纠纷,以专利相关法律法规及司法解释为依据,按照一定的判定原则与程序等,对被控侵权产品或方法中的技术特征或方案是否落入专利权保护范围进行认定的过程。

显然,专利侵权判定过程中的认定对象应当是技术方案或技术特征,并非行为人的行为,与民事侵权判定有本质区别。进行专利侵权判定时,确定权利要求书记载内容的保护范围是重要前提，唯有对权利要求所包括的技术特征范围进行明确解释与划分，并与被控侵权产品或方案相关技术特征进行对比，才能作出相同、等同或者完全不同等认定结果，进而对被控侵权产品或者方法作出是否侵权的判定，包括不构成侵权、构成相同侵权或等同侵权。随着规避专利权侵权意识的增强，公众开始重视对专利技术的改进与创新，与涉案专利技术特征相比较，被控侵权产品或方法的技术特征落入完全相同范围的寥寥无几。所以大多数国家在进行专利侵权判定过程中几乎达成了共识：专利权利保护范围既包括权利要求书明确记载的必要技术特征，也包括与权利要求书记载内容具有等同替代性的技术特征。

因此，在进行专利侵权判定过程中，需要完成两方面技术工作：一方面需要判定被控侵权技术特征是否完全落入专利权利要求记载技术特征的范围；另一方面在两者技术特征不相同情况下继续对比是否属于等同技术特征。根据知识产权制度的利益平衡原则，专利侵权判定制度作为《中华人民共和国专利法》（以下简称《专利法》）中的重要制度同样应当体现利益平衡原则，维护专利权人与公共利益之间的权利平衡，如何在技术特征等同与不同之间取得合理平衡，也是专利侵权判定实践中不可规避的技术问题。

二、一般性专利侵权判定原则在药品领域的适用现状

司法实践中，专利侵权判定不同于一般的民事侵权判定，不仅是法律问题，更是涉及不同专业领域的技术问题，具有跨领域跨学科特征，专利侵权判定原则的正确适用极为重要。一般性专利侵权判定原则是法院在认定侵权过程中采用的具体方法，根据各国专利立法与司法实践经验，在仿制药专利侵权认定过程中，以"全面覆盖原则"为依据的相同侵权判定方法，与以"等同原则"为判定依据的等同侵权判定方法，在世界各国专利侵权判定过程中得到普遍使用。与此同时，禁止反悔原则、捐献原则及仿制药领域特有的Bolar例外原则作为限制性原则相继得以适用，弥补相同侵权与等同侵权判定过程中存在的诸多不足，同时防止等同原则被滥用。仿

制药专利侵权属于专利侵权中的特定行业领域专利侵权，总体上适用于一般专利侵权判定原则；但是在审判实践操作过程中，基于药品本身分类多样性、结构复杂性等特征，专利侵权判定原则的适用仍然面临一些特定的难点。

1. 全面覆盖原则在药品领域的适用与举例

全面覆盖原则作为相同侵权判定的依据，理论界也称之为"相同原则"或者"字面侵权原则"，是专利侵权判定中最基本的原则。根据最高人民法院司法解释，法院应当对权利人主张的涉案专利所有技术特征进行认定，以作为判断被诉侵权技术是否落入涉案专利权保护范围的依据。因此，判定两种药品专利是否构成相同侵权，需要对所有技术特征进行综合性对比。如果被诉侵权药品包含涉案药品专利权利要求书中记载的全部技术特征，并且重合技术特征完全相同，无论是否还有其他技术特征，均应当认定为专利侵权成立。简言之，全面覆盖原则的审查标准是，被控侵权产品或方法是否将涉案药品专利所公开的必要技术特征全部未加改变地再现。

通常情况下，涉嫌侵权药品产品或者方法都会在有意或者无意中尽可能避开权利要求书中技术方案的字面描述，司法实践中所有技术特征字面上完全相同的专利侵权纠纷逐渐减少。应当注意的是，两项专利权利要求在字面描述方法上略有区别，实则属于上位概念与下位概念之间的关系。本质上属于包含关系而非相似等同关系的，同样属于相同侵权范畴。

以拜耳先灵制药股份公司（Bayer Schering Pharma，以下简称"拜耳先灵公司"）与南京仕浪药业有限公司（以下简称"仕浪公司"）之间的药品专利侵权纠纷为例，该案争议焦点在于被控侵权产品的盐酸莫西沙星化学结构是否与原告涉案药品权利要求书中保护的化合物结构完全相同，是否可认定为构成相同侵权。针对被告南京仕浪公司生产的莫西沙星及其盐酸盐，原告拜耳先灵公司以其权利要求1、权利要求4、权利要求7中记载该物质内容为由，主张被告行为落入权利要求保护范围内。由于涉案化合物书写结构式不同，因此案件争议焦点不仅在于被控侵权产品是否落入拜耳先灵公司专利权保护范围，还包括盐酸莫西沙星这种物质的化学结构是否唯一。拜耳先灵公司申请专利"喹诺酮甲酸和萘啶酮甲酸衍生物及其制法",依据该专利方法生产出"拜复乐"的药品,药品的活性成分中就包含盐酸莫西沙星。该专利权利要求书中明确记载了 17 项权利要求,其中权利要求 1、权利要求 4、权利要求 7 中保护的对应化合物中均包含盐酸莫西沙星,并且注明盐酸莫西沙星对应的结构式。南京仕浪公司抗辩称,盐酸莫西沙星有两种不同的结构式,其中盐酸莫西沙星的名称应为 1-环丙基-7-([S,S]-2,8-二氮杂双环[4,3,0]壬-8-基)-6-氟-1,4-二氢-8-甲氧基-4-氧代-3-喹啉甲酸盐酸盐。但是按照拜耳先灵公司在说明书中记载的内容表述,盐酸莫西沙星对应的化学名称为 1-环丙基-7-{[S,S]-2,8-重氮-二环[4,3,0]non-8-yl}-6-氟-8-甲氧-1,4-二氢-4-氧-3-喹啉羧酸氢氯化物。从两者的化学名称可以看出,差异主要体现为"重氮"和"二氮"之间的区别,被告借此证明盐酸莫西沙星的化学结构不唯一。而根据文献资料记载,尽管在某些情况下,莫西沙星和盐酸莫西沙星的化学结构式在书写方式上可能存在差异,有的与常用书写方式不同,本领域普通技术人员仍然可以辨认出其实际指代的是同一物质,表达的是同一结构。另有数据证明,盐酸莫西沙星对应的美国化学文摘社(Chemical Abstracts Service,CAS)登录号 186826-86-8 是唯一的,同一种登录号对应化合物的化学结构式也只有一种。在名称上,"二氮"只是相对于"重氮"更为具体的描述方式,或者可以理解为下位概念与上位概念之间的关系。由此得出结论,原被告双方仅对于化学名称、化学结构的表述方式不同,实则表述的物质化学结构完全相同,即被控侵权产品完全落入拜耳先灵公司专利权保护范围,属于相同侵权。在化学药品侵权案件中,往往会涉及化学结构是否相同的争议,被控侵权方企图通过结构不同实现不落入相同侵权范围的抗辩,结构式的认定是审判人员应当重视的难点之一。在很多情况下,化学结构式的书写方式与命名并不唯一,尤其是现在涉及化学物质结构的药品专利权利要求书中,往往会采用马库什结构通式的方式撰写,更加为被控侵权方提供了主张结构不同的抗辩空间。根据专利审查指南规定,如果一项专利申请的某一权利要求中,包含了多个并列的具有选择性的要素种类,则可以认为符合"马库什"权利要求特点。马库什结构通式一般是根据不同化合物之间化学结构具有相似性，并且具有几乎相同的活性，从而进行合理推测，对实施例化合物进行概括和归纳。所以马库什结构通式撰写权利要求的方式，在包含化学化合物的药品发明专利中运用十分广泛。全面覆盖原则在药品领域适用过程中，应当注意对比分析马库什结构通式表达的物质是否实质上完全相同。

2. 等同原则在药品领域的适用与举例

随着药品研发水平提升及药品专利权人专利意识增强，直接适用相同原则判定的药品专利侵权案件逐渐减少，大多数仿制药企业或个人为了规避相同侵权带来的法律责任，通常会抱着侥幸心理对已公开专利技术特征进行替换或增删改进。但是一旦被专利权人发现或者主张侵权，所属领域普通技术人员无须经过创造性劳动便能联想到其技术特征，不具备显著技术先进性与创新性。仅从权利要求或者说明书实施例字面上理解这种投机取巧行为，无法确定其落入权利要求书保护范围，故难以直接适用相同侵权判定原则。司法实践中为了有效遏制这种侵权行为，以"等同原则"为依据的等同侵权判定原则有了更大的适用空间。

等同原则起源于美国1853年怀南斯诉登米德案，该原则规避了相同侵权过于程式化、保护范围狭窄等弊端，有利于平衡专利权人合法权益与社会公众利益。此后等同原则逐渐被世界各国作为重要专利侵权判定原则加以确认和规范，尽管我国现行专利法对等同原则没有进行明确具体的规定，但在司法实践中已经得到广泛应用。甚至从政策导向层面来看，对于等同原则的适用标准更加严格。最高人民法院在《关于审理专利纠纷条件适用法律问题的若干规定》中对权利要求所包含的必要技术特征辐射范围作出解释：权利要求书中撰写明确的必要技术特征当然包含于专利权保护范围之内，与所记载必要技术特征具有等同效果的技术特征，也应当属于专利权保护范围。该解释充分体现了立法层面对等同原则的默认，为司法实践提供法律支持。

等同原则的定义是指被诉侵权技术方案有一个或者一个以上技术特征，比较权利要求中的相应技术特征，从字面上看不相同，但是属于等同特征，应当认定被诉侵权技术方案落入专利权保护范围。我国司法实践中，判定标准是"三基本一普通"，即与权利要求所记载的技术特征，以基本相同的手段，实现基本相同的功能，达到基本相同的效果，并且所属技术领域的普通技术人员，无须经过创造性劳动就能够想到的技术特征。

结合以上前提可以推定，在专利侵权判定过程中，即便被控侵权必要技术特征表面看起来与专利公开技术特征存在或多或少的不同，但该不同点小到完全满足等同技术特征构成要件，也认为构成等同侵权。譬如，被控侵权药品生产过程中所使用的必要技术特征包含 A+B+C+D+E，而专利药权利要求书公开的必要技术特征包含 A+B+C+D+F，其中技术 E 与技术 F 产生几乎相同的技术效果，或者 F 是 E 的等同替换技术，在该领域普通技术人员可以直接解释为"F=E"的情况下，满足等同原则判定认定标准，构成等同侵权。由此可见，等同原则作为专利侵权判定中一项重要原则，主要在于防止被控侵权人在专利公开技术特征基础上，采用具有显而易见的技术替换手段，以达到因侥幸规避技术特征完全相同而承担法律责任的目的。

关于等同原则在药品专利侵权判定过程中的适用，以礼来公司（ELi Lilly and Company，以下简称"礼来"）诉华生制药有限公司（WATSON Pharmaceuticals Inc，以下简称"华生公司"）奥氮平专利侵权案为例，有别于前述因药品组成化合物相同而构成侵权，或称之为药品产品专利侵权。该案争议焦点在于华生公司制备奥氮平仿制药的方法是否构成对礼来公司侵权，即药品制备方法专利侵权。案件审判过程长达 14 年，由最高人民法院作出最终判决，从以下三个方面判断华生公司制备奥氮平的制备工艺是否落入礼来公司的专利权保护范围。

首先是确定保护范围。根据礼来公司所提出专利权利保护范围对应权利要求内容，即为通过三环胺化物与 N-甲基哌嗪反应生成奥氮平的制备方法。由于根据其权利要求书撰写内容，将奥氮平生产过程中的各种原始反应物、溶剂、反应条件均包含在专利权利要求书内。为了避免对其专利权利保护范围的过度限缩，最高人民法院认为反应溶剂、原始反应物、反应条件不属于对比范畴，而是以两种工艺方案的反应路线是否一致为主要判定依据。

其次是明确被告华生公司实际生产工艺。由于该案为药品制造方法发明专利侵权案件，采用举证责任倒置证明规则，根据华生公司举证有关生产数据及补充提交的证据形成完整证据链，证明其实际生产工艺与备案工艺一致。

最后是对比双方制备工艺。两者反应步骤不同，礼来公司采用"二步法"反应制得奥氮平，而华生公司采用"四步法"制得奥氮平。由于步骤差异，两者制备过程中得到的中间反应物不同。礼来公司第一步反应后得到三环化合物脒，华生公司在前三步骤中经过反应依次得到苄基化硝基腈、苄基脒及苄基化奥氮平三种反应物，即通过判断两种不同步骤所得的中间反应物化学性质及发挥作用是否等同，便能判断两者制备工艺路线是否等同。经过鉴定表明，华生公司制备工艺中采用的苄基保护的脒与无苄基保护的脒化学性质完全不同，是两种不同的化合物。此外，华生公司采取苄基保护后再进行脱苄基反应获得奥氮平收率下降，表明华生公司增加反应步骤的制备工艺反而使反应物收率降低，与礼来公司制备工艺所达到的实施效果存在差异，进而认定两种技术方案不属于等同特征，不构成等同侵权。

三、限制性专利侵权判定原则在药品领域的适用现状

药品专利侵权判定过程中，全面覆盖原则是最基础的判定原则，等同原则是应用最为广泛的原则，采用"字面+等同"的方式来认定专利侵权与否已经达成共识，我国现行司法解释也予以肯定。对药品实施专利保护，往往使人错误地认为这是专利权人立法游说的产物，是创新药厂商专利垄断权的扩张。但是具体到实践过程中，为了应对新的专利侵权情况，以及弥补相同原则与等同原则的不足，全面覆盖原则与等同侵权原则的适用并非信马由缰，始终伴随着各种各样的限制。将禁止反悔原则、捐献原则及Bolar例外原则作为限定性规则的适用，对于专利侵权判定的发展具有重要意义，尤其是防止等同原则被滥用。早在1997年华纳-詹金森案一案中，美国最高法院便对等同原则的适用进行了反思。尽管等同原则的适用对于专

利权人权利保护具有重要意义，但是获得生命的等同原则如果不受制于任何约束，则背离专利权的公示效能，故美国法院提出权利要求妨害规则以限制等同原则的适用。法律规则的演变应当是在一国语境之下演变的，我国是否适用权利要求妨害规则进行权利限制尚存在很大争议，需要慎重选择，而已经在司法实践中实际应用的禁止反悔原则、捐献原则及Bolar例外原则的应用现状和障碍，才是当前应当重点关注的问题。

1. 禁止反悔原则在药品领域的适用与举例

禁止反悔原则起源于英美法系中合同法的允诺禁反言原则，该原则的确立初衷在于保护公众对于权利人权利边界的信赖利益，禁止权利人对已经作出的某种表示再作出否定的表示。随着科技创新能力不断发展，各个国家结合自身国情使专利制度日臻完善，专利制度在不断借鉴移植其他部门法侵权判定准则的同时，允诺禁反言原则也扩展到专利法中，在立法与实践过程中不断完善成为禁止反悔原则。根据权利主体不同，专利制度中的禁止反悔原则表现为专利审查历史禁止反悔、专利权许可人禁止反悔和专利转让人禁止反悔三种情况。专利侵权判定过程中通常指的是专利审查历史禁止反悔，即专利申请人或者专利权人在专利申请授权过程中对必要技术特征内容进行修改，明确放弃对部分技术特征的保护，或者修改为其他技术特征。诸如此类在专利文件中进行书面声明或者陈述，对于专利权利人将产生约束性效果，专利权人不能在专利诉讼判定过程中作出反悔表述而不当扩大权利保护范围。

关于禁止反悔原则在药品专利领域的应用，以我国澳诺制药有限公司（以下简称"澳诺公司"）诉湖北午时药业有限公司（以下简称"午时公司"）、王军社专利侵权案（以下简称"葡萄糖酸钙锌案"）为例。该案在《最高人民法院知识产权案件年度报告2010》中被选为适用禁止反悔原则的典型案例，对于禁止反悔原则在我国药品领域专利侵权判定的应用具有重要指导价值。澳诺公司涉案药品专利在申请时，权利要求书中对药品生产原料进行较为详尽的记载，权利要求1将"可溶性钙剂"作为原料之一进行表述，又在权利要求2与说明书实施例中对"可溶性钙剂"包含的物质范围进行明确限定,包括氯化钙、葡萄糖酸钙、乳酸钙、碳酸钙或活性钙等含钙化合物。在专利审查过程中,审查员根据药品说明书及相关专利文件,只能确定"葡萄糖酸钙"和"活性钙"配制药物实施例,无法确定其他可溶性钙剂在专利实施过程中是否产生实质性作用,进而认为所属领域技术人员依据权利要求书和说明书内容,无法确定其他种类的钙剂能否按照此配方发挥相同的药物疗效,不符合专利授权标准。根据审查意见,专利申请人对"可溶性钙剂"物质范围进行修改,将公开文本与说明书中的"葡萄糖酸钙、氯化钙、乳酸钙、碳酸钙"的限定删除,仅保留"活性钙"一种物质。

诉讼过程中,双方争议焦点落在"葡萄糖酸钙"这一技术特征是否构成等同,午时公司以澳诺公司放弃"葡萄糖酸钙"为由提出抗辩,适用禁止反悔原则。对于该技术特征是否可以适用禁止反悔原则,以及午时公司产品技术特征是否落入专利权利要求保护范围,一审、二审与再审作出了完全不同的判决。一审法院认为,禁止反悔原则仅适用于专利申请过程中为了使技术方案具有新颖性、创造性而进行的修改,本案对于权利要求书的修改是为了得到说明书支持而获得授权,不具有新颖性与创造性,不能适用禁止反悔原则,所以仍然构成等同侵权。二审维持原判,同样认为不能适用禁止反悔原则。被告以一审、二审判决适用法律错误为由,申请再审并继续援引禁止反悔原则提出抗辩,最高人民法院最终适用禁止反悔原则纠正一审、二审错误判决:由于原告澳诺公司最终仅保留了"活性钙"的技术方案,技术上等同的"葡萄糖酸钙"属于"活性钙"之外的可溶性钙剂,已经被专利权人在修改权利要求过程中明确放弃,不再属于原告权利要求保护范围,不能认定构成等同侵权。

2. 捐献原则在药品领域的适用与举例

捐献原则指的是将只在说明书及附图中有相关表述,但是没有正式在权利要求书中明确记载的技术方案,认定为捐献给公众,此类技术特征不受专利权保护。我国于2001年在《北京市高级人民法院关于专利侵权判定若干问题的意见(试行)》中首次引进捐献原则概念,但是对于具体适用范围不够明确，尚未实质性应用到司法实务中。直到2010年最高人民法院颁布《最高人民法院关于审理侵犯专利权纠纷案件应用法律若干问题的解释》（法释〔2001〕21号）（以下简称《侵犯专利权纠纷解释》）正式生效，才再一次明确将捐献原则纳入我国专利侵权判定适用原则范畴，为司法实践提供了更有力的立法依据，对于限制等同侵权滥用、防止专利权保护范围不合理扩张具有重要意义。

以美国辉瑞公司（Pfizer）与兰伯西实验室有限公司（Ranbaxy）和梯瓦制药工业有限公司（Teva）生物医药专利侵权案为例。原告辉瑞公司认为，被告兰伯西实验室有限公司和梯瓦制药工业有限公司，被控侵权药品中含有的"微晶纤维"与权利要求书中的"糖"属于等同物质。兰伯西实验室有限公司和梯瓦制药工业有限公司，擅自生产和销售行为对原告专利构成等同侵权。对原告涉案药品的专利保护范围界定，被告伯西实验室有限公司指出，原告辉瑞公司没有在权利要求书中明确记载该技术特征，仅是在说明书中披露了"微晶纤维素"等同物，遂以捐献原则为由主张抗辩，认为专利权人不得主张等同侵权。显然，该案的争议焦点在于专利权人在药品实施说明书中与权利要求书中书写内容不一致的技术特征，是否应当视为专利权人将该技术特征已经捐献给社会公众。从捐献原则角度而言，重点不在于考虑微晶纤维素是否属于糖类的等同物，而在于确定权利要求的保护范围，对于已经确认脱离权利要求保护范围之外的公开技术，权利人无法主张等同侵权。

根据审判结果，被告兰伯西实验室有限公司适用捐献原则进行抗辩，最终没有得到美国联邦法院的支持，主要原因在于被告抗辩理由未达到捐献原则适用标准。该案中，被控侵权药品由于需要在生产过程中使用"微晶纤维素"进行抑制水解反应，便在说明书中提及作为崩解剂使用的"微晶纤维素"，可以理解为在说明书中对于技术特征实现路线的解释性用法，而非作为一种特定的必要技术特征向公众公开。根据美国联邦巡回上诉法院明确规定捐献原则的适用条件：当专利权人在说明书中披露的相关内容是作为一项技术特征予以表述，并且归属于专利权利要求中某一技术特征方案时，则可以认为专利权人将该技术特征捐献给公众。所以，这种表达主题不等同于替代，专利申请人在说明书中使用的主观意图并非表达技术特征使用，不能满足在说明书中对某一技术特征的替代方案进行特定化的表述条件，故不能认定为将该技术特征捐献给公众。

由此可见，在药品专利侵权案件判定过程中，为了适当平衡专利权人权利与公共权利，防止滥用等同原则过度保护药品技术特征，捐献原则发挥着重要的制衡作用。但是，在适用捐献原则过程中应当采取审慎的态度，准确把握捐献原则适用标准、规范适用要件，防止被告滥用捐献原则抗辩损害专利权合理保护范围，使专利权丧失其本身的功能，这也正是我国在捐献原则适用实践中尚需完善之处。

3. Bolar 例外原则在药品领域的适用与举例

Bolar 例外原则起源于 1984 年美国著名的 Rochev. Bolar 案，对于美国联邦上诉巡回法院将该案认定为构成侵权的判决，美国药品公司表现出不满情绪，在利益权衡背景下催生了《药品价格竞争及专利期补偿法》（也有学者称之为"Hatch-Waxman 法案"）。这一案例使美国专利制度中增加了 Bolar 例外条款，即仿制药生产商为尽快获得批准上市，所进行实验过程中涉及技术特征与专利技术特征相同或者等同的行为，可以被豁免，并被视为不构成专利侵权。出台 Bolar 例外条款的初衷在于缩短仿制药品上市审批时间，以确保新药品上市数量，从而将药品价格维持在合理范围内，以实现药品价格稳定目的，因此也被誉为仿制药企的"保护伞"。在药品领域具有创新意义的"Bolar 例外原则"立法规定上较为模糊，后来在具体案件适用中进行了较为宽松的解释，不断趋于完善，现已被其他国家在专利制度中借鉴移植。我国于 2008 年修改的《专利法》第 69 条第 1 款第 5 项增加了"Bolar 例外"条款，通常称之为"医药行政审批抗辩制度"。但与美国增设该条款的初衷有所差异，我国设定该制度的主要目的在于维持权利平衡，即平衡创新药生产者、仿制药生产者与社会公众三方之间的利益，有利于实现药品可及性，降低解决公共健康问题的用药成本。

从专利侵权审判实践来看，由于相关司法解释不成熟、审判经验不足等因素，我国司法实践中直接以"Bolar 例外"为争议焦点的案例屈指可数。Bolar例外原则作为一种限制性原则，不仅是保障社会公众对于药品的可及性，更是专利制度中对于专利权人权利任意扩张的合理限制，适用过程中需要考量多方利益，由此也对审判人员的审判素质提出了较高要求。我国首例涉及Bolar例外原则概念的案件是第一三共株式会社等诉北京万生药业有限责任公司侵犯专利权纠纷案。该案中，被告生产"奥美沙坦酯片"产品的行为与原告第一三共株式会社等涉案发明专利存在技术特征重合，但是被告采用该技术生产的行为发生在申请新药注册和生产许可的过程中，所生产产品暂未进入市场。从被告北京万生药业有限责任公司生产时间节点与行为特征来看，显然符合Bolar例外原则适用条件。尽管该案判定时我国专利制度中尚未引入"Bolar例外"概念，然而根据北京市第二中级人民法院的审判文书，足以体现对Bolar例外原则的适用思想。法院认为被告制备"奥美沙坦酯片"的行为只是为了满足国家审批部门进行药品注册需要，仅处于准备注册审批阶段，没有直接投入市场，也没有直接以销售为目的进行生产，所以不满足以生产经营为目的侵权要件，不构成专利侵权。❶

第二节　仿制药研发过程、侵权风险和应对措施

一、仿制药研发的一般流程

1. 产品信息调研

是否有合法原料提供；临床资料、不良反应资料及产品说明书等相关资料；国内及进口制剂剂型及规格；产品质量标准（原研标准、国内首仿

---

❶ 郭芳.药品专利侵权判定研究[D].重庆：重庆大学，2023：1.

标准、药典标准);原研处方组成及工艺研究资料;药品的稳定性资料;专利情况;生产注册情况(产品原研厂家、国内生产申报厂家数情况);参比制剂来源等。

2. 前期准备

(1) 参比制剂的采购

①首选已进口或本地化生产的原研产品。②如果无法获得原研产品,可以采用质量优良的在发达国家上市的药品,如在国际协调会议(International Council for Harmonisation of Technical Requirements for Pharmaceuticals for Human Use,ICH)成员国上市的同品种,即美国、欧盟或日本等国家和地区的同品种仿制产品。如果上述国家或地区产品已经进口中国,可采用进口产品。③如果无法获得符合上述要求的对照品,则应在充分考虑立题合理性的前提下,采用多家国内上市的主流产品,进行深入的对比研究,所申报产品的质量应能达到其中最优产品的质量。④如果确实无法获得符合要求的已上市对照品,在充分考虑立题合理性的前提下,应按照新药研究的技术要求进行相应的研究。

(2) 原料采购

可选用几个厂家的小样进行对比后,采购质量较好的(需提供原料厂家资质、发票、检验报告、标准、购销合同及长期供货协议等证明性文件)。

(3) 色谱柱及对照品采购

在对原料质量标准、查询到的制剂质量标准进行分析的基础上,拟定标准草案。向原料供应厂家充分了解产品的色谱条件后,再对色谱柱及对照品进行采购,包括色谱柱的型号、规格、生产厂家;对照品的种类(含异构体);对照品的规格;对照品的用途(UV或含测定用);对照品采购量(注明价格)。

(4) 辅料采购

根据国内辅料应用情况,对原研药的处方组成进行合理分析后确定辅料的采购(厂里已有辅料不采购,需提供辅料厂家资质、发票、检验报告、标准、购销合同等证明性文件）。辅料选用标准：首选药用级；无药用级，口服制剂及局部用制剂可选用食用级。若也无食用级，考虑更换辅料。

（5）包材采购

在参比制剂购买以后，参考参比制剂的包装材料，结合公司情况，拟定包材种类（厂里已有包材不采购，需提供包材厂家资质、发票、检验报告、标准、购销合同等证明性文件）；包材的种类（口服或注射剂）；包材的规格（包装规格）；包材药用标准（药典标准或注册标准）；采购量。

3. 处方工艺研究

（1）原辅料及参比制剂的检验

确定原辅料的合法来源；参照药典标准或其他相关标准对原、辅料进行检验；出具检验报告书。对参比制剂进行全面的检测，检测项目应不仅限于拟定的参比制剂质量标准。如固体口服制剂应对参比制剂进行溶出曲线的测定，对 pH 值敏感的药物制剂测定 5% 混悬液 pH 值；液体制剂应加测黏度、渗透压及 pH 值等。最后是检验结果汇总。通过这一项目，可以基本了解制剂要达到的基本性能。

（2）处方工艺摸索

1）辅料相容性试验

如果是口服固体制剂，通过前期的信息调研，得知原料性质比较稳定。在对辅料及保存条件没有太多要求时，若能查到原研药的处方组成，而拟定的辅料种类与原研药一致的情况下，可不做此试验；若在原研药处方的基础上，增加辅料种类，只需做增加的辅料相容性试验；若查不到处方组成，需做辅料相容性试验。具体做法是：选若干种辅料，将辅料与主药按一定比例混合，取一定量，参照药物稳定性指导原则中影响因素的实验方法，在高温（60℃）、强光（4500±500Lx）、高湿（75%、92.5%）条件下试验。分别于 0 天、5 天、10 天取样。重点考察性状、含量、有关物质等，必要时可用原料药和辅料分别做平行对照实验，以判别是原料药本身的变化还是辅料的影响。对原料性质完全不了解，或通过信息调研得知原料性质不稳定，对辅料及保存条件有特殊要求时，即使查到原研药的处方组成，仍建议做一次辅料相容性试验。因为原辅料生产厂家不同，稳定性也不同，杂质种类也可能有差别。在这种情况下的做法可以相对简单一些。例如，经过查找原研药的处方确定所用辅料，在此基础上，将原料和所有辅料按一定常规用量混合，用原料及空白辅料做平行对照，在高温（60℃）、强光（4500±500Lx）、高湿（75%、92.5%）条件下试验。分别于 0 天、5 天、10 天取样。重点考查性状、含量、有关物质等。如果是液体制剂，可不进行此项试验。

2）处方筛选

筛选方法一般采用单因素试验的方法，必要时候可采用正交法，通过上述的辅料相容性试验，研发人员对主药的稳定性有了基本的认识。针对固体口服制剂的情形：①先按照辅料的常规用量和常规工艺，以制剂基本性能（如口服固体制剂颗粒的可压性、流动性及药片的硬度、脆碎度、水分等）为指标进行初步筛选。②选出两到三个基本性能合格的处方样品，进行溶出度曲线测定，与原研制剂进行比较，找出差距，调节辅料的用量，使溶出曲线达到一致。③确认两个或三个最佳处方工艺，分别作出小样，与原研产品对比进行影响因素研究，研究项目根据辅料相容性试验的结果来确定，基本上选用对主药敏感的因素即可，不要求全部因素都做。④初步确定处方工艺。针对液体制剂的情形：a. 根据参比制剂的基本性能如黏度、口感、渗透压、pH 值等来进行辅料的用量选择。b. 对于防腐剂的用量，若可以在原研药的说明书或质量标准中查询到用量，可直接参照原研药的用量。若没有文献资料，需做抑菌性试验，选用最低有效量。其具体做法是：首先参考该防腐剂的常规用量，其次设定 3~4 个浓度，可以用等比的浓度。例如，某物质的常规用量为 0.2%~1.0%，可选用 0.1%、0.2%、0.4%、0.8%四个浓度来进行试验。试验操作和判定标准参照《中华人民共和国药典》（以下简称"中国药典"）附录。c. 选出 1~2 个基本性能合格的处方样品，与原研进行影响因素试验，实验项目可适当简化，如只进行高温（60℃）这一条件试验，即可初步判定稳定性。d. 初步确定处方工艺。

3）初步验证工艺

①三批小试：用拟定的处方工艺放大生产三批，样品规模片剂可为1 000片/批，液体制剂可为500g/批。并填写生产批记录。②样品检验：检验标准为参照原研、国内首仿或国内主流产品、药典等拟订的本品质量标准草案，草案应不低于被仿标准。若产品合格，则可确定处方工艺；若产品不合格，则重新进行处方工艺筛选。检测结果符合质量标准，并与参比制剂一致，出具检验报告单。③确定处方工艺：在证实拟定处方工艺的可行性后，确定处方工艺。

4）中试生产及工艺验证

根据公司条件及相关指导原则，拟定中试生产和工艺验证同时进行。因此，要求上一阶段的工作必须扎实，检测结果必须准确无误。①中试批量：根据法规要求和公司现状，拟定每批批量为：口服固体制剂投料量为10千克左右，根据此重量来折算万片数；液体制剂也为10千克左右。法规要求，中试产品必须在GMP车间进行生产；所用设备应与将来大生产所用设备相同或原理及设备参数相同；批量应不少于以后大生产的1/10。②中试生产：用确定的工艺在车间生产三批中试产品；填写生产批记录。③工艺验证：收集、评估整个工艺设计阶段及生产全过程的数据资料，确立工艺能持续一致地生产出符合质量要求的产品的有科学依据的证据。资料内容包括工艺验证的立项、方案、审批、报告、评价和建议、工艺验证证书。

（3）质量研究

在药品研发中，质量研究是重点。参考指导原则，现将质量研究分成四个部分：质量研究项目的选择及方法初步确定；质量标准的方法学验证；质量对比研究；质量标准的制定。

1）质量研究项目的选择及方法初步确定

质量研究项目的选择及方法初步确定可称为"质量标准草案的初步建立"，此项工作应在辅料相容性试验之前完成。遵循"就高不就低"的原则，结合所查询的产品质量标准（原研标准、ChP、EP、BP、USP、JP等）和中国对具体剂型的要求，确定出质量标准草案。静脉注射剂处方中加有抗氧剂、抑菌剂、稳定剂和增（助）溶剂等，眼用制剂处方中加有防腐剂等，应对相应的辅料进行定量研究。对于国家药品标准中收载的项目，首先应考虑选用标准中收载的检测方法。若有关物质检测方法多种并存时，建议初步对比研究来确定检测方法。如有杂质对照品，用杂质对照品来确认检测方法的可行性；如没有杂质对照品，可做强制降解试验（需要特别注意的是，降解程度为 5%~10%，在此情况下判定物料平衡才有意义），来初步判定检测方法的可行性。判定标准是：有杂质对照品时，系统适用性、分离度、有效检出、精密度及重现性；无杂质对照品时，系统适用性、降解杂质的有效检出、物料平衡。最后初步制定质量标准草案。

2）质量标准的方法学验证

质量标准的方法学验证具体可以分为两个方面：一个是方法的初步验证，另一个是系统的方法学验证。

① 方法的初步验证（在中试之前完成）。a. 在配合处方工艺筛选检验时，就是质量标准初步验证的过程。例如，辅料相容性试验、参比制剂与小试产品的对比检验、小试产品的影响因素试验等，就可以对方法的可行性进行一个初步的判断。在这时，方法学研究偏重验证国家标准中的检测方法和条件是否适用，重点考查方法的专属性和准确度。如方法学研究结果显示方法不适用，应首先分析原因，通过调整处方工艺等以使方法适用；只有在原因无法确认的一些极端条件下，才考虑建立新的检测方法，但新方法首先要按照化学药物质量控制研究相关指导原则进行研究，还需通过比较研究证实与原方法具有同等的控制程度。因此，原则上不要更换已有的国家药品标准的色谱条件。当达不到分离度时，可适当调整流动相的比例。需要注意的是，在前期的处方筛选中，质量标准并没有真正建立，最终确定的质量标准可能不一样。在这种情况下，认为处方筛选的数据仍然可以放入申报资料中，这与处方筛选的目的并不背离，同时也反映出质量研究的开展过程。b. 出具三批小试样品的检验报告书。

② 系统的方法学验证。在初步验证的基础上，需对质量标准进行系统的方法学验证。方法学验证所用样品应采用中试产品。验证项目（品种及剂型不同检测项目不同）：性状；鉴别（理化鉴别和光谱鉴别）；一般检查项（按中国药典制剂通则）；微生物限度检测（需进行完整的方法学验证试

验);溶出度(有些可以和含量一起验证);有关物质(需进行完整的方法学验证试验);含量测定(需进行完整的方法学验证试验);卫生学方法学验证。其中,重点是有关物质和含量的方法学验证。有关物质验证的内容包括系统适用性、专属性、检测限与定量限、线性范围等,具体如下:

a. 系统适用性。取样品,按照有关物质供试品浓度配制溶液,进样,记录图谱。理论板数应符合规定,分离度应大于2.0或符合规定,拖尾因子应在0.8~1.2范围内或符合规定。有已知杂质并且杂质对照品可获得的:杂质对照品溶液连续进样的峰面积的相对标准差应不大于2.0%,保留时间的相对标准差应不大于1.0%。另外,理论板数应符合规定,分离度应大于2.0或符合规定,拖尾因子应为0.8~1.2或符合规定。

b. 专属性。空白溶剂干扰试验、空白辅料试验、强制降解试验(高温、强光、强氧化、强酸、强碱等)、已知杂质定位试验、峰纯度检查(二极管阵列检测、质谱检测)。

c. 检测限与定量限。一般采用信噪比法。有已知杂质并且杂质对照品可得的,须用已知杂质对照品同时做。信噪比为10∶1,为定量限;信噪比为3∶1,为检测限。

d. 线性范围。一般做5~7个浓度,如40%、60%、80%、100%、120%、150%(相对于自身对照浓度)的系列溶液。取该系列溶液进样,记录色谱图,计算回归方程。若有已知杂质并且杂质对照品可得的,则取已知杂质对照品另做线性关系试验(以定量限为起始浓度点),供试品中已知杂质峰面积,应在线性范围内。

e. 精密度。包括重复性和中间精密度。重复性:6份供试品;中间精密度:不同时间、不同人员、不同仪器,6份供试品,与重复性试验的6个数据一起进行比较。

f. 溶液稳定性。以回收率试验进行验证,无已知杂质的,可不做准确度测量;有已知杂质的,须做加样回收试验验证准确度。有关物质的检测中,要检测的是杂质,而不是原料。因此,我们认为在有已知杂质对照品,并且在标准中对此杂质进行了单独控制的时候,方法学验证的内容应围绕着已知杂质展开,不可以用原料来代替。当无已知杂质对照品时,才用原料代替（自身对照，如1%对照，0.5%对照，0.1%对照）。

在做强制降解试验时，同时用空白辅料平行做强制降解试验，特别是含有特殊辅料的，如防腐剂等在紫外线中有吸收的辅料。强制降解试验不仅是方法学验证的内容，而且是对产品的降解途径、杂质谱及产品稳定性判定的过程。仿制药相关指导原则要求仿制品与原研药应比较杂质谱、杂质量及降解途径。因此，我们建议把研试品与原研药平行进行强制降解试验（均为5%~10%），这样可以直观比较两者的降解途径是否一致；降解物是否有差异；检查方法对两者的专属性差别（由于拟定的方法多是原研药的检测方法）。平行对比破坏性试验研究，是评价研制药和被仿药质量是否相同的重要手段。

关于强制降解试验中物料平衡的问题，首先，降解强度为5%~10%。有杂质对照品时，计算出校正因子，将校正因子代入计算。其次，做峰纯度检查（二极管阵列检测），二极管阵列检测的作用不仅是峰纯度检查，还反映出杂质及主药的总体紫外线吸收情况。可以计算在不同波长处的物料平衡情况（按具体品种而定）。计算方法是通过与正常样品的总峰面积进行对比。建议取一定量的样品溶解，作为母液，分别从母液中取一定量进行各因素的降解试验，再与此母液做的正常样进行对比，这样作出的结果才可靠。最后，出具三批中试样品检验报告书。

3）质量对比研究

质量对比研究是判断仿制药与被仿制药质量"一致性"或"等同性"的重要方法，可以全面了解产品的质量特征，为仿制药注册标准的建立提供依据。

① 溶出曲线对比研究。一般采用在四种溶出介质（pH1.2、pH4.5、pH6.8和水）中的溶出曲线对比的方法，用f2因子法（f2>50）来比较原研药和仿制品的曲线相似性。注意事项如下：a. 用于比较的两种制剂含量差值应在5%以内。b. 计算时所选取的时间点间隔无须相等，但两制剂所取时间点必须一致；且计算时间点应不少于3个。由于该计算结果有依赖于比较时间点个数的特性，故在溶出率85%（缓释80%以上）以上的时间点应不多于一个，溶出量应按累计溶出量来计算。c. 除0时外，第一选取时间点

溶出结果的变异系数应不超过 20%，自第二时间点至最后时间点溶出结果的变异系数应不超过 10%；如超出，应从仪器适用性或样品均一性的角度考虑予以解决。

② 杂质的对比研究（此项内容可与方法学验证同做）。对于有关物质检查，由于原料药制备工艺、制剂处方工艺的不同，仿制药的杂质种类和被仿制药可能不同，因此要求进行对比研究，分析仿制药和被仿制药中杂质的种类和含量情况。首先，可通过强制降解试验及影响因素试验的对比研究，来比较仿制药与原研药的杂质种类、降解途径及杂质大小。其次，对于复方制剂来讲，应对杂质进行归属，分别做单个原料、空白辅料及制剂的强制降解试验，研制产品中的杂质种类和含量实测值一般均不高于参比制剂。如果某一杂质含量高于参比制剂，须不高于标准限度（一般为原研药品的质量标准限度）。如果研制产品中含有参比制剂中未含有的新杂质，则建议通过改进处方工艺降低杂质含量或种类，使不超过鉴定限度，否则需进行杂质结构的鉴定，分析杂质的安全性并提供有关数据，必要时应进行相关的安全性试验。

③ 检测方法的对比研究（与方法学验证同时进行）。如果研究发现中国药典标准中的一些检测方法不适用于研制产品，为进一步验证是检测方法存在问题，还是研制产品自身存在质量问题，可以采用被仿制药进行对比研究。

4）质量标准的制定

结合对比研究结果、稳定性研究结果制定。可在国家药品标准的基础上，参考国外药典及参考文献，增加必要的检测项目。检测方法要点：如新建方法与国家药品标准中收载方法相比无明显优点时，因国家药品标准已经过较长时间和多家单位的验证，建议仍采用国家药品标准中收载方法。限度：有多种方法可参考时，限度的制定应遵循"就高不就低"的原则。分别制定货架期标准及放行标准，即注册标准和内控标准，并将其写入申报资料。

4. 稳定性研究（中试产品）

（1）影响因素试验

取一批中试产品和参比制剂，除去内包装，分散为单层，置于适宜的条件下进行。一般包括高温（60℃或40℃）、高湿（92.5%、75%）、光照试验。分别于第5天和第10天取样检测，重点考察性状、含量、有关物质，高湿试验增加吸湿增重项。这些是影响因素稳定性研究的一般要求。根据药品的性质，必要时可以设计其他试验，如考查pH值、氧、低温、冻融等因素对药品稳定性的影响。对于需要溶解或者稀释后使用的药品，如注射用无菌粉末、溶液片剂、干混悬剂等，还应考查临床使用条件下的稳定性。

（2）加速试验

取拟上市包装的三批样品进行试验，建议在比长期试验放置温度至少高15℃的条件下进行。一般可选择（40±2）℃、RH（75±5）%条件下进行6个月试验。在试验期间第0、1、2、3、6个月末取样检测考查指标。如果在6个月内供试品经检测不符合质量标准要求或发生显著变化，则应在中间条件（30±2）℃、RH（65±5）%同法进行6个月试验。具体温度可以参考原研药的说明书中储藏一项。

关于稳定性试验对比研究，法规要求研制产品的稳定性不得低于已上市产品的稳定性。通过强制降解试验和影响因素试验的对比以后，对两者的稳定性有了一定程度的了解。若产品本身比较稳定，参比制剂可只取第0个月和加速第6个月的样品来进行对比；若产品本身就不稳定，建议参比制剂和三批中试制剂同步进行对比。

（3）长期试验

长期试验是在上市药品规定的贮存条件下进行的，目的是考察药品在运输、保存、使用过程中的稳定性，能直接反映药品的稳定性特征，是确定有效期和贮存条件的最终依据。具体方法：取三批中试样品在（25±2）℃、RH（60±10）%条件下进行试验，取样时间点为第0个月、第3个月、第6个月、第9个月、第12个月、第18个月、第24个月、第36个月。长期试验时间的选择应依据产品稳定性情况、与被仿制药稳定性的比较情况、拟定有效期等综合考虑。申请注册时，一般应提供不少于6个月的长期稳定性研究资料。

（4）中间条件试验

（30±2）℃、RH（65±5）%（若长期试验采用此条件，则可不再进行中间条件试验)。

(5) 稳定性研究结果的评价

根据稳定性研究的结果,结合原研药的情况,确定包装材料、贮藏及有效期。包材相容性试验注意事项:包材的选择参考原研制剂,最好与原研材质相同。对于口服固体制剂,用拟定的包装做加速试验及长期试验即可;对于液体制剂和半固体制剂,需考察包装材料中的成分(尤其是添加剂成分)是否会渗出至药品中,引起产品质量的变化。

5. 药理毒理研究

大多数仿制药的研究只需要提供药理毒理研究文献资料即可,这种情况下可以查阅国内外文献数据,找到该药物的药理毒理资料进行整理归纳总结。局部用制剂应在 GLP 实验室,根据品种需进行刺激性、过敏性、溶血性试验,如丙酸氟替卡松鼻喷剂需进行刺激性试验。

6. 申报资料的撰写、整理

(1) 综述资料

需准备的资料:药品名称;证明性文件;立题目的与依据(有国家局颁布的撰写技术指导原则,可以在查询资料后即可撰写);对主要研究结果的总结及评价(有国家局颁布的撰写技术指导原则,可以在进入稳定性考察后撰写);药品说明书、起草说明及相关参考文献(根据原研药的说明书);包装、标签设计样稿。

(2) 药学研究资料

需准备的资料:仿制药(六类),必须按照国家局颁布的 CTD 格式来撰写,其他类推荐按 CTD 格式撰写;CTD 格式申报主要研究信息汇总表;CTD 格式申报资料撰写要求。

(3) 药理毒理研究资料

需准备的资料:药理毒理研究资料综述(根据相关技术指导原则);局部用制剂还要提交过敏性(局部、全身和光敏毒性)、溶血性和局部(血管、皮肤、黏膜、肌肉等)刺激性等特殊安全性试验资料和文献资料。

(4) 临床试验资料

需准备的资料：国内外相关的临床试验资料综述；临床试验计划及研究方案；临床研究者手册；知情同意书样稿、伦理委员会批准件；临床试验报告。其中，后两项为报生产时所需资料。

7. 申报临床及申报现场核查

① 将资料连同电子申报表报省局，准备现场核查。
② 动态分三批现场工艺核查，抽样送检省药检所复检。

8. 临床研究

固体口服制剂做生物等效性试验；溶液剂一般可免临床试验；局部用制剂一般需做临床试验。

9. 申报生产

临床试验完成后，整理资料，申报省局。❶

二、仿制药研发过程中的侵权风险点

"专利悬崖"的到来在带给仿制药市场巨大利益的同时也同样潜藏危机，仿制药与原研药效能相同，价格却低得离谱。仿制药的这一优势恰是对原研药厂家致命的冲击。在仿制药企业积极研发开拓市场的同时，原研药厂家为了维护自身的垄断地位，也在不断地改进策略，在维护自身利益的同时，也使一些仿制药企业在生产过程中陷入专利药企业的陷阱中，发生专利侵权纠纷，从而给仿制药企业以重大打击。导致仿制药陷入侵权纠

---

❶ 仿制药研发具体流程[EB/OL]. (2014-01-19)[2024-08-08]. https://wenku.baidu.com/view/2bc22577fe4733687f21aa13? aggId = d0e0092ede3383c4bb4cf7ec4afe04a1b171b052&fr = catalogMain_text_ernie_recall_v1%3Awk_recommend_main1&_wkts_ = 1731377391121&bdQuery =% E4%BB%BF%E5%88%B6%E8%8D%AF%E7%A0%94%E5%8F%91%E7%9A%84%E4% B8%80%E8%88%AC%E6%B5%81%E7%A8%8B.

纷的风险多种多样，只有对这些风险充分了解，才能够在企业发展中把握方向，规避风险，防止侵权纠纷的发生。

1. 因"专利网"而造成的侵权风险

"专利网"是指以主导技术申请的基本专利为核心，各种应用改进型的外围专利纵横交叉所形成的对某一产品领域的保护网。"专利网"的威力之大超乎想象，它的出现对本企业的产品和市场的保护范围进行了扩张，从而剥夺了竞争对手在本领域的活动能力，从根本上消除了来自竞争对手的威胁。专利药企业在对基本药品申请专利的同时，还会对这种基本药物的"异构体、晶型、盐类、制备方法、新的适应证等"等多项内容进行专利申请。一旦仿制药企业发生漏检，就会因对核心专利以外的其他专利侵权而陷入纠纷之中。

这种构建专利网的方法，有效地防止了基础药品在专利保护期结束后立即被仿制药企业仿制销售的情况。构建专利网是医药专利权人最常用的预防措施之一，也是最有效的一种预防手段。仿制药企业在生产基础药品的过程中，绕不过对其化合物和衍生物的侵权。这无形中延长了对专利的保护。我国是仿制药的大国，在仿制药的研发生产中要面临同样巨大的风险，一有疏忽便会落入侵权的纷争中。

英国的葛兰素史克有限公司早在1993年就针对罗格列酮化合物的结构、制备方法和用途在中国申请了4项专利。2013年这4项专利的保护期限将会终结。但该公司的专利网络的构建使除上述的4项专利外，还有"马来酸罗格列酮水合物的4项专利""马来酸罗格列酮多晶型物的3项专利""罗格列酮与各种酸形成盐的8项专利"等共30个周围专利。葛兰素史克公司的专利网在保护药品专利的同时使专利期限有所延长，但导致了正在研发仿制药的厂家做了无用功，浪费了大量财力和物力，却仍然逃不开侵权纠纷的旋涡。2003年，葛兰素史克公司向有关部门提出，海正集团侵犯其罗格列酮组合物专利权。

2. "潜水艇专利"对仿制药的侵权风险

潜水艇专利是指原研药企业通过逃避常规检索的方式，使仿制药企业出现漏检现象，从而使仿制药企业落入侵权旋涡。随着知识经济的不断发展，"潜水艇专利"已经成为企业的一项保护自身利益的策略呈愈演愈烈的趋势，有的专利甚至潜伏了十几年之久。

原研药企业逃避检索的方式主要是通过同音不同字、不同的译名，甚至是空格、横线的运用都会导致仿制药企业的漏检。例如，英国AstraZeneca公司以中文企业名称"阿斯利康"在我国注册分支机构，以该分支机构名义申请的中国专利文书中的申请人却写成了"阿斯特拉曾尼卡"。以"阿斯利康"这一名称可以检索到发明专利208条，以"阿斯特拉曾尼卡"这一名称可以检索到发明专利499条。这一手段的运用透露出专利权人试图尽可能长时间地将自己的专利隐藏起来，待到相关技术得到广泛应用后，出其不意地公开专利权，以得到巨额的专利使用费或侵权费。这无疑可以给专利权人带来巨大的收入，但对竞争对手，甚至整个行业来说，可能是毁灭性的灾难。

3. 因地域性造成的侵权风险

地域性保护是专利权的一个主要内容，不同国家的保护期限不尽相同，有的国家还实行专利期限补偿制度，这就导致在我国虽然已经过期的专利药品在出口目的国可能仍处在保护期限。专利期限补偿制度是指在专利保护期限届满后，专利人提出延长保护期限以补偿其在研发和等待审批中所花费的时间。这是因为新药从研发到审批直到进入市场前是一个异常漫长的过程，法定保护期限的20年有一部分是花费在了上述的过程中，这使专利权人的利益无形中受到了损失，所以美国、日本等一些国家纷纷推出了这一项制度。对于仿制药企业来说，某一药品虽然在其本国的专利保护期限已经截止，但在出口目的国可能还在继续受到保护，如果没有调查清楚而盲目地出口，必将造成对出口目的国专利药品的侵权。

最先实行专利期限补偿制度的国家是美国，一项专利的最长延长期限可达5年，但从获得授权之日起不得超过14年。美国食品药品监督管理局（FDA）和美国专利与商标局相互配合，共同完成这一个任务。此后，日本、欧洲及其他国家和地区都对此进行了借鉴，以期充分地对专利权人的权利进行保障。这就促使仿制药出口国在进行药品出口时,要对出口目的国进行详细的调查。在查询专利对象的同时,应对该国的专利期限补偿情况有所了解,以免发生侵权纠纷。❶

4. 采购时应注意供应方知识产权侵权带来的风险

仿制药企业在采购时应注意供应方知识产权侵权带来的风险主要包括侵权诉讼、合同违约赔偿、已付货款无法索回或产品在海关被销毁等。

在采购活动中,因知识产权引发的侵权诉讼是一个重要的风险点。侵权产品的采购商或销售商通常会成为被告,这主要是因为侵权证据比较容易从产业链下游的采购商或销售商处发现和获取。企业在采购活动中要注意防止侵犯他人知识产权的情况发生,尽可能在采购前排除相关知识产权风险。采购活动中的知识产权侵权可能会发生在生产制造、使用、销售、许诺销售等环节,可能侵犯的知识产权包括专利、商标、包装装潢、著作权、商业秘密等。在跨境采购活动中,因涉嫌侵权还可能被海关查扣,会导致无法顺利完成采购交易,也将可能面临合同违约赔偿、已付货款无法索回或产品在海关被销毁等风险。

采购方在合法购买产品后,一般情况下不会侵犯他人的知识产权。然而,当采购的相关试剂、包材侵犯了知识产权时,使用该侵权试剂进行的制备方法将构成专利侵权。另外,特别需要注意的是,对于某些购买的产品还必须有相关配套解决方案才能使用的情形。这类产品所需的配套解决方案有可能会涉及另外的技术或方法专利、软件著作权、商业秘密等。若是在采购环节没有注意或预见到这些问题,那么就可能会有知识产权侵权风险,面临支付许可使用费或被迫额外购买该配套解决方案的情形。

综上所述,采购时,供应方知识产权侵权带来的风险不容忽视。仿制药企业应采取相应措施,如要求供货方提供商标注册证明或专利证明,或提供使用他人知识产权的授权书,以及在采购合同中写明知识产权侵权责任由谁承担等,以规避这些风险。

---

❶ 于会明.仿制药的专利侵权问题研究[D].黑龙江:黑龙江大学,2017:3.

5. Bolar 例外的侵权风险

Bolar 例外主要涉及在药品专利到期前,他人未经专利权人同意进口、制造、使用专利药品进行试验的行为,被视为不侵犯专利权的情况。这一规定旨在允许仿制药企业在专利到期前进行必要的试验,以获取药品管理部门所需的数据和信息,从而加速仿制药的上市进程,提高药品的可及性。然而,这一规定也带来了一定的侵权风险。Bolar 例外的适用条件相对严格,主要适用于为了获得仿制药品和医疗器械行政审批所需要的信息而实施专利的行为人,以及为该行为人专门实施专利的行为人。这包括"制造、使用、进口"行为,但不包括许诺销售行为。在药品、医疗器械专利权存续期间,未经许可实施许诺销售的行为,不属于专利法规定的药品和医疗器械行政审批例外的情形,构成专利侵权。这意味着,如果企业在进行必要的试验和准备过程中涉及许诺销售行为,就可能会面临侵权风险。此外,Bolar 例外的适用应严格解释,以确保合法的权利保护是原则,法定不侵权的规定是例外。这进一步增加了企业在利用 Bolar 例外进行试验和准备时的法律风险。如果企业不能准确理解和应用这一例外规定,则可能会因为误解或忽视某些细节而导致侵权行为,从而面临法律诉讼和赔偿风险。

为应对 Bolar 例外的侵权风险,仿制药企需要注意的事项:①企业必须能证明其仅为满足药品申报、行政审批而进行的行为,或者他人为企业获得行政审批的需要;②仿制药企进口、制造、使用的数量不能超过研究实验的真实需求;③仿制药企忌扩大生产,其需保留原料采购和生产记录、产品流向等资料。

综上所述,虽然 Bolar 例外为仿制药企业提供了一定的法律保护,允许在特定条件下进行必要的试验和准备,但企业仍需注意避免侵犯专利权的行为,特别是要避免许诺销售等可能构成侵权的行为,以降低侵权风险。

6. 组成、制备工艺研究的侵权风险

组成、制备工艺研究的侵权风险主要涉及专利侵权。在化工、医药行业中,专利侵权的风险尤为突出。这些行业的专利布局和专利侵权判定的

一般原则及特殊性，使原药化合物专利成为最核心的专利类型。跨国公司通常采用马库什权利要求的写法来保护具有共同性能和作用的一类化合物，这导致后来进入该领域的企业面临较大的侵权风险。此外，专利方法制造的产品若不属于新产品，原告则需承担举证责任，证明被告制造的产品与使用专利方法制造的产品属于相同产品，以及被告制造的产品经由专利方法制造的可能性较大。这增加了仿制药企业在研发和生产过程中的不确定性，提高了侵权风险。

仿制药企业在生产经营的各个环节都可能面临专利侵权风险，这些风险包括采购原辅材料、工装设备、工艺技术等物资和技术活动中采购专利侵权物资和技术构成专利侵权；以及未对来料加工、来样加工、委托设计、委托加工等订单进行专利权的合理谨慎审查；自主生产环节缺乏专利权意识或专利管理预警机制，生产出专利侵权产品，引发赔偿风险；以及企业因销售自己或他人生产产品侵犯他人专利权，引发侵权纠纷。此外，处方研究阶段也可能存在等同侵权的可能，需遵循"三基本一普通"判定标准判断是否侵权。

此外，仿制药企业在对可能的发明和实用新型专利权、外观设计专利权侵权行为进行判定时，如果不满足专利法规定的侵犯发明和实用新型专利权、外观设计专利权的行为特征，指控的行为不属于该条规定的专利侵权行为种类，将导致败诉，除法律诉讼费用支出损失外，甚至还可能引发对被告的相应赔偿责任。

综上所述，仿制药企业在开展组成、制备工艺研究时，应特别注意避免侵犯他人的专利权，采取必要的防范措施，如加强专利检索和分析，确保自主研发成果的独立性和创新性，以及在必要时寻求专业的法律和知识产权咨询服务，以降低侵权风险。

7. "药理毒理研究"的侵权风险

仿制药药理毒理研究涉及的侵权风险，主要包括药理实验或毒理实验方法侵权风险，以及实验动物专利侵权风险等。药理实验或毒理实验方法的侵权风险主要是专利侵权。专利侵权通常指的是未经专利权人许可，以生产经营为目的实施了专利权保护范围内的有效专利的违法行为。在专利侵权案件中,如果他人未经专利权人的许可,擅自制造、使用、销售、许诺销售或进口涉及该专利的产品或方法,就可能构成专利侵权。如对于毒理实验预处理装置这样的技术产品,如果其设计或功能与已有的专利技术相似或相同,且未经专利权人许可,那么就可能构成专利侵权。为了避免专利侵权风险,相关企业和个人在进行产品研发和生产时,应当进行充分的市场调研和专利检索,以确保自己的产品不侵犯他人的专利权。此外,对于可能涉及的技术或设计,应当寻求与专利权人的合作或获得必要的许可,以避免潜在的侵权纠纷和法律责任。

随着医药技术的进步和法规的更新,仿制药的研发和使用在全球范围内受到越来越多的关注。特别是在药理毒理研究中,实验动物的使用是一个不可或缺的环节,但这也涉及专利侵权的问题。近年来,《FDA现代化法案2.0》的通过,对医药研发中的动物试验提出了新的要求,尤其是在限制动物试验的使用方面,这引发了对实验动物专利侵权风险的关注。在仿制药的研发过程中,如果使用了受专利保护的动物或者使用了特定方法(如基因编辑技术)对动物进行试验,而这些动物或方法受到了专利保护,那么在进行药理毒理研究时就有可能触犯专利权,从而面临专利侵权的风险。此外,由于法律制度的不完善和一些条文规定得不明确,给仿制药的侵权纠纷的顺利解决造成了很大的障碍,这对仿制药行业的发展极为不利。

如果仿制药企业拟在中国境内使用试验动物,有必要提前了解相关业务的专利侵权风险,通过进行自由实施分析(Freedom to Operate Analysis,FTO),筛查有关的中国专利、中国专利申请及可能进入中国国家阶段的PCT国际申请,通过专利分析和技术比对,评估相关业务的专利侵权风险。

综上所述,仿制药在药理毒理研究中试验动物的专利侵权风险是确实存在的,但通过合理的法律应用和精细化的管理,可以有效降低这一风险,确保研发活动的顺利进行。

8. "申报资料撰写"的侵权风险

仿制药企业在申报资料的撰写过程中,侵权风险主要涉及专利侵权,专利侵权风险主要涉及原研药的专利信息调研不足，这可能导致无意中侵犯他人的专利权。为了避免这种情况，仿制药企业在进行产品研发、生产及后续产品开发过程中，必须对技术领域内的专利信息进行调研，分析专利申请状况、创新点及主要专利持有人，评定自有研发、生产的产品侵犯他人专利权的可能性，从而避免盲目地研发生产。此外，仿制药企业不仅应考虑在专利期限补偿制度和药品期限补偿制度下原研药最终的专利到期日，同时还应对其他跟仿药的研发进度、拟上市时间、说明书变更等敏感的信息进行关注。

进一步而言，仿制药企业在申报资料的撰写过程中，应如实填写四类声明内容，对于故意登记与药品无关或不当登记的专利，将依法承担责任。

综上所述，申报资料的撰写过程中，需要注意避免侵犯他人的专利权，通过充分调研和技术调研，确保使用的技术和数据有合法的使用权，以降低侵权风险。

9. "临床试验阶段"的侵权风险

仿制药企业在临床试验阶段的侵权风险主要涉及与原研药的联合用药、新适应证专利的侵权风险。仿制药企业在仿制药申请过程中，防范对原研药的联合用药侵权的关键在于，确保仿制药的技术方案不落入原研药品专利权的保护范围。当中国上市药品专利信息登记平台公开了被仿制药品所对应的两个或者两个以上的独立权利要求时，仿制药申请人应当针对这些独立权利要求作出声明，以避免发生侵权行为。此外，仿制药申请人在提交申请后，需要通过专利链接程序在批准药品上市前确认仿制药是否侵犯原研药专利权。确认是否侵权的路径主要有两种：等待原研药专利到期后仿制药才能上市，或者通过专利挑战途径提起诉讼，由法院判决确认是否侵权。审批机关根据法院判决结果作出审评审批决定。这一过程体现了对《专利法》的遵守和对侵权行为的防范。

在医药集中采购领域，申报企业和品种需遵守《专利法》《中华人民共和国反不正当竞争法》（以下简称《反不正当竞争法》）等相关法律，并承担相应的法律责任。申报企业须在《全国药品集中采购申报承诺函》中承诺申报品种不存在违反相关法律法规的情形，若产生相关纠纷，给采购方造成的损失由申报企业承担。这一规定进一步强化了对仿制药申请中侵权行为的防范措施。

可见，仿制药申请人在防范对原研药的联合用药侵权时，需要通过仔细分析原研药的专利权利要求，确保自己的仿制药技术方案不侵犯原研药的专利权，并通过专利链接程序和承诺函等方式，遵守相关法律法规，避免侵权行为的发生。进一步，仿制药在防范对原研药的新适应证侵权风险时，需要注意与原研药的对比分析，确保仿制药的疗效和安全性，并在临床试验过程中注意试验的合规性和科学性，以确保试验数据真实可靠。在仿制药的研发过程中，防范对原研药的新适应证侵权风险是一个重要的考虑因素。这涉及对原研药的新适应证进行深入的研究和分析，以确保仿制药在与原研药对比时，不仅在疗效上相似，而且在安全性、适用性等方面也达到相同或更高的标准。此外，临床试验是仿制药研发的重要环节，需要进行大量的临床试验，以确保仿制药与原研药具有相似的疗效和安全性。在这个过程中，试验的合规性和科学性至关重要，必须确保试验数据真实可靠，以避免因数据问题导致的侵权风险。

仿制药在防范对原研药的新适应证侵权风险时，还需要通过严格的市场调研、对比分析、临床试验，以及确保试验数据的真实可靠性来降低侵权风险，同时遵守相关法规和伦理要求，确保研发过程的合规性和科学性。此外，如果仿制药品涉及对外出口，仿制药企业还应考虑疾病诊断治疗方法（美国给予专利保护）、用量和给药方法（欧洲给予专利保护）等侵权风险。

10. "获批后上市前后"的侵权风险

仿制药在获批后上市前后存在侵权风险，这主要涉及专利侵权问题。如在药品挂网采购过程中，如果仿制药存在专利侵权情形，创新药的专利权人则可能会以仿制药企业构成许诺销售为由，向法院提起专利侵权诉讼或向专利行政管理部门投诉，要求仿制药企业停止挂网采购行为。此外，仿制药在上市后如果侵犯了原研药的专利权，也可能面临专利侵权纠纷。

为了降低上述风险，国家和相关部门采取了一系列措施。例如，《药品专利纠纷早期解决机制实施办法（试行）》旨在为当事人在相关药品上市审评审批环节提供专利纠纷解决的机制，来保护药品专利权人合法权益。该办法包括平台建设和信息公开制度、专利权登记制度、仿制药专利声明制度、司法链接和行政链接制度、批准等待期制度、药品审评审批分类处理制度、首仿药市场独占期制度等，以降低仿制药上市后专利侵权风险。此外，专利预警机制也是降低侵权风险的重要手段之一。这一机制通过对本技术领域的专利信息进行收集、整理和分析判断，对可能发生的重大专利事务及其可能发生的危害程度作出预报，从而对专利风险进行警示和主动防范。这对于保护创新药的专利权、促进医药行业的健康发展具有重要意义。

综上所述，虽然仿制药在获批后和上市前后存在侵权风险，但仿制药企业通过实施《药品专利纠纷早期解决机制实施办法（试行）》和建立专利预警机制等措施，可以有效降低侵权风险，同时，相关制度的实施既能保护创新药的专利权，也能促进医药行业的创新发展。

三、仿制药相关专利侵权应对措施

药品专利的本质是排他的独占性权利，是一种私权。药品专利保护期限的终止导致独占性的权利进入公共共享领域，仿制药行业的发展促进医疗的进步，维护公共健康。从这个角度讲，仿制药行业的发展是对公权力的保护。专利药品的垄断地位极大地损害了公共利益，特别是对于发展中国家而言，人们所能支出的医疗费用有限，一味地注重专利权保护的做法严重损害了公共健康权，将会导致巨大的公共危机。但如果因此而削弱了对专利权的保护也将导致社会创新能力降低，打击发明人的积极性，从而减少对新药的发明，最终导致行业发展停滞不前，同样也不利于公共健康危机的解决。采取一定的政策和法律手段对仿制药专利侵权风险进行防范，同时在仿制药侵权诉讼中积极应对，以达到平衡利益冲突、促进医疗事业健康发展的目的。

我国医药研发技术水平较低，拥有自主知识产权的药品不多。通过生产仿制药进入市场，已成为我国中小医药企业的经营模式。随着大批药品"专利悬崖"的到来，世界上一些医药产业的巨头也纷纷加入仿制药市场的竞争之中，究其根本，还是仿制药产业背后所蕴藏的巨大利益。须知，利益越大，相应的风险也就越大，一切社会的进步总是以残酷的优胜劣汰为代价。然而，当仿制药企业无法绕开风险点时，如何作出有效的侵权抗辩便成为仿制药企业所面临的一个难题。这一问题直接关系到仿制药是否能成功进入市场，甚至关系到一个企业的生死存亡。

从侵权抗辩结果的角度出发，专利侵权抗辩可分为不侵权抗辩和免责抗辩两种。其中，不侵权抗辩包括专利无效抗辩、不落入专利权保护范围抗辩、先用权抗辩、现有技术抗辩、科研及实验目的抗辩、医疗行政审批抗辩、禁止反悔抗辩、临时过境抗辩、非生产经营目的的抗辩、权利用尽抗辩等；免责抗辩包括滥用专利权抗辩、诉讼时效抗辩、非故意行为抗辩等。

1. 不侵权抗辩

不侵权抗辩是指被控侵权人直接否定自身存在侵权行为，进而免除侵权责任。其抗辩的依据是自己事实上并不存在侵权行为，根本不用承担赔偿责任。实践中专利无效抗辩、不落入专利权保护范围抗辩、先用权抗辩、现有技术抗辩、科研及实验目的抗辩、医疗行政审批抗辩、禁止反悔抗辩、临时过境抗辩、非生产经营目的的抗辩、权利用尽抗辩等都属于不侵权抗辩，其结果均是主张被告的行为并不侵犯专利权人所要保护的专利权。

（1）专利无效抗辩

专利无效抗辩，又称权利瑕疵抗辩，是指专利权人取得权利的条件存在明显瑕疵，被告可免除侵权责任。侵权诉讼中被控侵权人有时会选择专利无效的抗辩方式，对专利权人涉案专利的"三性"质疑，或者主张独立权利要求缺少必要技术特征，依法不能得到保护。在专利侵权诉讼中，因我国实行的是专利诉讼程序与专利确权程序相分离的"双轨制"，根据我国《专利法》的相关规定，无效宣告只能向专利复审和无效审理部提出，法院

不能对专利效力作出判定，这超出了法院职能范围。一般来说，专利无效抗辩的提起会导致诉讼中止，法院会等待专利复审和无效审理部对专利权效力作出决定后，再继续侵权诉讼的审理。当然，如果被告仅提起专利无效抗辩，而未在一审答辩期内向专利复审和无效审理部提出宣告涉案专利无效的请求，法院一般不会对此抗辩进行审查。

（2）不落入专利权保护范围抗辩

专利诉讼中法院一般情况下都会对被告使用的技术是否落入原告涉案专利的保护范围作出判定，不落入专利权保护范围是被告在抗辩中使用最多的理由，《专利法》第七十五条也对原告专利权的保护范围进行了规定。如果原告专利的全部技术特征都呈现在被告使用的技术中，那么被告使用技术就落入了权利人专利范围，被告的行为很有可能造成对原告专利权的侵害。不落入专利权保护范围抗辩通常是指，当被控侵权物相较于原告专利至少一个必要技术特征与权利人的专利技术特征不相同或者不等同时，不构成侵权的事实。

在具体专利侵权纠纷中，当被告收到侵权通知或起诉状副本时，就应积极收集证据资料，将自己使用的技术与专利权的必要技术特征一一比对，以决定是否可以采用不落入专利侵权保护范围的事由进行抗辩。在进行具体抗辩时主要有以下两种情形：一是主张被告使用的技术缺少原告专利中的必要技术特征，即缺少与原告专利相同或等同的必要特征。在判定专利侵权的过程中，应当将原告专利权利要求中的必要技术特征与被告使用技术的特征进行一一比对，看被告使用的技术是否呈现了涉案专利的全部特征，只要有一项必要技术特征不同或者不等同，被告使用技术就不落入原告所要保护的专利范围。"人无我有、人有我异"，在侵权判定中只要被告使用的技术与原告专利技术有本质上的不同，就应判定被告的行为不成立侵权。二是被告使用的技术与专利技术不等同，在面对原告等同侵权请求时，被告可以进行不等同抗辩，根据判定标准将两者进行对比，若被告使用技术与涉案专利技术不同或不等同，则可以通过不落入专利权保护范围这一事由进行抗辩。

(3) 先用权抗辩

大多数国家对专利授权都采用的是先申请原则,这种原则可能会导致有些人其实很早就开始使用这项技术,但为了保证其机密性或其他原因,使其他人被赋予了专利权。先申请原则的适用,存在的弊端是权利人未必是最早的发明者或最先使用者。如果最早发明者或最先使用者未想到保护自己的专利,或者没有及时申请专利,而被他人抢先申请专利造成发明者或使用者损失,则有违公平和正义原则,与专利制度的立法初衷相悖。鉴于此,我国《专利法》确立了先用权制度,是为了平衡双方之间的利益冲突,是对先申请原则的一种必要性补救措施。先用权是指他人在专利权人申请专利之前,就已经用专利技术制造出了产品,使用了和专利相同的方法,或者已经为制造和使用做好了必要准备,而在专利被授予后,他人仍有权在原有范围内继续行使,且该行为不视为侵权。

《专利法》虽明文规定了先用权制度,但对其适用要件未作具体规定。对于何种情况下的使用才构成先用,将从以下几个方面来具体分析。第一,时间要件,在先使用的时间一定是在专利申请日前,其他日期都不得作为判断先用权成立的时间要件。第二,独立性及合法性要件,即先用权人使用技术一定是自己开发的或者通过正当途径获得的。独立性条件要求先用权人使用的技术是自己独立开发完成的,与专利权人的技术开发没有任何关联。合法性条件是指先用权人即使通过合法途径从别处获得专利技术也可主张抗辩。第三,使用性要件,从我国《专利法》对先用权制度的规定中可以看出,该适用包含两种情况:一是先用权人已经制造或使用了和专利技术相同的产品或方法。在这种情况下,先用权人可以继续使用该技术方案。二是先用权人已经做好了制造、使用专利技术的必要准备。此种情形可称之为必要准备要件。在实践中,对必要准备的认定存在重大分歧。考虑到先用权制度设置的目的是平衡先用权人与专利权人之间的利益,因此先用权人的必要准备工作必须是实质上的,而且都投入了大量的人力、物力。只有符合了该实质性要求,才能认定先用权人符合了必要准备要件。第四,原有范围要件,原则上先用权人只能在原有范围内行使其权利,增加设备、扩大生产规模等也包括在内,但先用权人不得擅自许可他人使用有关专利，也不能将其单独转让，或者将先有技术进行抵押、投资和入股，因为上述行为会对专利权人的利益造成重大影响，导致其合法权益受损。

（4）科研及实验目的抗辩

《专利法》规定使用人在未经专利权人许可实施专利的情况下，如果是专为科研及实验目的，那么使用人就不构成侵权，其目的是鼓励科学技术研究，推动科技进步和创新发展。已有技术是科技创新的基础，在为科研及实验目的而实施有关专利时，如果还设置专利许可，将妨害他人进行科学研究与实验，有碍科技发展。因此，需要为科研及实验目的使用专利的行为设置例外规定。这种规定不仅不会损害权利人的合法利益，而且还有利于促进科学技术进步与创新。

（5）医疗行政审批抗辩

医药行政审批抗辩是对美国 Bolar 例外条款的法律移植，其是指在某项药品专利期限届满之前，为了提供行政审批所需要的专利信息，允许医药仿制商不经过权利人同意即可对专利医药开展临床试验和研究工作，但仅限于对药品专利或者医疗器械专利的制造、使用和进口行为。Bolar 例外是一项专门针对药品和医疗器械的专利侵权豁免原则，它的确立对我国制药企业有着重大的意义。设置该例外的目的是防止审批制度对医药上市造成的迟延，从而避免对公众的健康造成影响。2006 年，上海第一三共制药公司和日本第一三共株氏会社，诉北京万生药业公司制造"奥美沙坦酯片"侵犯专利权一案，是我国首例 Bolar 例外的判例，解决了以往药品专利纠纷的法律适用难题，为以后的司法实践提供了范例。由于药品上市的行政审批制度及医药的及时性与公众的健康密切联系，使我国对于 Bolar 例外的立法确认显得尤其重要。

医药行政审批抗辩制度涉及新药开发商、药品仿制商和社会公众三方利益，所以得到了国内外医药行业的广泛关注，这就要求在适用此种抗辩事由时明确它的法理边界。借鉴美国的相关司法适用，可将我国的医药行政审批抗辩作以下解读：第一，从适用对象上看，我国《专利法》将其对象限制为药品、医疗器械，以及通过专利方法制造的医药产品。第二，从仿制时间上看，仿制时间应与同类产品获得行政审批所需的平均时间相一致。举个简单的例子,如果仿制者想要仿制一种生化药品,同类药品获得行政审批所需的平均时间为5~6年,那么仿制者在该生化药品专利权期满前5~6年时,就可以开始仿制该生化药品。因此,需要在时间上为仿制行为确定一个合理的范围。第三,从仿制数量上看,仿制者的仿制数量应与报批所需的药品或医疗器械数量相符。如果仿制者的仿制数量大大超过了其报批的数量,且对超出部分的数量无法说明其用途和作出合理解释时,那么就应推定该仿制者有恶意囤积专利产品的故意,此举与立法目的相悖,应当认定该行为构成侵权。

(6) 现有技术抗辩

《专利法》第三次修订将现有技术抗辩在立法上予以确认,这为在司法实践中存在许多年的现有技术抗辩在法律上寻找到了明确依据。在2008年《专利法》修订以前,理论界和实务界对现有技术抗辩的称谓各异,但在新修订的《专利法》施行后,为了使立法与司法相适应,统一称为现有技术抗辩。现有技术抗辩起源于德国,为了克服瑕疵专利权人从公共物品中获得垄断利益,德国对专利制度进行了相应改进,设计了自由技术抗辩措施,以避免专利权人从中获得不正当利益,也与专利制度的基本宗旨相符。现有技术抗辩是指被告针对原告的侵权指控举证证明自己实施的技术属于公众所知晓的现有技术,从而维护自己合法权益的抗辩。

根据理论界对现有技术抗辩的研究和实务界对现有技术抗辩的具体运用,可以总结出其大致有以下作用。第一,对被告来说,运用此理由抗辩成功可以使其不用承担侵权责任。如果被告使用的技术属于现有技术,根据公共利益原则,原告无权将该技术占为己有,被告使用该技术的行为不构成侵权,应当免于承担赔偿责任,社会公众也可以获取并自由使用该现有技术。第二,对权利人来说,现有技术抗辩会使其指控受到阻碍,可能面临败诉风险。此抗辩对专利权起到了很好的提示作用:一则提示专利权人在进行专利申请以前应当认真做好检索工作,以免将现有技术用来申请专利;二则提示专利权人在提起侵权诉讼以前,最好对自身专利进行检索,看是否属于现有技术,以免在诉讼中由于现有技术抗辩而遭受败诉结果,造成不必要的损失。第三,从社会公共利益的角度来看,现有技术是已被广大公众知晓的技术。如果再在这种技术上投入大量时间和金钱,势必会造成资源浪费。因此,现有技术抗辩对社会公众具有指引作用,任何人在进行专利技术开发前,都应当仔细检索,准确把握现状,避免没有任何价值的徒劳研发。退一步讲,即使该研发技术获得了专利权,也无法受到法律保护,被控侵权人可以以现有技术进行抗辩。

现有技术抗辩的适用条件包括程序性和实体性两种。前者是指诉讼中被告必须主动拿出证据证明自己的观点,其有两方面的含义:一是此抗辩主张必须由被告主动提出,法院不能依职权在被告未提起的情况下主动适用;二是被告有责任举证证明自己实施的技术属于现有技术,如果证据不足或无法举证,那么该抗辩就不能成立。我国的双轨制体系使法院无权对专利权的有效性进行审查,更不会主动作出无效宣告,现有技术抗辩能够有效避免这一体制弊端。实体性条件是被告使用的技术属于现有技术。被告将某项现有技术与自己使用技术进行对比,可能会产生三种结果:一是全部相同或者等同;二是有部分相同或者等同;三是既不相同也不等同。如果属于第一种情况,则被告的现有技术抗辩成立,其他两种情况不成立。

仿制药企业在被诉后,应当积极地对自己的技术进行整理,同时还应当检索领域内的现有技术,将其中的现有技术与被诉侵权的技术进行详细的比对,一旦发现被诉侵权的技术是现有技术,便可以将其作为抗辩的理由对对方的控诉加以反驳。现有技术抗辩制度是平衡专利权和社会公共利益的重要武器,随着法律的逐渐完善、司法实践的不断丰富,这一制度在今后的专利侵权诉讼中将起到更大的作用。

(7) 禁止反悔抗辩

禁止反悔原则设立的目的在于防止权利人的不诚信行为。在专利审批过程中,权利人往往会为了获取专利而放弃某些技术方案或者对专利保护范围作出某种限制,但到了侵权诉讼时又试图取消所作限制,以扩大其权利保护范围并从中得利。禁止反悔原则是指专利权人在获得专利授权或者确权程序中,为了使其专利符合"三性"要求,通过修改权利要求与说明书内容来限制部分保护范围,且此部分修改对专利授权或确权产生了实质性影响。如果在侵权诉讼中权利人又将上述限制或放弃的内容重新纳入保护范围以等同进行指控时，法院就不会支持其请求。禁止反悔原则是对认定等同侵权的限制，目前在一些具体案件中，被告会提出要禁止专利权人的反悔，限制等同原则的适用。禁止反悔的主张是一种事实抗辩，而不是权利抗辩，它不以被告的明确主张为前提，在尊重事实的基础上，法官也可主动准确对禁止反悔原则进行适用，将等同原则范围限制在一个合理的界限。根据相关法律规定，其适用条件应包含以下两点：一是专利权人放弃或限制的内容必须以明示的方式作出，并且在专利文件中能够寻找到依据；二是限制或放弃的内容必须对专利权的获得或专利权效力的认定产生了实质性作用。

禁止反悔原则在仿制药的侵权诉讼里是一项重要的抗辩原则，在实际审判中曾多次被运用。在仿制药专利侵权诉讼中，被诉的仿制药企业可以通过细致的检索和调查，以及对药品专利审批的全过程进行详细的调查，以达到找准专利保护的准确范围，为禁止反悔原则抗辩做好充分准备的目的。这一抗辩理由的充分运用，使仿制药企业在免于败诉的同时，也避免了专利权保护过程中出现专利人在放弃了权利后又得到法律保护的荒唐情景的出现，既是对仿制药企业发展的一种保障，也是对专利审查制度的维护。

（8）临时过境抗辩

临时过境抗辩作为不侵权抗辩的一个法定事由，虽然在我国司法实践中运用甚少，但其存在有重要意义。为了平衡专利权人与社会公众之间的利益，我国设置了临时抗辩制度，以保障国际运输健康、有序发展，缓解世界贸易发展与专利权保护之间的矛盾。根据我国法律规定，适用临时过境抗辩须符合以下条件：首先，外国运输工具必须是临时通过我国领域。对"临时"的理解，应从客观实际出发，只要未长时间停留，客观上不会对我国授予的专利权产生影响，就应该属于临时过境。其次，使用行为必须是为了运输工具自身的需要。仅为了运输工具自身需要使用的行为，而不包括"制造、销售或许诺销售"的行为，作出这样的限制，一则在于保护专利权人的利益，二则在于维护交通运输业的正常发展。最后，看我国与运输工具所属国是否签署了有关条款，是否共同参与了国际条约，或者是否适用互惠原则，这是主张此抗辩的前提条件。若前提条件不成立，航运人是不能以临时过境进行抗辩的,其通过我国境内使用专利,必须得到权利人的许可。

(9) 非生产经营目的抗辩

非生产经营目的抗辩,是指个人为了纯粹消费的目的而使用专利的行为,一般不成立侵权。只有在为实现生产经营目的,即为实现工农业生产或者商业经营等目的前提下,擅自使用专利的行为才成立侵权。这是一种将特定目的与侵权责任相关联的做法。《专利法》规定的专为科研及实验目的和专为医疗行政审批也属于类似做法,两者之间也存在一定关联。在主张此种抗辩时,行为主体是否仅限于自然人存在争议,主流观点认为应将行为主体进行限缩解释(限制为自然人),但有学者认为单位也能以"非生产经营目的"进行抗辩。但从实际案件来看,单位主张非生产经营目的的抗辩大多数都被认为不成立。笔者认为应具体情况应具体分析,若是自然人,毫无疑问可以此理由主张抗辩;但个人和单位之间在现实生活中难免存在"灰色地带",如自发性团体组织,很难将其行为归为个人或是单位,如果生硬地区分"个人"和"单位",仅限于个人才能以"非生产经营目的"进行抗辩,某些时候会造成司法适用中的困境。在中国裁判文书网上进行检索,发现被告以"非生产经营目的"作为抗辩理由的案件屈指可数,法院对此抗辩理由作出评价的更是少之又少。若要在具体案件中以此理由抗辩必须明确是否符合适用前提,而不能盲目抗辩。

(10) 权利用尽抗辩

专利权作为国家通过法律形式赋予权利人的一种专有权,权利人可以在一定期限内自己独占实施专利及排除他人未经授权擅自实施专利的行为,其一经产生就与"自由流通相矛盾",因此各国法律会对专有权附加一定限制,权利用尽抗辩也属于限制的一种。权利用尽是指通过合法途径获得并流通在市场上的专利产品,他人在购买后就可以实施后续行为,不用得到权利人许可。此抗辩事由的关键在于平衡权利人与社会公众之间的利益,在保护权利人合法利益的同时,对其权利行使加以限制,以维护商品流通,保证自由贸易的顺利开展。

根据《专利法》规定可以分析得出,适用权利用尽抗辩原则进行抗辩必须满足如下条件：第一，存在合法有效的专利权。抗辩权是一种防御性权利，其行使必须以请求权存在为前提，而请求权行使的基本条件在于拥有合法有效的基础权利。权利用尽抗辩制度中被控侵权人想要对原告请求权进行抗辩，必须以存在合法有效的专利权为基础。第二，专利产品合法来源于权利人或其许可人。第三，专利产品已被专利权人或其许可人售出。我国《专利法》仅规定了专利产品可以由权利人或其许可人售出，买受人再使用或销售等行为不视为侵权。第四，权利用尽原则中所指向的权利，仅仅限于买受人对售出专利产品的使用、销售、许诺销售和进口。适用专利权用尽抗辩必须符合以上四个条件，如果被控侵权人的事实行为不满足上述条件，则很难以权利用尽原则抗辩成功。

2. 免责抗辩

免责抗辩是指被控侵权人虽然客观上存在侵权行为，但因为某种事由而免于承担责任。而滥用专利权抗辩、诉讼时效抗辩、非故意行为抗辩等不排除侵权行为的成立，只是依据相关规定可以免除或部分免除侵权责任，属于（部分）免责抗辩。

（1）滥用专利权抗辩

在国家鼓励创新、加大对专利权和专利权人保护力度的社会舆论下，立法、执法、司法及学术界的实践工作和理论研究无不围绕着"强化权利意识"这一主题展开。但由于专利权自身所具有的独占性和垄断性，其更易为权利人所滥用。实践中存在大量因权利人不当行使专利权引发的诉讼，这就提示我们在强化专利权保护的同时，也应关注专利权滥用的问题。此抗辩方式由于其本身具有被动性和防御性，不能为被告带来经济上的补偿，但若其抗辩成功意味着对被告诉前行为的豁免。关于滥用专利权行为的法律内涵理论界存在三种学说：一是手段违法说，即权利人采取不正当行使专利的手段，妨害发明创造的公开和社会公众利用的行为。二是越界说，即一项权利的行使，必定有其界限，超过正当范围行使权利必定会造成对权力的滥用。三是损害说，即权利人不按照法律规定行使权利，对他人或社会公众造成损害的行为。三种学说各有侧重，也各有弊端，综合来说，滥用专利权行为是指，虽然专利权人行使专利权的行为在形式上具有合法性，但实质上超越了正当界限，并可能损害他人或者社会公众利益的行为。

滥用专利权抗辩是作为一种免责抗辩，而非不侵权抗辩，免责抗辩的产生是由于专利权人自身原因使其无权对抗被控侵权人。那么当被告主张此抗辩方式时，应达到相应证明标准。第一，客观上权利人实施了滥用专利权的行为。一方面，可以以积极作为方式滥用专利权，如使用"问题专利""垃圾专利"对他人提起诉讼；另一方面，可以以消极不作为的方式滥用专利权，如拒绝许可给他人使用，权利人自己不行使专利，同时也拒绝许可给他人使用，从而导致他人或社会公共利益受损。对于在实际案件中如何判定权利人的行为是否属于滥用专利权，应主要根据被告的举证情况进行分析。第二，专利权人有滥用专利权的主观故意。被告要利用此理由进行抗辩除了证明权利人客观上有滥用专利权的行为，还要证明其主观上具有故意，明知是违法行为还故意实施。对于权利人主观上是否具有故意，可以从以下内容进行判断，但不限于此。如以国家标准或行业标准申请专利并使用的，或者以某一地区广为制造或使用的产品，且权利人根据客观情况有理由知晓上述情况，仍然将该产品申请专利并行使权利的，我们都应当认定权利人主观上有滥用专利权的恶意。第三，权利人的滥用行为可能会给被告造成损害。被告行使滥用专利权抗辩不以实际损失为权利行使的前提条件，即使被告事实上并不存在损失，只要有造成损害的可能性，就可以此进行滥用专利权抗辩。

（2）诉讼时效抗辩

诉讼时效制度是一种普遍适用的制度，它不仅适用于专利诉讼中，也适用于其他民事诉讼中，其设置有利于监督权利人积极行使权利，平衡权利人与社会公众的利益。基于民法中的诚实信用原则，专利权人在知晓自己的权利被侵犯后，应采取积极的态度，使用法律武器维护自己的合法权益，而不是听之任之，甚至为了谋取高额赔偿，故意等待被控侵权人的侵权达到一定规模时才提起诉讼，这有违诚实信用原则。司法解释中规定了专利侵权的诉讼时效为两年，其起算之日是从权利人知道或者应当知道起计，超过该规定期限专利权人的权利将不再受到法律保护，这是一般规则。

同时，司法解释还对持续性侵权的诉讼时效进行了规定，主要从以下两个方面来分析：第一，持续性侵权中，只要权利人起诉时该侵权行为仍在继续，原告请求停止侵权的诉求就可以不受时间限制。如果行为人在权利人起诉前就已经停止了侵权行为，那么权利人也没有必要再向法院提出停止侵权的请求，而只需请求对方承担赔偿责任即可。第二，侵权损害赔偿请求是受诉讼时效限制的。请求权是一种债权，它必须有诉讼时效限制。从权利人提起诉讼之日起算，前两年内的损失可获得赔偿。例如，当专利权人甲明知乙在利用其专利技术生产侵权产品，且未对乙的行为作出任何意思表示，接下来的六年乙一直在持续此侵权行为，如果此时专利权人甲对乙提起侵权诉讼，则甲可以要求乙停止一切侵权行为，但仅能主张从起诉之日起前两年内的损害赔偿。

（3）非故意行为抗辩

非故意行为抗辩，又称合法来源抗辩，是指被控侵权人主观上不知道自己生产经营的产品侵犯了专利权，并且能够证明产品具有合法来源，从而不需要承担侵权责任。根据《专利法》的相关规定，被控侵权人依法不承担侵权责任需要证明如下两点：一是其事实上根本不知道自己使用、销售或许诺销售的产品是专利产品；二是该产品具有合法来源。值得注意的是这种行为在性质上仍然属于侵权行为，只是因为行为人主观上并不存在恶意而免除了其赔偿责任。我国历次专利法对此抗辩理由都有规定，但1984年和1992年《专利法》将此抗辩理由定义为不侵权抗辩，而现行《专利法》将其作为免责抗辩。两者存在很大区别，前两次的规定中，善意的销售和使用行为从根本上就不构成侵权，既不需要承担侵权责任，也不需要停止侵权的行为。而现行《专利法》将善意的销售和使用行为规定为免除责任的情形，这一变化意味着善意的销售和使用行为也构成对专利权的侵犯，需要立即停止侵权，但可以免除侵权责任。对非故意行为抗辩的立法源于民法上对善意第三人的保护规则，如果行为人作出某项具体民事行为时主观上为善意，并为此投入了大量心血，只是因为法律对私权的保护使得其行为不具有合法性，根据公平原则，行为人的权利也应得到相应保护。该抗辩事由可以有效维护交易安全，在专利产品的市场流通中，会经历很多环节，稍不注意就可能会构成对专利权的侵害。对于销售者和使用者来说，一般不会对产品技术进行了解，而且也不会对整个商品流通秩序造成影响。因此，在一般情况下应免除销售者和使用者的赔偿责任，以维护交易安全。❶

---

❶ 何淑方.我国专利侵权抗辩事由研究[D].南宁:广西民族大学,2020:1.

第三章

仿制药专利制度

2020年,《专利法》完成第四次修改,旨在加强对药品专利的保护,并同时确立了药品专利期限补偿和药品专利纠纷早期解决机制两项重要制度。药品专利链接制度和专利期限补偿制度在我国的药品知识产权保护体系中是相辅相成的。

药品专利链接制度又被称为药品专利纠纷早期解决机制,是指在药品上市审批过程中,将药品注册申请与相关的专利状况相链接,以解决专利纠纷的制度。该制度允许仿制药企业在原研药专利到期前提交上市申请,在仿制药上市审批阶段中,不仅要对申请注册的仿制药在临床使用方面的安全和有效性进行审查,同时还要对该仿制药是否构成药品专利侵权进行审查,最大限度防止仿制药上市销售后再发生药品专利侵权诉讼,从而造成社会资源的浪费。如果原研药专利权人认为存在侵权风险,则可以提起诉讼,药品审批机构会暂停审批过程,直到专利纠纷得到解决。药品专利链接制度是药品上市注册审批过程与专利权侵权与否判断之间的衔接,也是药品上市审批机关与专利审查机关之间的工作链接。药品专利链接制度是一个逻辑严密、环环相扣的制度体系,旨在平衡原研药企业和仿制药企业的利益,同时保护消费者权益,正确建立并实施药品专利链接制度有助于保障药品可及、促进有效竞争、合理分配资源、增进社会福祉。

而专利期限补偿则是为了补偿专利权人在专利授权过程中由于非自身

原因导致的不合理延迟,从而确保专利权人能够获得接近法定保护期限的实质性保护。这一制度不仅适用于药品专利,也适用于其他类型的专利。在药品专利领域,专利期限补偿弥补了新药在研发和审批过程中耗费的时间,这部分时间往往无法在标准的20年专利保护期内得到充分的市场独占权。在中国获得上市许可的新药的相关发明专利可以获得期限补偿,且新药批准上市后总有效专利权期限不超过14年。

药品专利链接制度的建立为仿制药企业提供了明确的上市路径,同时也为原研药企业在专利期内提供了保护。而专利期限补偿则是对原研药企业在研发和审批过程中时间损失的一种补偿,确保了其在专利期限内能够获得合理的市场回报。

总的来说,药品专利链接制度和专利期限补偿制度是我国药品知识产权保护的重要组成部分,它们有助于激励创新、保护专利权人的利益,同时也为仿制药企业提供了公平竞争的机会。这些制度可以促进药品行业的健康发展,确保药品的可及性和创新的持续性。

仿制药企业在立项和申请上市时,需要密切关注原研药或其他仿制药企业的专利权期限,以及这些专利是否获得了专利权期限补偿。这是避免专利侵权风险的重要考虑因素,同时应当根据药品已授权相关专利的专利法律状态合理规划药品上市的时机和策略。

仿制药企业在提出药品上市许可申请时,必须遵循药品专利链接制度的规定,针对每一件相关的药品专利作出声明,并在药品专利链接制度的框架下可能将面临后续一系列的专利权诉讼纠纷或者行政裁决。

对于仿制药企业而言,了解原研药的专利状态和专利权期限补偿情况,可以通过查询国家知识产权局的专利登记簿、专利公报及药品注册证书等官方文件来获取。同时,仿制药企业也应关注国家药品监督管理局发布的相关政策和指导原则,以确保在专利权期限补偿方面作出正确的判断和决策。

综上所述,仿制药企业在规划上市策略时,应综合考虑专利权期限、专利权期限补偿及相关法律法规的变化,以确保合规并最大化地把握市场机会。

第一节　专利期限补偿

一、法律规定

自2017年10月中共中央办公厅和国务院办公厅联合印发的《关于深化审评审批制度改革鼓励药品医疗器械创新的意见》中明确设立药品专利保护制度以来，相关法律法规的修订稳步推进。2020年10月17日发布的《中华人民共和国专利法》（专利法第四次修改）已于2021年6月1日施行；相应地，2023年12月21日发布的《中华人民共和国专利法实施细则》（以下简称《专利法实施细则》）及《专利审查指南》（2023）（以下简称《审查指南》）已于2024年1月20日起施行。

《专利法》第四十二条第二款规定：自发明专利申请日起满四年，且自实质审查请求之日起满三年后授予发明专利权的，国务院专利行政部门应专利权人的请求，就发明专利在授权过程中的不合理延迟给予专利权期限补偿，但由申请人引起的不合理延迟除外。

《专利法》第四十二条第二款即专利权期限调整制度，简称PTA，用于补偿专利授权过程中的不合理延迟。

《专利法》第四十二条第三款规定：补偿新药上市审评审批占用的时间，对在中国获得上市许可的新药相关发明专利，国务院专利行政部门应专利权人的请求给予专利权期限补偿。补偿期限不超过五年，新药批准上市后总有效专利权期限不超过十四年。

《专利法》第四十二条第三款即药品专利期限补偿制度，简称PTE，用于补偿新药上市审评审批占用的时间。

《专利法实施细则》第五章第七十七条至第八十四条对专利权期限补偿进行了详细的规定：

第五章 专利权期限补偿

第七十七条 依照专利法第四十二条第二款的规定请求给予专利权期限补偿的,专利权人应当自公告授予专利权之日起3个月内向国务院专利行政部门提出。

第七十八条 依照专利法第四十二条第二款的规定给予专利权期限补偿的,补偿期限按照发明专利在授权过程中不合理延迟的实际天数计算。

前款所称发明专利在授权过程中不合理延迟的实际天数,是指自发明专利申请日起满4年且自实质审查请求之日起满3年之日至公告授予专利权之日的间隔天数,减去合理延迟的天数和由申请人引起的不合理延迟的天数。

下列情形属于合理延迟:

(一)依照本细则第六十六条的规定修改专利申请文件后被授予专利权的,因复审程序引起的延迟;

(二)因本细则第一百零三条、第一百零四条规定情形引起的延迟;

(三)其他合理情形引起的延迟。

同一申请人同日对同样的发明创造既申请实用新型专利又申请发明专利,依照本细则第四十七条第四款的规定取得发明专利权的,该发明专利权的期限不适用专利法第四十二条第二款的规定。

第七十九条 专利法第四十二条第二款规定的由申请人引起的不合理延迟包括以下情形:

(一)未在指定期限内答复国务院专利行政部门发出的通知;

(二)申请延迟审查;

(三)因本细则第四十五条规定情形引起的延迟;

(四)其他由申请人引起的不合理延迟。

第八十条 专利法第四十二条第三款所称新药相关发明专利是指符合规定的新药产品专利、制备方法专利、医药用途专利。

第八十一条 依照专利法第四十二条第三款的规定请求给予新药相关发明专利权期限补偿的,应当符合下列要求,自该新药在中国获得上市许可之日起3个月内向国务院专利行政部门提出:

（一）该新药同时存在多项专利的，专利权人只能请求对其中一项专利给予专利权期限补偿；

（二）一项专利同时涉及多个新药的，只能对一个新药就该专利提出专利权期限补偿请求；

（三）该专利在有效期内，且尚未获得过新药相关发明专利权期限补偿。

第八十二条 依照专利法第四十二条第三款的规定给予专利权期限补偿的，补偿期限按照该专利申请日至该新药在中国获得上市许可之日的间隔天数减去5年，在符合专利法第四十二条第三款规定的基础上确定。

第八十三条 新药相关发明专利在专利权期限补偿期间，该专利的保护范围限于该新药及其经批准的适应证相关技术方案；在保护范围内，专利权人享有的权利和承担的义务与专利权期限补偿前相同。

第八十四条 国务院专利行政部门对依照专利法第四十二条第二款、第三款的规定提出的专利权期限补偿请求进行审查后，认为符合补偿条件的，作出给予期限补偿的决定，并予以登记和公告；不符合补偿条件的，作出不予期限补偿的决定，并通知提出请求的专利权人。

可见，条目要点见表3-1。

表3-1 《专利法实施细则》对专利权期限补偿的规定要点

条目	要点
第七十七条	请求的主体和时限
第七十八条	补偿期限计算办法和合理延迟具体情形
第七十九条	不合理延迟的具体情形
第八十条	新药相关发明专利包括的种类
第八十一条	新药相关期限补偿提出的时机和具体要求
第八十二条	补偿期限计算方法
第八十三条	期限补偿期间专利保护范围和权利
第八十四条	对于请求的处置

此外，第一百零六条中规定了国务院专利行政部门设置专利登记簿，登记与专利申请和专利权有关的事项，其中第（九）项为涉及专利权期限

的补偿的内容。第一百零七条中规定了国务院专利行政部门定期出版的专利公报中公布或者公告的内容，其中第（九）项为涉及专利权期限的补偿的内容。

《审查指南》第五部分专利申请及事务处理，第九章专利权的授予和终止中包括：专利权授予的程序和发证；《专利法》第四十二条第二款的专利权期限补偿；《专利法》第四十二条第三款的专利权期限补偿；专利权的终止。

1. 专利权的授予

该部分明确了专利局作出授予专利权时的必经程序及颁发专利证书的条件。

2. 根据《专利法》第四十二条第二款的专利权期限补偿

根据《专利法》第四十二条第二款的规定，自发明专利申请日起满四年，且自实质审查请求之日起满三年后授予发明专利权的，专利局应专利权人的请求，就发明专利在授权过程中的不合理延迟给予专利权期限补偿，但由申请人引起的不合理延迟除外。同一申请人同日对同样的发明创造既申请实用新型专利又申请发明专利，依照专利法实施细则第四十七条第四款的规定取得发明专利权的，该发明专利权的期限不适用专利法第四十二条第二款的规定。

2.1 请求的提出

专利权期限补偿请求应当由专利权人提出。专利权人请求给予专利权期限补偿的，应当自专利授权公告之日起三个月内向专利局提出请求，并且缴纳相应费用。已委托专利代理机构的，专利权期限补偿请求应当由专利代理机构办理。专利权属于多个专利权人共有的，且未委托专利代理机构的，专利权期限补偿请求应当由代表人办理。

2.2 补偿期限的确定

给予专利权期限补偿的，补偿期限按照发明专利在授权过程中不合理延迟的实际天数计算，该实际天数是指自发明专利申请日起满四年且自实质审查请求之日起满三年之日至公告授予专利权之日的间隔天数，减去合理延迟的天数和由申请人引起的不合理延迟的天数。

对于国际申请和分案申请，不合理延迟的实际天数是指自国际申请进入中国国家阶段的日期或分案申请递交日起满四年且自实质审查请求之日起满三年至公告授予专利权之日的间隔天数，减去合理延迟的天数和由申请人引起的不合理延迟的天数。

实质审查请求之日是指申请人依照专利法第三十五条第一款规定提出实质审查请求并依照专利法实施细则第一百一十三条规定足额缴纳发明专利申请实质审查费之日。发明专利申请的实质审查请求之日早于专利法第三十四条所称公布之日的，专利法第四十二条第二款所称自实质审查请求之日起满三年应当自该公布日起计算。

2.2.1 授权过程中的合理延迟 以下情形引起的延迟属于授权过程中的合理延迟：

依照专利法实施细则第六十六条规定修改专利申请文件的复审程序、依照专利法实施细则第一百零三条规定的中止程序、依照专利法实施细则第一百零四条规定的保全措施、其他合理情形如行政诉讼程序等。

2.2.2 申请人引起的不合理延迟 以下由申请人引起的不合理延迟，延迟的天数为：

（1）未在指定期限内答复专利局发出的通知引起的延迟，延迟的天数为期限届满日起至实际提交答复之日止。

（2）申请延迟审查的，延迟的天数为实际延迟审查的天数。

（3）援引加入引起的延迟，延迟的天数为《专利法实施细则》第四十五条引起的延迟天数。

（4）请求恢复权利引起的延迟，延迟的天数为从原期限届满日起至同意恢复的恢复权利请求审批通知书发文日止。能证明该延迟是由专利局造成的除外。

（5）自优先权日起30个月内办理进入中国国家阶段手续的国际申请，申请人未要求提前处理引起的延迟，延迟的天数为进入中国国家阶段之日起至自优先权日起满30个月之日止。

2.3 期限补偿请求的审批

经审查后认为专利权期限补偿请求不符合期限补偿条件的，专利局应当给予请求人至少一次陈述意见和/或补正文件的机会。对于此后仍然不符合期限补偿条件的，应当作出不予期限补偿的决定。

经审查后认为专利权期限补偿请求符合期限补偿条件的，专利局应当作出给予期限补偿的决定，告知期限补偿的天数。

2.4 登记和公告

专利局作出给予专利权期限补偿的决定后，应当将有关事项在专利登记簿上登记并在专利公报上公告。

3. 根据《专利法》第四十二条第三款的专利权期限补偿

根据专利法第四十二条第三款和专利法实施细则第八十条至第八十四条的规定，对于国务院药品监督管理部门批准上市的创新药和符合规定的改良型新药，应专利权人的请求，专利局可以对符合条件的发明专利给予药品专利权期限补偿，以弥补在专利权有效期内该新药上市审评审批占用的时间。

3.1 补偿条件请求药品专利权期限补偿应当满足以下条件：

（1）请求补偿的专利授权公告日应当早于药品上市许可申请获得批准之日；

（2）提出补偿请求时，该专利权处于有效状态；

（3）该专利尚未获得过药品专利权期限补偿；

（4）请求补偿专利的权利要求包括了获得上市许可的新药相关技术方案；

（5）一个药品同时存在多项专利的，专利权人只能请求对其中一项专利给予药品专利权期限补偿；

（6）一项专利同时涉及多个药品的，只能对一个药品就该专利提出药品专利权期限补偿请求。

3.2 请求的提出

药品专利权期限补偿请求应当由专利权人提出。专利权人与药品上市许可持有人不一致的，应当征得药品上市许可持有人书面同意。

专利权人请求药品专利权期限补偿的，应当自药品在中国获得上市许可之日起三个月内向专利局提出请求，并且缴纳相应费用。对于获得附条件上市许可的药品，应当自在中国获得正式上市许可之日起三个月内向专利局提出请求，但补偿期限的计算以获得附条件上市许可之日为准。

已委托专利代理机构的，药品专利权期限补偿请求应当由专利代理机构办理。专利权属于多个专利权人共有的，且未委托专利代理机构的，药品专利权期限补偿请求应当由代表人办理。

3.3 证明材料

提出药品专利权期限补偿请求时，请求人还应当提交如下材料：

（1）专利权人与药品上市许可持有人不一致的，应当提交药品上市许可持有人的书面同意书等材料；

（2）用于确定药品专利权期限补偿期间专利保护范围的相关技术资料，例如请求对制备方法专利进行期限补偿的，应当提交国务院药品监督管理部门核准的药品生产工艺资料；

（3）专利局要求的其他证明材料。请求人应当在请求中说明药品名称、药品注册分类、批准的适应证和请求给予期限补偿的专利号，指定与获得上市许可新药相关的权利要求，结合证明材料具体说明指定权利要求包括了新药相关技术方案的理由以及请求补偿期限的计算依据，并明确药品专利权期限补偿期间保护的技术方案。

3.4 适用范围

根据专利法第四十二条第三款及专利法实施细则第八十条的规定，针对国务院药品监督管理部门批准上市的创新药和符合本章规定的改良型新药，对于其中药物活性物质的产品发明专利、制备方法发明专利或者医药用途发明专利，可以给予药品专利权期限补偿。

创新药和改良型新药的含义依照有关法律法规并按照国务院药品监督管理部门的相关规定确定。可以给予期限补偿的改良型新药限于国务院药品监督管理部门颁发的药品注册证书中记载为以下类别的改良型新药：

（1）化学药品第2.1类中对已知活性成分成酯，或者对已知活性成分成盐的药品；

(2) 化学药品第2.4类，即含有已知活性成分的新适应证的药品；

(3) 预防用生物制品第2.2类中对疫苗菌毒种改进的疫苗；

(4) 治疗用生物制品第2.2类中增加新适应证的生物制品；

(5) 中药第2.3类，即增加功能主治的中药。

3.5 指定权利要求是否包括新药相关技术方案的审查

新药相关技术方案应当以国务院药品监督管理部门批准的新药的结构、组成及其含量，批准的生产工艺和适应证为准。指定权利要求未包括获得上市许可的新药相关技术方案的，不予期限补偿。

药品专利权期限补偿期间内，该专利的保护范围限于国务院药品监督管理部门批准上市的新药，且限于该新药经批准的适应证相关技术方案；在保护范围内，专利权人享有的权利和承担的义务与专利权期限补偿前相同。

产品权利要求的保护范围仅限于用于经批准的适应证的上市新药产品，医药用途权利要求的保护范围仅限于上市新药产品的经批准的适应证，制备方法权利要求的保护范围仅限于用于经批准的适应证的上市新药产品在国务院药品监督管理部门备案的生产工艺。

3.6 补偿期限的确定

给予药品专利权期限补偿的，补偿期限按照该专利申请日至该新药在中国获得上市许可之日的间隔天数减去5年。该补偿期限不超过5年，且该药品上市许可申请批准后总有效专利权期限不超过14年。

3.7 期限补偿请求的审批

经审查后认为药品专利权期限补偿请求不符合期限补偿条件的，专利局应当给予请求人至少一次陈述意见和/或补正文件的机会。

对于此后仍然不符合期限补偿条件的，应当作出不予期限补偿的决定。

经审查认为应当给予药品专利权期限补偿的，如果专利权人已经提出专利权期限补偿请求但专利局尚未作出审批决定，审查员应当等待专利权期限补偿请求的审批决定作出以后，再确定给予药品专利权期限补偿的时间；如果专利权人尚未提出专利权期限补偿请求，且其自专利授权公告之日起三个月期限尚未届满，审查员应当等待专利权期限补偿请求的时限届满以后，再确定给予药品专利权期限补偿的时间，但专利权人明确表示放弃提出专利权期限补偿请求的除外。

经审查后认为药品专利权期限补偿请求符合期限补偿条件的，专利局应当作出给予期限补偿的决定，告知期限补偿的天数。

4. 专利权的终止

4.1 专利权期满终止

发明专利权的期限为二十年，实用新型专利权期限为十年，外观设计专利权期限为十五年，均自申请日起计算。例如，一件实用新型专利的申请日是 1999 年 9 月 6 日，该专利的期限为 1999 年 9 月 6 日至 2009 年 9 月 5 日，专利权期满终止日为 2009 年 9 月 6 日（遇节假日不顺延）。

发明专利权如存在专利法第四十二条第二款、第三款的期限补偿的，专利权期满终止日为期限补偿后的专利权期满终止日。例如，一件发明专利的申请日为 2021 年 9 月 6 日，该专利的期限为 2021 年 9 月 6 日至 2041 年 9 月 5 日。如其专利权期限补偿后的专利权期限届满日为 2041 年 12 月 1 日，则该发明专利的专利权期满终止日为 2041 年 12 月 2 日（遇节假日不顺延）。专利权期满时应当及时在专利登记簿和专利公报上分别予以登记和公告，并进行失效处理。

可见，《审查指南》第五部分第九章第 2 节涉及根据《专利法》第四十二条第二款的专利权期限调整（PTA）的相关规定、第 3 节涉及根据《专利法》第四十二条第三款的药品专利权期限补偿（PTE）的相关规定。在第五部分第九章第 4 节涉及专利权终止期限的计算，其中举例说明了存在专利期限补偿的情形。

二、期限的补偿

专利期限补偿制度的意义在于，它能够补偿专利权人在专利授权过程中由于非自身原因的不合理延迟，从而确保专利权人能够获得接近于法定保护期限的实质性保护。这一制度不仅适用药品专利,也适用其他类型的专利。

对于药品研发企业来说,专利期限补偿制度尤为重要,因为药品的研发和审批过程往往耗时较长,可能导致专利保护期的实际有效时间大大缩短。通过专利期限补偿,药品企业能够获得额外的保护时间,以弥补在药品上市审批过程中失去的专利保护期限。这有助于激励企业进行新药研发,因为它们知道即使在药品上市审批过程中耗费了时间,也仍有可能通过专利期限补偿来保护其创新成果。

此外,专利期限补偿制度还能够提高专利权的可预测性,使企业能够更好地规划其产品上市和市场策略。同时,它也有助于平衡专利权人的利益和公众利益,确保在保护创新的同时,公众能够在专利期满后获得成本较低的仿制药,提高药品的可及性。

同时,专利权人还可以根据相关法律法规的规定来评估和申请专利期限补偿。这包括对补偿条件的明确、补偿期限的计算方法、申请程序,以及相关费用的缴纳等方面的具体说明。通过这些规定,专利权人可以更好地理解和运用专利期限补偿政策,以维护自身的合法权益。

PTA/PTE 申请期限的补偿时间计算:

PTA = 公开授权日 − 自申请日起满四年且自实质审查请求之日起满三年
(较晚日期) − 合理的延迟期限 − 申请人原因不合理延迟期限

例:某专利授权日为:20240109,相关期限见表 3-2。

表 3-2 PTA/PTE 申请期限的补偿时间

申请案国际申请日	2018 年 04 月 06 日
国家阶段进入日	2019 年 11 月 08 日
公开日	2019 年 12 月 31 日
提实审日(同时足额缴纳实审费)	2024 年 01 月 09 日
OA2 绝限日	2023 年 09 月 15 日
实际 OA2 答复日(延期 2 个月)	2023 年 11 月 14 日

PTA 为:20240109 − (20191108+4 年) − (20231114−20230915) = 2 天

或

20240109 −（20200401+3 年）−（20231114−20230915）= 223 天

该案补偿天数应为 2 天，最终所获得的补偿期限需由国家专利行政管理部门审查确定并下发审查决定。

药品专利期限补偿的计算方法如下：

补偿期限的计算公式为：

药品专利权补偿期限 =（D 药品上市许可之日 − D 申请日）− 5 年药品专利权补偿期限 =（D 药品上市许可之日 − D 申请日）− 5 年

其中，补偿期限最长不超过 5 年，且新药批准上市后总有效专利权期限不超过 14 年。

对于发明专利权期限补偿，补偿期限的计算公式为：

发明专利权补偿期限 =（D 授权之日 − D 满四满三之日）− T 合理 − T 不合理（申请人）发明专利权补偿期限 =（D 授权之日 − D 满四满三之日）− T 合理 − T 不合理（申请人）

其中，D 授权之日是指公告授予专利权之日；D 满四满三之日是指，自发明专利申请日起满四年且自实质审查请求之日起满三年之日，以较晚日期为准；T 合理是指合理延迟的天数；T 不合理（申请人）是指由申请人引起的不合理延迟的天数。

PTE = 新药上市许可日 − 专利申请日 − 5 年

PTE ≤ 5 年

20 年专利到期日 − 药品上市许可日 + PTA + PTE ≤ 14 年

例：专利申请日至新药上市许可日为 12 年，PTE 理论为 7 年，最终补偿 5 年。

三、药品专利期限补偿的重要意义

1. 药品专利期限补偿对药品研发企业的影响

延长专利保护期限：药品专利期限补偿可以延长药品研发企业的专利保

护期限，从而增加其市场独占期，有助于企业回收研发成本并获得合理利润。

激励创新：补偿制度鼓励药品研发企业进行新药研发，因为它们知道即使在药品上市审批过程中耗费了时间，也仍有可能通过专利期限补偿来保护其创新成果。

影响仿制药上市策略：对于仿制药企业而言，药品专利期限补偿可能会延长原研药的专利保护期，从而影响仿制药企业的上市策略和市场进入时机。

专利策略调整：药品专利期限补偿的条件可能会影响药品研发企业在专利申请和药品申报策略上的决策。例如，企业可能需要协调控制好药品专利申请及新药申报的进度。

法律和行政挑战：药品专利期限补偿的决定可能会受到法律和行政挑战，企业需要准备应对可能的专利纠纷和行政复议。

公共利益与企业利益的平衡：药品专利期限补偿制度旨在平衡原研药企业和仿制药企业的利益，同时也考虑到公共健康和药品可及性的需求。

综上所述，药品专利期限补偿对药品研发企业具有重要意义，企业需要根据自身情况和市场环境，合理规划专利策略和市场策略。

2. 专利期限补偿制度对于促进医药创新具有积极影响

激励创新投资：由于药品研发的高成本和长周期，专利期限补偿制度能够通过延长专利保护期，帮助企业回收研发成本并获得合理利润，从而激励更多的创新投资。这一点在多个国家的实践中得到了验证，如美国通过 Hatch-Waxman 法案创立了医药专利期补偿制度（Patent-Term Extension，PTE），允许药品专利获得最多五年的延长保护期，用以弥补从专利生效到新药获批之间的时间消耗。

保护研发成果：专利期限补偿制度确保了创新药物在研发和审批过程中不会因为专利期限的缩短而失去市场独占权，这有助于保护研发成果，鼓励企业进行更多的原创性研究。

促进技术进步：专利期限补偿制度通过确保创新药物有足够的市场独占期，促进了技术进步和新药的研发。这种保护机制使企业有更多的时间和资源来改进药物,提高疗效和安全性。

增强国际竞争力:专利期限补偿制度有助于国内医药企业与国际医药企业在创新领域进行竞争,通过保护知识产权,提升国内企业的国际竞争力。

平衡公共利益:虽然专利期限补偿可能会推迟仿制药的上市,但它鼓励了创新药物的研发,这对于公共健康和药品的长期可及性是有益的。同时,专利期限补偿制度的实施也考虑到了药品的可及性问题,通过适当的政策设计,可以在保护创新与促进药品可及性之间取得平衡。

促进合作与交流:专利期限补偿制度可以促进国内外企业之间的合作与交流,通过合作研发、技术许可等方式,共同推动医药科技的进步。

综上所述,专利期限补偿制度在保护创新成果、激励研发投资、促进技术进步和平衡公共利益等方面发挥了重要作用,对医药创新产生了积极影响。

第二节　药品专利链接制度

一、制度背景

众所周知,原研药的研发具有"三高一长"的特点,即高投入、高风险、高回报和长周期。从发现新的先导化合物到开展结构优化研究,确定候选药物,开展临床前研究,临床研究申报,开展临床Ⅰ期至Ⅲ期研究,提交注册审批直至上市,这一过程可能需要耗费10年甚至更久的时间。而在药物研发和申报的众多环节中,由于物质专利申报时间远早于新药上市时间,原研药专利的有效期确实会因此而缩短。[1]

---

[1] 郭雯.药品专利保护:制度与实践[M].北京:知识产权出版社,2023:001.

由于存在专利保护策略,原研药的专利保护期在药物上市后可能会受到限制,使其市场独占期缩短。此外,仿制药在专利有效期内提前上市的现象也对原研药的市场独占权构成挑战。在仿制药提前审批的过程中,由于缺乏及时有效的法律救济途径,原研药厂往往难以阻止仿制药的上市销售。

总之,原研药的研发是一个复杂且耗时的过程,涉及多个学科和阶段,需要巨大的投资和长时间的研究,药品专利链接制度通过确保在专利期内其他仿制药不能上市,保护了原研药企业的知识产权和市场独占权,从而鼓励药企进行新药的研发和创新。

药品专利链接制度最早源于美国1984年颁布的《药品价格竞争与专利期补偿法》,也被称为Hatch-Waxman法案,旨在平衡创新药企业与仿制药企业之间的利益关系,在保护药品创新的同时,鼓励仿制药尽早上市,提高药品可及性。

根据相关制度的规定,在专利保护期结束后,仿制药可以上市,增加市场竞争,降低药品价格,提高药品的可及性。药品专利链接制度旨在平衡创新药的保护和仿制药的上市,确保两者之间的合理过渡。通过专利链接,药品监管部门可以在审批过程中考虑专利状况,避免在专利期内批准仿制药上市,从而减少可能的专利纠纷和法律诉讼,提高药品审批的效率和准确性。药品专利链接制度通过确保新药在专利期内的市场独占,激励药企研发新药,从而推动医学进步,最终有利于提高公众的健康水平。在没有专利链接制度的情况下,仿制药企业可能会在专利到期前就开始准备上市,这可能导致专利纠纷和法律诉讼。药品专利链接制度通过在审批阶段就解决潜在的专利问题,减少了后续的法律纠纷。药品专利链接制度要求药品上市申请时须披露相关的专利信息,增加了审批过程的透明度,使公众和相关利益方能够更好地了解药品的专利状况。

我国的药品专利链接制度的建立以2021年7月国家药品监督管理局和国家知识产权局联合发布《药品专利纠纷早期解决机制实施办法(试行)》为标志。

二、适用范围

① 国务院药品监督管理部门建立中国上市药品专利信息登记平台，供药品上市许可持有人登记在中国境内注册上市的药品相关专利信息，并向社会公示。

② 未在中国上市药品专利信息登记平台登记的专利信息，不适用本办法。

三、主要内容

药品专利链接制度的制度基础包括如下法律法规、制度文件及司法解释。

① 2021年6月1日施行的《中华人民共和国专利法》第四十二条（专利权期限补偿）和第七十六条（药品专利纠纷早期解决机制）。

② 2021年7月4日实施的《药品专利纠纷早期解决机制实施办法（试行)》。

③ 2021年7月5日实施的《最高人民法院关于审理申请注册的药品相关的专利权纠纷民事案件适用法律若干问题的规定》（以下简称《药品专利纠纷解释》)。

在上述制度的基础上，国家有关部门还相继制定了与药品专利链接制度相关的法律法规和裁决办法。

下面对上述制度、法律法规和裁决办法进行详细解读。药品专利链接制度的运行机制设计牵涉众多主体，包括原研药企、仿制药企、消费者、国家药品行政主管与监管部门等多方利害关系，力求为仿制药企业制定专利纠纷解决策略给出可操作性的指导，为我国药品专利链接制度的完善提供参考。

首先，《专利法》第七十六条规定：

第七十六条　药品上市审评审批过程中，药品上市许可申请人与有关专利权人或者利害关系人，因申请注册的药品相关的专利权产生纠纷的，相关当事人可以向人民法院起诉，请求就申请注册的药品相关技术方案是否落入他人药品专利权保护范围作出判决。国务院药品监督管理部门在规定的期限内，可以根据人民法院生效裁判作出是否暂停批准相关药品上市的决定。

药品上市许可申请人与有关专利权人或者利害关系人也可以就申请注册的药品相关的专利权纠纷，向国务院专利行政部门请求行政裁决。

国务院药品监督管理部门会同国务院专利行政部门制定药品上市许可审批与药品上市许可申请阶段专利权纠纷解决的具体衔接办法，报国务院同意后实施。

可见，《专利法》规定了药品专利纠纷有两种解决途径。药品专利纠纷的司法诉讼和行政裁决作为两种不同的解决途径，各有其特点和适用情况，司法诉讼通常具有更高的权威性和终局性，法院的判决具有强制执行力，起诉的主体为专利权人或利害关系人，以及在特定情况下为仿制药上市申请人；程序为正式的法律程序，可能涉及复杂的证据提交和法律辩论；受理单位为法院系统，如北京知识产权法院。司法诉讼的优点是结果具有法律终局性，可以提供更全面的法律救济，包括损害赔偿；但缺点是程序可能较为复杂，成本较高，且可能涉及多级法院审理。而行政裁决通常更加快速和灵活，但不具备司法诉讼的终局性，由行政机关（如国家知识产权局）进行的行政程序，重点在于确认技术方案是否落入专利保护范围。优点是程序进行快速，成本较低，可以迅速得到结果，有助于早期解决纠纷；缺点是裁决结果可能不是最终的，当事人须进一步提起诉讼。

我国药品专利纠纷采用双轨制的原因是，通过提供两种途径可以更有效地解决专利纠纷，减轻法院的负担；不同的当事人可能根据案件的具体情况和自身的需求选择最合适的解决途径。此外，双轨制旨在平衡原研药企业和仿制药企业的利益，鼓励创新的同时，确保公众能够获得经济有效的药品，即促进创新和公平竞争；而且我国的专利保护体系在逐步完善过程中，双轨制是适应当前中国国情的一种有效机制。

药品专利纠纷的当事人应当如何选择采用司法诉讼还是行政裁决解决

争议,具体可以考虑以下几点。

时间敏感性:如果需要快速解决纠纷,行政裁决可能更合适。

法律救济需求:如果需要全面的法律救济,包括损害赔偿,司法诉讼可能更合适。

成本和资源:考虑诉讼或裁决的成本及自身资源。

案件复杂性:更复杂的案件可能更适合司法诉讼。

《药品专利纠纷早期解决机制实施办法(试行)》是为保护药品专利权人合法权益,鼓励新药研究和促进高水平仿制药发展,建立药品专利纠纷早期解决机制而制定的办法。由国家药品监督管理局、国家知识产权局于2021年7月4日发布实施。

药品专利纠纷早期解决机制实施办法(试行)

第一条 为了保护药品专利权人合法权益,鼓励新药研究和促进高水平仿制药发展,建立药品专利纠纷早期解决机制,制定本办法。

第二条 国务院药品监督管理部门组织建立中国上市药品专利信息登记平台,供药品上市许可持有人登记在中国境内注册上市的药品相关专利信息。

未在中国上市药品专利信息登记平台登记相关专利信息的,不适用本办法。

第三条 国家药品审评机构负责建立并维护中国上市药品专利信息登记平台,对已获批上市药品的相关专利信息予以公开。

第四条 药品上市许可持有人在获得药品注册证书后30日内,自行登记药品名称、剂型、规格、上市许可持有人、相关专利号、专利名称、专利权人、专利被许可人、专利授权日期及保护期限届满日、专利状态、专利类型、药品与相关专利权利要求的对应关系、通讯地址、联系人、联系方式等内容。相关信息发生变化的,药品上市许可持有人应当在信息变更生效后30日内完成更新。

药品上市许可持有人对其登记的相关信息的真实性、准确性和完整性负责,对收到的相关异议,应当及时核实处理并予以记录。登记信息与专利登记簿、专利公报及药品注册证书相关信息应当一致;医药用途专利权与获批上市药品说明书的适应证或者功能主治应当一致；相关专利保护范围覆盖获批上市药品的相应技术方案。相关信息修改应当说明理由并予以公开。

第五条 化学药上市许可持有人可在中国上市药品专利信息登记平台登记药物活性成分化合物专利、含活性成分的药物组合物专利、医药用途专利。

第六条 化学仿制药申请人提交药品上市许可申请时，应当对照已在中国上市药品专利信息登记平台公开的专利信息，针对被仿制药每一件相关的药品专利作出声明。

声明分为四类：

一类声明：中国上市药品专利信息登记平台中没有被仿制药的相关专利信息；

二类声明：中国上市药品专利信息登记平台收录的被仿制药相关专利权已终止或者被宣告无效，或者仿制药申请人已获得专利权人相关专利实施许可；

三类声明：中国上市药品专利信息登记平台收录有被仿制药相关专利，仿制药申请人承诺在相应专利权有效期届满之前所申请的仿制药暂不上市；

四类声明：中国上市药品专利信息登记平台收录的被仿制药相关专利权应当被宣告无效，或者其仿制药未落入相关专利权保护范围。

仿制药申请人对相关声明的真实性、准确性负责。仿制药申请被受理后10个工作日内，国家药品审评机构应当在信息平台向社会公开申请信息和相应声明；仿制药申请人应当将相应声明及声明依据通知上市许可持有人，上市许可持有人非专利权人的，由上市许可持有人通知专利权人。其中声明未落入相关专利权保护范围的，声明依据应当包括仿制药技术方案与相关专利的相关权利要求对比表及相关技术资料。除纸质资料外，仿制药申请人还应当向上市许可持有人在中国上市药品专利信息登记平台登记的电子邮箱发送声明及声明依据，并留存相关记录。

第七条 专利权人或者利害关系人对四类专利声明有异议的，可以自国家药品审评机构公开药品上市许可申请之日起45日内，就申请上市药品的相关技术方案是否落入相关专利权保护范围向人民法院提起诉讼或者向国务院专利行政部门请求行政裁决。当事人对国务院专利行政部门作出的行政裁决不服的,可以在收到行政裁决书后依法向人民法院起诉。

专利权人或者利害关系人如在规定期限内提起诉讼或者请求行政裁决的,应当自人民法院立案或者国务院专利行政部门受理之日起15个工作日内将立案或受理通知书副本提交国家药品审评机构,并通知仿制药申请人。

第八条　收到人民法院立案或者国务院专利行政部门受理通知书副本后,国务院药品监督管理部门对化学仿制药注册申请设置9个月的等待期。等待期自人民法院立案或者国务院专利行政部门受理之日起,只设置一次。等待期内国家药品审评机构不停止技术审评。

专利权人或者利害关系人未在规定期限内提起诉讼或者请求行政裁决的,国务院药品监督管理部门根据技术审评结论和仿制药申请人提交的声明情形,直接作出是否批准上市的决定;仿制药申请人可以按相关规定提起诉讼或者请求行政裁决。

第九条　对引发等待期的化学仿制药注册申请,专利权人或者利害关系人、化学仿制药申请人应当自收到判决书或者决定书等10个工作日内将相关文书报送国家药品审评机构。

对技术审评通过的化学仿制药注册申请,国家药品审评机构结合人民法院生效判决或者国务院专利行政部门行政裁决作出相应处理:

(一) 确认落入相关专利权保护范围的,待专利权期限届满前将相关化学仿制药注册申请转入行政审批环节;

(二) 确认不落入相关专利权保护范围或者双方和解的,按照程序将相关化学仿制药注册申请转入行政审批环节;

(三) 相关专利权被依法无效的,按照程序将相关化学仿制药注册申请转入行政审批环节;

(四) 超过等待期,国务院药品监督管理部门未收到人民法院的生效判决或者调解书,或者国务院专利行政部门的行政裁决,按照程序将相关化学仿制药注册申请转入行政审批环节;

(五) 国务院药品监督管理部门在行政审批期间收到人民法院生效判决或者国务院专利行政部门行政裁决,确认落入相关专利权保护范围的,将相关化学仿制药注册申请交由国家药品审评机构按照本条第二款第一项的规定办理。

国务院药品监督管理部门作出暂缓批准决定后，人民法院推翻原行政裁决的、双方和解的、相关专利权被宣告无效的，以及专利权人、利害关系人撤回诉讼或者行政裁决请求的，仿制药申请人可以向国务院药品监督管理部门申请批准仿制药上市，国务院药品监督管理部门可以作出是否批准的决定。

第十条　对一类、二类声明的化学仿制药注册申请，国务院药品监督管理部门依据技术审评结论作出是否批准上市的决定；对三类声明的化学仿制药注册申请，技术审评通过的，作出批准上市决定，相关药品在相应专利权有效期和市场独占期届满之后方可上市。

第十一条　对首个挑战专利成功并首个获批上市的化学仿制药，给予市场独占期。国务院药品监督管理部门在该药品获批之日起12个月内不再批准同品种仿制药上市，共同挑战专利成功的除外。市场独占期限不超过被挑战药品的原专利权期限。市场独占期内国家药品审评机构不停止技术审评。对技术审评通过的化学仿制药注册申请，待市场独占期到期前将相关化学仿制药注册申请转入行政审批环节。

挑战专利成功是指化学仿制药申请人提交四类声明，且根据其提出的宣告专利权无效请求，相关专利权被宣告无效，因而使仿制药可获批上市。

第十二条　中药、生物制品上市许可持有人，按照本办法第二条、第三条、第四条、第七条，进行相关专利信息登记等。中药可登记中药组合物专利、中药提取物专利、医药用途专利，生物制品可登记活性成分的序列结构专利、医药用途专利。

中药同名同方药、生物类似药申请人按照本办法第六条进行相关专利声明。

第十三条　对中药同名同方药和生物类似药注册申请，国务院药品监督管理部门依据技术审评结论，直接作出是否批准上市的决定。对于人民法院或者国务院专利行政部门确认相关技术方案落入相关专利权保护范围的，相关药品在相应专利权有效期届满之后方可上市。

第十四条 化学仿制药、中药同名同方药、生物类似药等被批准上市后,专利权人或者利害关系人认为相关药品侵犯其相应专利权,引起纠纷的,依据《中华人民共和国专利法》等法律法规相关规定解决。已经依法批准的药品上市许可决定不予撤销,不影响其效力。

第十五条 提交不实声明等弄虚作假的、故意将保护范围与已获批上市药品无关或者不属于应当登记的专利类型的专利登记至中国上市药品专利信息登记平台、侵犯专利权人相关专利权或者其他给当事人造成损失的,依法承担相应责任。

第十六条 本办法自发布之日起施行。

《药品专利纠纷早期解决机制实施办法(试行)》政策解读:

1. 《药品专利纠纷早期解决机制实施办法(试行)》起草背景

药品专利纠纷早期解决机制是指将相关药品上市审批程序与相关药品专利纠纷解决程序相衔接的制度。中共中央办公厅、国务院办公厅印发的《关于深化审评审批制度改革鼓励药品医疗器械创新的意见》《关于强化知识产权保护的意见》均提出要探索建立药品专利链接制度。2020年10月,新修正的《专利法》第七十六条引入药品专利纠纷早期解决的有关规定,明确由国务院药品监督管理部门会同国务院专利行政部门,制定药品上市许可审批与药品上市许可申请阶段专利纠纷解决的具体衔接办法,报国务院同意后实施。为贯彻落实党中央、国务院的决策部署,推动建立我国药品专利纠纷早期解决机制,国家药监局、国家知识产权局会同有关部门在新修正的《专利法》相关规定的框架下,就药品专利纠纷早期解决机制的具体制度认真研究,借鉴国际做法,在广泛征求业界、协会、专家等意见并完善后,制定了《药品专利纠纷早期解决机制实施办法(试行)》(以下简称《实施办法》)。

2. 《实施办法》目的和主要内容

《实施办法》旨在为当事人在相关药品上市审评审批环节提供相关专利纠纷解决的机制,保护药品专利权人合法权益,降低仿制药上市后专利侵权风险。《实施办法》的主要内容包括：平台建设和信息公开制度、专利权登记制度、仿制药专利声明制度、司法链接和行政链接制度、批准等待期制度、药品审评审批分类处理制度、首仿药市场独占期制度等。

3. 药品专利纠纷早期解决的途径

《实施办法》规定，专利权人或者利害关系人对四类专利声明有异议的，可以就申请上市药品的相关技术方案是否落入相关专利权保护范围，向人民法院提起诉讼或者向国务院专利行政部门请求行政裁决，即司法途径和行政途径。在规定的期限内，专利权人可以自行选择途径。如果当事人选择向国务院专利行政部门请求行政裁决，对行政裁决不服又向人民法院提起行政诉讼的，等待期并不延长。专利权人或者利害关系人未在规定期限内提起诉讼或者请求行政裁决的，仿制药申请人可以按相关规定提起诉讼或者请求行政裁决，以确认其相关药品技术方案不落入相关专利权的保护范围。

4. 药品专利纠纷早期解决机制涵盖的相关药品专利

可以在中国上市药品专利信息登记平台中登记的具体药品专利包括：化学药品（不含原料药）的药物活性成分化合物专利、含活性成分的药物组合物专利、医药用途专利；中药的中药组合物专利、中药提取物专利、医药用途专利；生物制品的活性成分的序列结构专利、医药用途专利。相关专利不包括中间体、代谢产物、晶型、制备方法、检测方法等的专利。

5. 进行专利声明

化学仿制药申请人、中药同名同方药申请人、生物类似药申请人提交药品上市许可申请时，应当对照已在中国上市药品专利信息登记平台公开的专利信息，针对被仿制药每一件相关的药品专利作出声明。仿制药申请被受理后10个工作日内，仿制药申请人应当将相应声明及声明依据通知上市许可持有人。其中，声明未落入相关专利权保护范围的，声明依据应当包括仿制药技术方案与相关专利的相关权利要求对比表及相关技术资料。

除纸质资料外，仿制药申请人还应当向上市许可持有人在中国上市药品专利信息登记平台登记的电子邮箱，发送声明及声明依据，并留存相关记录。

6. 启动等待期

专利权人或者利害关系人对化学仿制药注册申请的四类专利声明有异议的，可以自国家药品审评机构公开药品上市许可申请之日起45日内，就申请上市药品的相关技术方案是否落入相关专利权保护范围，向人民法院提起诉讼或者向国务院专利行政部门请求行政裁决。专利权人或者利害关系人如在规定期限内提起诉讼或者请求行政裁决，应当自人民法院立案或者国务院专利行政部门受理之日起15个工作日内，将立案或受理通知书副本提交国家药品审评机构，并通知仿制药申请人。收到人民法院立案或者国务院专利行政部门受理通知书副本后，国务院药品监督管理部门对化学仿制药注册申请设置9个月的等待期。对化学仿制药申请人声明中国上市药品专利信息登记平台收录的被仿制药相关专利权应当被宣告无效的，如果专利权人或者利害关系人未就上市药品的相关技术方案是否落入相关专利权保护范围向人民法院提起诉讼或者向国务院专利行政部门请求行政裁决，不启动等待期。

7. 早期未解决专利纠纷的相关药品上市后如何处理

未在中国上市药品专利信息登记平台登记相关专利信息的，不适用本办法；专利权人或者利害关系人未在规定期限内提起诉讼或者请求行政裁决的，不设置等待期。对此类未能早期解决专利纠纷的，相关药品获批上市后，如专利权人认为相关药品侵犯其相应专利权，引起纠纷的，依据《专利法》等法律法规的规定解决。已经依法批准的药品上市许可决定不予撤销，不影响其效力。

可见，药品专利链接制度的主要内容包括：平台建设和信息公开制度、专利权登记制度、仿制药专利声明制度、司法链接和行政链接制度、批准等待期制度、药品审评审批分类处理制度、首仿药市场独占期制度等。

为配合第四次修正《专利法》第七十六条的实施，正确审理申请注册

仿制药专利侵权风险预警分析

的药品相关的专利权纠纷民事案件，最高人民法院经广泛征求中央有关部门、法院系统以及社会各界意见，根据《专利法》《中华人民共和国民事诉讼法》（以下简称《民事诉讼法》）等有关法律规定，结合知识产权审判实际，制定出台了《最高人民法院关于审理申请注册的药品相关的专利权纠纷民事案件适用法律若干问题的规定》（法释〔2021〕13号），于2021年5月24日由最高人民法院审判委员会第1839次会议通过，自2021年7月5日起施行。该司法解释共包括十四条内容。

第一条　当事人依据《专利法》第七十六条规定提起的确认是否落入专利权保护范围纠纷的第一审案件，由北京知识产权法院管辖。

第二条　《专利法》第七十六条所称相关的专利，是指适用国务院有关行政部门关于药品上市许可审批与药品上市许可申请阶段专利权纠纷解决的具体衔接办法（以下简称"衔接办法"）的专利。《专利法》第七十六条所称利害关系人，是指前款所称专利的被许可人、相关药品上市许可持有人。

第三条　专利权人或者利害关系人依据专利法第七十六条起诉的，应当按照《民事诉讼法》第一百一十九条第三项的规定提交下列材料：

（1）国务院有关行政部门依据衔接办法所设平台中登记的相关专利信息，包括专利名称、专利号、相关的权利要求等；

（2）国务院有关行政部门依据衔接办法所设平台中公示的申请注册药品的相关信息，包括药品名称、药品类型、注册类别以及申请注册药品与所涉及的上市药品之间的对应关系等；

（3）药品上市许可申请人依据衔接办法作出的四类声明及声明依据。药品上市许可申请人应当在一审答辩期内，向人民法院提交其向国家药品审评机构申报的、与认定是否落入相关专利权保护范围对应的必要技术资料副本。

第四条　专利权人或者利害关系人在衔接办法规定的期限内未向人民法院提起诉讼的，药品上市许可申请人可以向人民法院起诉，请求确认申请注册药品未落入相关专利权保护范围。

第五条　当事人以国务院专利行政部门已经受理《专利法》第七十六

条所称行政裁决请求为由，主张不应当受理《专利法》第七十六条所称诉讼或者申请中止诉讼的，人民法院不予支持。

第六条 当事人依据《专利法》第七十六条起诉后，以国务院专利行政部门已经受理宣告相关专利权无效的请求为由，申请中止诉讼的，人民法院一般不予支持。

第七条 药品上市许可申请人主张具有《专利法》第六十七条、第七十五条第二项等规定情形的，人民法院经审查属实，可以判决确认申请注册的药品相关技术方案未落入相关专利权保护范围。

第八条 当事人对其在诉讼中获取的商业秘密或者其他需要保密的商业信息负有保密义务，擅自披露或者在该诉讼活动之外使用、允许他人使用的，应当依法承担民事责任。构成《民事诉讼法》第一百一十一条规定情形的，人民法院应当依法处理。

第九条 药品上市许可申请人向人民法院提交的申请注册的药品相关技术方案，与其向国家药品审评机构申报的技术资料明显不符，妨碍人民法院审理案件的，人民法院依照《民事诉讼法》第一百一十一条的规定处理。

第十条 专利权人或者利害关系人在《专利法》第七十六条所称诉讼中申请行为保全，请求禁止药品上市许可申请人在相关专利权有效期内实施《专利法》第十一条规定的行为的，人民法院依照专利法、民事诉讼法有关规定处理；请求禁止药品上市申请行为或者审评审批行为的，人民法院不予支持。

第十一条 在针对同一专利权和申请注册药品的侵害专利权或者确认不侵害专利权诉讼中，当事人主张依据《专利法》第七十六条所称诉讼的生效判决认定涉案药品技术方案是否落入相关专利权保护范围的，人民法院一般予以支持。但是，有证据证明被诉侵权药品技术方案与申请注册的药品相关技术方案不一致或者新主张的事由成立的除外。

第十二条 专利权人或者利害关系人知道或者应当知道其主张的专利权应当被宣告无效或者申请注册药品的相关技术方案未落入专利权保护范围，仍提起《专利法》第七十六条所称诉讼或者请求行政裁决的，药品上市许可申请人可以向北京知识产权法院提起损害赔偿之诉。

第十三条 人民法院依法向当事人在国务院有关行政部门依据衔接办法所设平台登载的联系人、通讯地址、电子邮件等进行的送达，视为有效送达。当事人向人民法院提交送达地址确认书后，人民法院也可以向该确认书载明的送达地址送达。

第十四条 本规定自2021年7月5日起施行。本院以前发布的相关司法解释与本规定不一致的，以本规定为准。

该司法解释对管辖法院、具体案由、起诉材料、诉权行使方式、行政与司法程序衔接、抗辩事由、诉讼中商业秘密保护、行为保全、败诉反赔、送达方式等作了规定，为及时公正审理好该类案件提供了明确指引，推动药品专利链接制度落地见效。

根据最高人民法院的司法解释，申请注册的药品相关的，确认是否落入专利权保护范围纠纷的第一审案件，由北京知识产权法院管辖。因此，北京知识产权法院于2022年1月4日根据《中华人民共和国民事诉讼法》及相关司法解释的规定，制定、发布了《北京知识产权法院关于申请注册的药品相关的专利权纠纷民事案件立案指引（试行）》，以便与申请注册的药品相关的专利权纠纷民事案件当事人明确立案审查阶段的相关事项。

北京知识产权法院关于申请注册的药品相关的
专利权纠纷民事案件立案指引（试行）

为便于申请注册的药品相关的专利权纠纷民事案件当事人明确立案审查阶段的相关事项，根据《中华人民共和国专利法》《中华人民共和国民事诉讼法》《最高人民法院关于审理申请注册的药品相关的专利权纠纷民事案件适用法律若干问题的规定》等有关规定，制定本指引。

第一条【案由】

申请注册的药品相关的专利权纠纷民事案件案由为"确认是否落入专利权保护范围纠纷"。

第二条【专利权人或者利害关系人提起诉讼时应提交的主体资格材料】

专利权人应提交专利登记簿副本、专利权著录事项变更记录、缴纳专利年费的收据等材料证明其专利权人身份及涉案专利处于有效状态。

专利被许可人除需提交前述材料外，还应提交专利许可合同、专利许可备案信息或其他能证明专利许可关系的材料。独占许可合同的被许可人可单独提起诉讼；排他许可合同的被许可人单独提起诉讼的，除应提供前述列举的材料外，还应提供专利权人不提起诉讼的材料。普通许可合同的被许可人单独提起诉讼的，除应提供前述列举的材料外，还应提供专利权人明确授权被许可人以自己的名义提起诉讼的材料。

药品上市许可持有人应提交药品注册证书等批准证明文件。

第三条【药品上市许可申请人提起诉讼时应提交的主体资格材料】

药品上市许可申请人作为原告提起诉讼的，应提交药品上市许可申请表及国务院药品监督管理部门作出的药品注册申请受理通知书。

第四条【明确的被告】

专利权人或者利害关系人作为原告提起诉讼的，应以药品上市许可申请人为被告。

药品上市许可申请人作为原告提起诉讼的，应以专利权人为被告。

第五条【具体的诉讼请求和事实理由】

专利权人或者利害关系人提起诉讼时应提交下列材料证明其诉讼请求及事实理由：（一）中国上市药品专利信息登记平台中公开的相关专利信息，包括专利名称、专利号、相关的权利要求等；（二）中国上市药品专利信息登记平台中公开的申请注册药品的相关信息，包括药品名称、药品类型、注册类别以及申请注册药品与所涉及的上市药品之间的对应关系等；（三）药品上市许可申请人依据《药品专利纠纷早期解决机制实施办法（试行）》作出的四类声明及声明依据。

药品上市许可申请人提起诉讼时可参照上述内容提交用以证明其具体诉讼请求和事实理由的证据材料。

第六条【提起诉讼的期限】

专利权人或者利害关系人在国家药品审评机构公开药品上市许可申请之日起45日内不提起诉讼的，药品上市许可申请人可以提起诉讼。药品上市许可申请人提起诉讼时应提交专利权人或者利害关系人45日内未提起诉讼的相关证据材料，无法提交相关证据材料的，可提交相关说明。

第七条【公证认证手续】

原告是外国人、外国企业或组织的，应在立案时提交符合规定的主体公证认证文件。原告是在内地没有住所的香港、澳门居民、企业或组织的，应在立案时提交符合规定的公证、并经转递的主体证明文件。原告是在大陆没有住所的台湾省居民、企业或组织的，应在立案时提交符合规定的公证、并经中国或北京公证协会认证的主体证明文件。

第八条【其他】

其他立案要求，依照相关法律、法规、规定执行。

北京知识产权法院关于申请注册的药品相关的专利权纠纷民事案件立案指引（试行）的说明

为便于更好地理解《北京知识产权法院关于申请注册的药品相关的专利权纠纷民事案件立案指引（试行）》，现就该指引相关内容说明如下：

一、关于专利被许可人应提交的主体资格证明材料

《最高人民法院关于审查知识产权纠纷行为保全案件适用法律若干问题的规定》第二条规定，知识产权许可合同的被许可人申请诉前责令停止侵害知识产权行为的，独占许可合同的被许可人可以单独向人民法院提出申请；排他许可合同的被许可人在权利人不申请的情况下，可以单独提出申请；普通许可合同的被许可人经权利人明确授权以自己的名义起诉的，可以单独提出申请。参照上述规定，在申请注册的药品相关的专利权纠纷民事案件中，专利被许可人提起诉讼的，应提交符合上述规定内容的主体资格证明材料。

二、关于被告的问题

考虑到申请注册的药品相关的专利权纠纷民事案件与确认不侵害知识产权纠纷案件的共性特征，根据确认不侵害知识产权纠纷案件在先生效文书中确立的原则，在申请注册的药品相关的专利权纠纷民事案件中，药品上市许可申请人作为原告提起诉讼的，应以专利权人为被告。

三、关于涉外及涉港澳台主体的公证认证手续问题

根据北京市高级人民法院《关于行政审判适用法律问题的解答（三）》的规定，律师事务所或者有关代理机构受外国自然人、法人的委托代理行

政诉讼事宜，律师事务所或者有关代理机构在法律规定的起诉期限内向法院递交起诉状和委托人签署的委托书的传真件或者电子邮件等初步证明，并在起诉后三个月内向受案法院递交委托书的公证、认证文件的，可以视为没有超过起诉期限。申请注册药品相关专利权纠纷属于民事诉讼，不适用上述解答意见。因此，原告为涉外及涉港澳台主体的，应在立案申请时提交完整的公证认证文件。

同时，根据《专利法》和有关法律、法规、规章，按照《药品专利纠纷早期解决机制实施办法（试行）》有关规定，国家知识产权局制定《药品专利纠纷早期解决机制行政裁决办法》（以下简称《裁决办法》），并于2021年7月4日发布，自发布之日起施行，其共包括24条内容。

第一条 为依法办理涉药品上市审评审批过程中的专利纠纷行政裁决（以下简称"药品专利纠纷行政裁决"）案件，根据《中华人民共和国专利法》（以下简称《专利法》)和有关法律、法规、规章，制定本办法。

第二条 国家知识产权局负责专利法第七十六条所称的行政裁决办理工作。国家知识产权局设立药品专利纠纷早期解决机制行政裁决委员会，组织和开展药品专利纠纷早期解决机制行政裁决相关工作。

第三条 案件办理人员有下列情形之一的，应当自行回避：

（1）是当事人或者其代理人的近亲属的；

（2）与专利申请或者专利权有利害关系的；

（3）与当事人或者其代理人有其他关系，可能影响公正办案的。

当事人也有权申请案件办理人员回避。当事人申请回避的，应当说明理由。

案件办理人员的回避，由案件办理部门决定。

第四条 当事人请求国家知识产权局对药品专利纠纷进行行政裁决的，应当符合下列条件：

（1）请求人是《专利法》第七十六条所称的药品上市许可申请人与有关专利权人或者利害关系人，其中的利害关系人是指相关专利的被许可人或者登记的药品上市许可持有人；

（2）有明确的被请求人；

（3）有明确的请求事项和具体的事实、理由；

（4）相关专利信息已登记在中国上市药品专利信息登记平台上，且符合《药品专利纠纷早期解决机制实施办法》的相关规定；

（5）人民法院此前未就该药品专利纠纷立案；

（6）药品上市许可申请人提起行政裁决请求的，自国家药品审评机构公开药品上市许可申请之日起四十五日内，专利权人或者利害关系人未就该药品专利纠纷向人民法院起诉或者提起行政裁决请求；

（7）一项行政裁决请求应当仅限于确认一个申请上市许可的药品技术方案是否落入某一项专利权的保护范围。

第五条　专利权人或者利害关系人请求确认申请上市许可的药品相关技术方案落入相关专利权的保护范围的，应当以药品上市许可申请人作为被请求人。专利权属于多个专利权人共有的，应当由全体专利权人提出请求，部分共有专利权人明确表示放弃有关实体权利的除外。药品上市许可持有人或者独占实施许可合同的被许可人可以自己的名义提出请求排他实施许可合同的被许可人在专利权人不提出请求的情况下，可以自己的名义提出请求。

第六条　药品上市许可申请人请求确认申请上市许可的药品相关技术方案不落入相关专利权的保护范围的，应当以专利权人作为被请求人。

第七条　请求国家知识产权局对药品专利纠纷进行行政裁决的，应当提交请求书及下列材料：

（1）主体资格证明；

（2）中国上市药品专利信息登记平台对相关专利的登记信息、国家药品审评机构信息平台公示的药品上市许可申请及其未落入相关专利权保护范围的声明和声明依据；

（3）请求人是药品上市许可申请人的，还应当提交申请注册的药品相关技术方案，该技术方案涉及保密信息的，需要单独提交并声明。

第八条　请求书应当载明以下内容：

（1）请求人的姓名或者名称、地址，法定代表人或者主要负责人的姓名、联系电话，委托代理人的，代理人的姓名和代理机构的名称、地址、联系电话；

（2）被请求人的姓名或名称、地址、法定代表人的姓名、联系电话及其他事项；

（3）中国上市药品专利信息登记平台登记的相关专利信息，包括专利号、专利类型、专利状态、专利权人、专利保护期届满日，以及请求认定是否落入保护范围的具体权利要求项；

（4）国家药品审评机构信息平台公示的申请注册药品的相关信息及声明类型；

（5）关于申请注册的药品技术方案是否落入相关专利权保护范围的理由；

（6）证据材料清单；

（7）请求人或者获得授权的代理人的签名（自然人）或者盖章（法人和其他组织）。有关证据和证明材料可以以请求书附件的形式提交。

第九条　国家知识产权局收到请求书及相关材料后，应当进行登记并对请求书等材料进行审查。请求书及相关材料不齐全、请求书未使用规定的格式或者填写不符合规定的，应当通知请求人在五个工作日内补正。期满未补正或者补正后仍存在同样缺陷的，该行政裁决请求不予受理。

第十条　药品专利纠纷行政裁决请求有下列情形之一的，国家知识产权局不予受理并通知请求人：

（1）请求书中缺少请求人姓名或名称、联系地址等基本信息，或者缺少专利权信息的；

（2）被请求人不明确的；

（3）请求人和被请求人的主体资格不符合本办法第四、五、六条相关规定的；

（4）涉案专利不属于中国上市药品专利信息登记平台登记的专利主题类型，或者与第四类声明中专利不一致的；

（5）涉案专利所涉及的权利要求被国家知识产权局宣告无效的；

（6）请求书中未明确所涉及的专利权利要求以及请求行政裁决具体事项的；

（7）请求人未具体说明行政裁决理由，或者未结合提交的证据具体说明行政裁决理由的；

（8）一项行政裁决请求涉及一个以上申请上市许可的药品技术方案或者一项以上专利权的；

（9）同一药品专利纠纷已被人民法院立案的。

第十一条　当事人的请求符合本办法第四条规定的，国家知识产权局应当在五个工作日内立案并通知请求人和被请求人。

第十二条　国家知识产权局根据当事人的申请，或者根据案件办理需要可以向药品监督管理部门核实有关证据。

第十三条　国家知识产权局应当组成合议组审理案件。根据当事人的请求和案件情况，合议组可以进行口头审理或者书面审理。

相同当事人针对同一药品相关的多项专利权提出多项行政裁决请求的，国家知识产权局可以合并审理。

国家知识产权局决定进行口头审理的，应当至少在口头审理五个工作日前将口头审理的时间、地点通知当事人。请求人无正当理由拒不参加或者未经许可中途退出的，其请求视为撤回；被请求人无正当理由拒不参加或者未经许可中途退出的，缺席审理。

第十四条　药品专利纠纷行政裁决案件办理中，涉案专利所涉及的部分权利要求被国家知识产权局宣告无效的，根据维持有效的权利要求为基础作出行政裁决；涉案专利所涉及的权利要求被国家知识产权局全部宣告无效的，驳回行政裁决请求。

第十五条　国家知识产权局办理药品专利纠纷行政裁决案件时，可以根据当事人的意愿进行调解。经调解，当事人达成一致意见的，国家知识产权局可以应当事人的请求制作调解书。调解不成的，国家知识产权局应当及时作出行政裁决。

第十六条　有以下情形之一的，当事人可以申请中止案件办理，国家知识产权局也可以依职权决定中止案件办理：

（1）一方当事人死亡，需要等待继承人表明是否参加办理的；

（2）一方当事人丧失请求行政裁决的行为能力，尚未确定法定代理人的；

（3）作为一方当事人的法人或者其他组织终止，尚未确定权利义务承受人的；

(4) 一方当事人因不可抗拒的事由，不能参加审理的；

(5) 其他需要中止办理的情形。

当事人对涉案专利提出无效宣告请求的，国家知识产权局可以不中止案件办理。

第十七条　国家知识产权局作出行政裁决之前，请求人可以撤回其请求。请求人撤回其请求或者其请求视为撤回的，药品专利纠纷行政裁决程序终止。请求人在行政裁决的结论作出后撤回其请求的，不影响行政裁决的效力。

第十八条　国家知识产权局作出行政裁决的，应当就申请上市药品技术方案是否落入相关专利权保护范围作出认定，并说明理由和依据。行政裁决作出后，应当送达当事人并抄送国家药品监督管理部门，同时按照《政府信息公开条例》及有关规定向社会公开。行政裁决公开时，应当删除涉及商业秘密的信息。

第十九条　当事人对国家知识产权局作出的药品专利纠纷行政裁决不服的，可以依法向人民法院起诉。

第二十条　当事人对其提供的证据或者证明材料的真实性负责。当事人对其在行政裁决程序中知悉的商业秘密负有保密义务，擅自披露、使用或者允许他人使用该商业秘密的，应当承担相应法律责任。

第二十一条　药品专利纠纷行政裁决案件办理人员以及其他工作人员滥用职权、玩忽职守、徇私舞弊或者泄露办理过程中知悉的商业秘密，尚不构成犯罪的，依法给予政务处分；涉嫌犯罪的，移送司法机关处理。

第二十二条　本办法未作规定的，依照《专利行政执法办法》以及国家知识产权局关于专利侵权纠纷行政裁决有关规定执行。

第二十三条　本办法由国家知识产权局负责解释。

第二十四条　本办法自发布之日起施行。

可以看出，国家知识产权局发布的《裁决办法》中对于行政裁决的请求主体、可裁决的药品专利范围、与司法途径的协调、行政裁决与无效宣告程序的关系、行政裁决的执行与公开、行政裁决的司法救济以及其他办案程序等内容进行了规定。

第一，规定了可以请求行政裁决的主体。根据《专利法》第七十六条的规定，请求人可以是相关专利的专利权人或者利害关系人以及药品上市许可申请人。其中的利害关系人是指相关专利的被许可人或者登记的药品上市许可持有人。

第二，规定了请求行政裁决的时限。根据《实施办法》的规定，专利权人或者利害关系人可以自国家药品审评机构公开药品上市许可申请之日起45日内提出确认申请上市许可的药品相关技术方案落入相关专利权保护范围的行政裁决请求。自国家药品审评机构公开药品上市许可申请之日起45日内，专利权人或者利害关系人未就该药品专利纠纷向人民法院起诉或者提起行政裁决请求的，药品上市许可申请人可提出确认申请上市许可的药品相关技术方案不落入相关专利权保护范围的行政裁决请求。

第三，规定了可行政裁决的药品专利须满足以下条件，即相关专利信息已在中国上市药品专利信息登记平台上进行登记公开，且专利类型符合《实施办法》的相关规定。根据《实施办法》的规定，可以在中国上市药品专利信息登记平台中登记的具体药品专利包括化学药品（不含原料药）的药物活性成分化合物专利、含活性成分的药物组合物专利、医药用途专利；中药的中药组合物专利、中药提取物专利、医药用途专利；生物制品的活性成分的序列结构专利、医药用途专利。相关专利不包括中间体、代谢产物、晶型、制备方法、检测方法等的专利。

第四，规定了行政裁决途径与司法途径的协调，即行政裁决立案程序要求药品审评审批过程中的相关专利纠纷未被人民法院立案。如果同一专利纠纷已被人民法院立案，对于当事人提出的行政裁决请求，国家知识产权局不予受理，以保证相关纠纷由行政途径或者司法途径择一进行，避免纠纷解决的程序浪费和冲突。

第五，规定了行政裁决与无效宣告程序的关系。根据《裁决办法》第十四条规定，药品专利纠纷行政裁决案件办理中，涉案专利所涉及的部分权利要求被宣告无效的，国家知识产权局将根据维持有效的权利要求为基础作出行政裁决；涉案专利所涉及的权利要求被全部宣告无效的，国家知识产权局将驳回行政裁决请求。另外，当事人在案件办理过程中就涉案专利提出无效宣告请求的,《裁决办法》第十六条明确了国家知识产权局可以不中止案件办理。

第六,规定了行政裁决的执行与公开。行政裁决作出后,应当送达当事人并抄送国务院药品监督管理部门,同时按照有关规定向社会公开。行政裁决公开时,应当删除涉及商业秘密的信息。同时,根据《实施办法》的相关规定,专利权人或者利害关系人应当自收到行政裁决书后10个工作日内报送国家药品审评机构。

第七,规定了行政裁决的司法救济。当事人对国家知识产权局作出的药品专利纠纷行政裁决不服的,可以依法向人民法院起诉。依据《中华人民共和国行政诉讼法》(以下简称《行政诉讼法》)第四十六条,行政诉讼可自行政裁决书送达之日起6个月内提起。

可见,《裁决办法》旨在进一步保护药品专利权人合法权益,降低药品领域专利侵权风险,同时鼓励药物研发创新,推动制药产业高质量发展,对药品专利纠纷早期解决机制实施行政裁决有关工作进行明确和规范。

四、典型案例

案例一 艾地骨化醇软胶囊案

温州海鹤药业有限公司(以下简称"海鹤药业公司")在中国上市药品专利信息登记平台上对其申请注册的仿制药"艾地骨化醇软胶囊"作出了4.2类声明,即其仿制药未落入相关专利权保护范围。这一声明是药品专利链接制度中的一个重要环节,它允许仿制药企业在申请上市许可时,对其产品是否侵犯了已上市药品的专利权进行声明。在这一制度下,仿制药企业有几种不同的声明类型可以选择。其中,4.2类声明表明仿制药企业认为其产品没有侵犯已登记的专利权。这通常意味着仿制药企业已经对其产品进行了详细的专利风险评估,并认为其产品不构成对原研药专利的侵权。

然而,这一声明可能会引发专利权人的挑战。在上述案例中,中外制药株式会社作为专利持有人，对温州海鹤药业有限公司的4.2类声明提出了异议，并向北京知识产权法院提起诉讼，请求确认海鹤药业公司的仿制药确实落入了其专利权的保护范围。

授权文本（"ED-71制剂"，专利号：200580009877.6 中外制药株式会社）

1. 一种制剂，其包含：1（1）……（2）油脂（3）抗氧化剂，其中……

2. 如权1所述，其中抗氧化剂是选自 dL-α-生育酚、二丁基羟基甲苯、丁基羟基茴香醚和没食子酸丙酯中的一种。

无效修改文本

1. 一种制剂，其包含：1（1）……（2）油脂（3）抗氧化剂，其中抗氧化剂是选自 dL-α-生育酚。

案件过程：

S1：2021.08.16 海鹤药业公司发出4类声明。

S2：公示+通知。

海鹤药业公司应当将"声明+声明依据"及时通知上市许可持有人，并提供特征对比表。

S3：中外制药株式会社向法院申请调查取证：1. 向海鹤药业公司调取其生产、用于临床试验的药品本身；2. 向药监局调取药品说明书、样品检测包书、变更药用辅料种类等，理由：仿制药采用辅料实质为涉案专利限定的 dL-α-生育酚，而非其申报材料记载的抗氧化剂A，A为上位概念，其至少包含 dL-α-生育酚和抗氧化剂B。

S4：按照侵权等同原则判断是否落入范围，但"捐献规则+禁止反悔原则"均可构成对等同原则的限制；也即若符合限制条件，则无须再判断二者特征是否等同。

海鹤药业公司主张：中外制药株式会社对权2修改属于捐献规则和禁止反悔原则，相当于放弃权1方案，保留权2中的一个抗氧化剂并列技术方案；同时，说明书记载抗氧化剂优选生育酚醋酸酯……最优选 d1-α-生育酚，适合捐献原则和禁止反悔原则。

中外制药株式会社：承认修改是为了克服无效可能，放弃的是权2其他三个并列方案，而非 d1-α-生育酚方案，更未放弃其等同的辅料B方案。

北京知识产权法院一审判决认为，涉案仿制药并未落入涉案专利权的保护范围，并驳回了中外制药株式会社的诉讼请求。中外制药株式会社随后提出上诉，但最高人民法院终审维持了一审判决［最高法知民终 905 号］。

这一案件是我国首例药品专利链接诉讼案件，对于药品专利链接制度的实施具有重要的参考意义。它展示了仿制药企业如何利用药品专利链接制度来规避专利风险，同时也体现了专利权人在面对潜在的专利侵权时如何通过法律途径维护自己的权益。这一案件的判决结果对仿制药企业未来的市场准入策略和专利声明行为具有指导作用（由于此案在多维度均具有较高的分析价值，后文在侵权风险预警分析过程中对此案仍有相关引用和展开介绍）。

案例二　依维莫司案

依维莫司是一种新型靶向治疗药物，为哺乳动物雷帕霉素（西罗莫司）靶蛋白（mTOR）的选择性抑制剂，诺华的依维莫司于 2009 年在欧盟和美国上市，2013 年 1 月在中国境内上市。依维莫司对多种恶性肿瘤的治疗效果确切，随着适应证不断增加，其在全球市场销售额也水涨船高。诺华依维莫司 2018 年、2019 年全球销售额均超过 20 亿美元。

正大天晴药业集团于 2018 年 11 月完成依维莫司片的生物等效性研究。2021 年，随着新版专利法实施，国家知识产权局与国家药品监督管理局联合发布《药品专利纠纷早期解决机制实施办法（试行）》，正式在我国建立具有中国特色的药品专利链接制度。正大天晴公司于 2021 年 6 月到 8 月先后对依维莫司片涉及的三件相关专利提交无效宣告请求，并于 2022 年 1 月向 CDE 提交了依维莫司片仿制药上市请求，同时依据相关规定对上述三件专利作出 4.1 类声明，即中国上市药品专利信息登记平台收录的被仿制药相关专利权应当被宣告无效。2022 年 2 月到 3 月，国家知识产权局作出裁定，宣告上述三件专利权全部无效。原研公司诺华随后依据《药品专利纠纷早期解决机制实施办法（试行）》规定，就正大天晴药业集团申请的依维莫司片的相关技术方案是否落入相关专利权保护范围，向北京知识产权法院提起诉讼,但北京知识产权法院于 2022 年 11 月裁定驳回原告的起诉,理由均为相应专利权已被国家知识产权局宣告全部无效。

根据《药品专利纠纷早期解决机制实施办法(试行)》规定,随着正大天晴依维莫司片正式获批上市,其也将以"首仿获批+首个挑战专利成功"的身份获得 12 个月的市场独占期,其他仿制药注册申请不得不排队等待。

针对依维莫司片,近年来国内已有 7 家企业提交该品种仿制注册申请,包括奥赛康、正大天晴、上海医药、海正药业、山东新时代药业等。此次正大天晴的依维莫司片顺利获批上市,成为国内"首仿+首家"过评。

2024 年 5 月 10 日,正大天晴药业集团开发的依维莫司片(商标名:晴维时)在正大天晴海州厂区顺利完成首批发货,从连云港市发往全国。这标志着该产品将正式投入临床,为肿瘤患者带来治疗新选择。

依维莫司挑战专利案例的成功,能够给国内医药行业提供一定的参考,推动医药行业迎来更加健康可持续的研发环境,最终惠及更多患者。

案例三 玛巴洛沙韦案

玛巴洛沙韦是前体药物,在生物体内转化为活性物质巴洛沙韦,发挥抗流感病毒的活性。与靶向神经氨酸酶的抗流感药物,如奥司他韦等不同,巴洛沙韦是作为流感病毒的帽依赖核酸内切酶抑制剂而抑制病毒复制的,能够在流感病毒自我繁殖的早期发挥药效。上述全新的作用机制,使该药物能够在 24 小时内起效,缩短传染期并大幅度减少流感症状持续时间,因此,玛巴洛沙韦是目前获批治疗流感的首个药物,也是唯一一个单剂量口服药物,在整个治疗周期只需服药一次,为患者带来了更为便捷、有效的治疗方案。

原研药企业盐野义制药株式会社围绕核心活性成分构建了相对严密的化合物专利布局,并对相关仿制药企业发起了专利侵权诉讼,自 2018 年以来,多家国内制药企业也向原研药专利发起了挑战。

原研药企业 2021 年 6 月 21 日将 ZL201180056716.8 专利信息登记于中国上市药品专利信息登记平台,该平台于 2021 年 6 月 28 日首次公开了该专利信息。国家药品监督管理局于2021年6月23日收到某仿制药企业提出的"玛巴洛沙韦片（20mg）"仿制药申请，于2021年6月30日受理。日本某制药株式会社认为，某药业公司拒绝承诺在涉案专利权保护期内该仿制药不上市，可以视为其认为该仿制药未落入涉案专利权的保护范围，相当于提交了"四类声明"，故起诉请求确认涉案仿制药的技术方案落入涉案专利权利要求1—9的保护范围。一审法院判决确认涉案仿制药的技术方案落入涉案专利权利要求1—9的保护范围。仿制药公司不服，提起上诉，主张一审判决将药品专利链接制度尚未正式运行之前的行为纳入药品专利链接诉讼范围内，违反了法不溯及既往原则。

最高人民法院二审认为，对于2020年修正的专利法施行之后、《药品专利纠纷早期解决机制实施办法（试行）》施行之前（以下简称"过渡期"）申请注册的仿制药，相关当事人可以根据《专利法》第七十六条第一款有关药品专利链接的规定，依法提起民事诉讼。日本某制药株式会社提起本案诉讼既符合该款规定，也符合《民事诉讼法》第一百二十二条有关起诉条件的规定，故判决驳回上诉，维持原判。

该案涉及专利权人针对"过渡期"内的仿制药注册申请提起的药品专利链接诉讼，人民法院依法受理并作出认定，而且是首例确认仿制药技术方案落入专利权保护范围的药品专利链接诉讼案件。该案体现了中国法院依法有效保护医药创新和平等保护中外权利人的司法态度。❶

同时，同一专利无效案也被列入国家知识产权局复审无效十大案例。具体案情为请求人刘某于2019年10月30日针对名称为"被取代的多环性氨基甲酰基吡啶酮衍生物的前药"（专利号：ZL201180056716.8）的发明专利提出无效宣告请求。国家知识产权局经审理，于2021年1月7日发文作出第47328号无效宣告请求审查决定，在授权公告文本的基础上维持该专利权有效。

该案的审理焦点之一为，马库什化合物权利要求能否得到说明书的支持。该问题也是药物化合物领域专利无效案件中一直以来的基本问题和难点问题。构效关系通常是化合物发明中最为本领域技术人员所关注的内容，

---

❶ 最高人民法院知识产权法庭. 82. "玛巴洛沙韦"药品专利链接案 [EB/OL]. (2024-08-14) [2024-10-15]. https://enipc.court.gov.cn/zh-cn/news/view-3363.html.

也是解决诸如创造性、支持、公开充分等常见问题的最主要突破口。在确定构效关系时，首先需要聚焦于专利说明书本身提供的信息，着重考虑发明对现有技术的贡献即发明核心所在、权利要求中取代基定义本身的宽窄、权利要求限定范围内的化合物相互之间的结构差异大小、说明书实施例的具体化合物，特别是进行了活性试验的那些化合物的代表性，等等。需要注意的是，所谓结构差异的大小是相对的，在判断时，除本领域技术人员的常规知识之外，更需要结合申请日当时现有技术的状况进行分析推理。

该案中，通过对以上内容进行综合考察，本领域技术人员可以总结出的化合物构效关系是，权利要求1中的通式所表示的二环结构是基本核结构，而其他位置取代基的变化基本不会对该活性是否存在产生影响。尽管请求人使用了专利权人在后发明在欧洲的审查过程文件作为证据，试图证明专利权人曾经自认"通式中某些位置上的少量改变就可能对活性产生难以预见的影响"，以此说明本专利属于构效关系密切、可预测性低的情形，但是专利权人此时讨论的构效关系是建立在在后发明本身的结构特点、现有技术的状况以及所取得技术效果的基础上的，并不能认为这一观点必然适用于衡量涉案专利化合物的结构和技术效果。

因此，在判断权利要求能否获得说明书支持时，应当考虑说明书的全部内容，而不是仅限于具体实施方式。对于化学领域的马库什通式这种高度概括的权利要求类型而言，则更要体现"从所属技术领域的技术人员的视角出发，立足于申请日的现有技术水平，结合说明书的内容进行综合判断"❶的思路。

五、对仿制药企业的影响及应对策略

药品专利链接制度对仿制药企业的市场准入有以下几个方面的影响：

---

❶ 侯曜. 【十大案件】评析"被取代的多环性氨基甲酰基吡啶酮衍生物的前药"发明专利权无效案. [EB/OL]. (2022-06-01) [2024-10-15]. https://www.cnipa.gov.cn/art/2022/6/1/art_2648_175839.html.

1. 提前解决专利纠纷

药品专利链接制度允许仿制药企业在原研药专利到期之前进行研发，同时在药品注册申请时必须考虑先前已上市药品的专利状况，从而在仿制药上市审批阶段就可能发生的专利纠纷进行预判和处理，避免了上市后再出现专利侵权的风险。

2. 专利声明要求

仿制药企业在申请药品上市时，需要根据中国上市药品专利信息登记平台的信息，对其产品是否侵犯了已登记的专利权进行声明。这包括确认平台上没有相关专利信息、专利权已终止或无效、承诺在专利权有效期届满前不上市，或者声明相关专利应当被宣告无效或其产品未落入专利保护范围。

3. 等待期和市场独占期

如果仿制药企业提出专利挑战（第四类声明），专利权人或利害关系人可以在规定时间内提起诉讼或请求行政裁决，这可能触发等待期，在此期间药品审评审批机构将暂停对仿制药的审批。而对于首个成功挑战专利并获批上市的仿制药，可能获得市场独占期，在此期间内，其他同品种仿制药将不被批准上市。

4. 促进仿制药研发和上市

药品专利链接制度鼓励仿制药企业对原研药专利进行挑战，如果挑战成功，仿制药可以提前上市，这有助于提高药品的可及性和降低药品价格。

5. 平衡原研药和仿制药企业利益

该制度旨在平衡原研药企业和仿制药企业之间的利益，一方面保护原研药企业的创新成果和市场独占权，另一方面为仿制药企业提供了明确的市场准入预期和机会。

6. 法律风险管理

仿制药企业需要更加重视专利法律风险的管理，包括在研发阶段进行充分的专利调查和评估，以及在药品注册申请过程中谨慎地进行专利声明。

7. 促进行业有序竞争

通过明确的专利纠纷解决机制，药品专利链接制度有助于促进医药行业的有序竞争，鼓励创新，同时确保患者能够及时获得成本效益较高的仿制药。

综上所述，药品专利链接制度为仿制药企业在市场准入方面提供了明确的法律框架和预期，有助于降低专利侵权风险，同时也对仿制药企业提出了更高的法律和战略规划要求。

仿制药企业在利用药品专利链接制度规避专利风险时，可以采取以下策略：

1. 充分了解和研究专利信息

仿制药企业应密切关注中国上市药品专利信息登记平台，该平台提供了已获批上市药品的专利信息，包括药品名称、剂型、上市许可持有人、相关专利号等。企业应根据这些信息，对照自己的研发项目，评估潜在的专利冲突。

2. 进行专利声明

在提交药品上市许可申请时，仿制药企业需要对被仿制药的每项相关专利进行声明，声明自己的产品是否落入他人专利权保护范围。这要求企业在研发阶段就进行专利风险评估，并在申请上市前准备好相应的声明和支持文件。

3. 挑战专利

如果仿制药企业认为原研药的专利无效或自己的产品不构成侵权，则可以通过专利链接制度提起专利挑战，争取提前上市的机会。这需要企业具备较强的专利分析和法律应对能力。

4. 规避设计

在研发过程中，仿制药企业可以通过改变药物的剂型、给药途径、剂量形式等方式，来规避原研药的专利保护。这要求企业在药物设计和研发阶段就进行创新，以避免侵权风险。

5. 利用市场独占期

对于首个挑战专利成功并获批上市的化学仿制药，中国给予 12 个月的市场独占期。仿制药企业可以通过专利挑战，争取获得这一独占期，以获得市场先机。

6. 关注政策动态和鼓励目录

仿制药企业应关注国家卫生健康委等部门发布的鼓励仿制药品目录，这些目录中的药品可能享有优先审评等政策支持。

7. 建立专利跟踪预警机制

仿制药企业应建立国内外专利跟踪预警机制，重点关注所仿制药品的专利申请、审查、无效、侵权相关动态，以规避重复研发、规避侵权风险、形成自有专利。

8. 专利风险评估和管理

仿制药企业应进行专利风险评估，包括专利的法律层面、技术层面、经济层面、技术难度层面及条约法律法规政策层面的分析。

通过上述策略，仿制药企业可以在药品专利链接制度的框架下，有效规避专利风险，合理规划药品上市策略。

第四章

仿制药海外专利侵权风险防控

目前，中国发明专利申请量连续多年位居世界第一。然而除少数企业外，中国企业申请海外专利意识薄弱，仅在国内申请专利而未申请海外专利或申请海外专利较少。《专利合作条约》（PCT）途径是中国申请人申请海外专利的主要途径。企业开拓海外市场时，如果缺乏海外专利侵权风险意识，不实施相关专利排查并规避设计，又未取得海外竞争对手或非专利实施实体（NPE）（以下简称"海外竞争对手"）专利许可，可能会被控侵犯专利。

2024年3月，围绕抗癌药泽布替尼，百济神州在美国对山德士公司（以下简称"山德士"）及莱博斯公司（MSN Labs，以下简称"MSN"）提起专利侵权诉讼。此举被视为国内创新药企在海外市场的首次积极反击，引发了业界的广泛关注。此前，山德士和MSN为了获批销售泽布替尼的仿制药，试图通过生产仿制药来挑战百济神州的市场地位。他们向美国食药监局（FDA）提交了简略新药申请（ANDA），对泽布替尼的个别专利提出了无效、不可执行或不侵权的质疑，并已向百济神州发出了相关通知。值得注意的是，山德士和MSN均未挑战泽布替尼的物质成分专利，该专利保持不变，并在2034年到期之前保护泽布替尼免受仿制药竞争。对此，百济神州决定采取法律行动，对山德士和MSN提起了专利侵权诉讼，认为山德士和MSN提交ANDA侵犯了泽布替尼的专利，并且将寻求永久禁令，在泽布替尼的专利到期之前阻止山德士和 MSN 将泽布替尼的仿制药商业化。以往多是外资原研药企向国内的仿制药企提起专利诉讼，但百济神州的这一例，却是国产原研药企向国外的仿制药企提起专利诉讼。这场诉讼初步展示了中国企业在国际市场上熟练运用法律手段保护自身利益和维护行业整体地位的决心和信心有较大提升。

从整体来看，中国企业对于海外专利和海外专利侵权风险意识仍然普遍不足，并且从目前的态势来看，海外竞争对手逐渐将专利侵权诉讼作为市场竞争手段，中国企业拓展海外市场时可能遭遇的专利侵权纠纷的概率越来越高。中国企业应提前做好应诉海外专利侵权纠纷准备，积极应诉并请求政府相关部门和行业协会帮助，主张不侵权、反诉或起诉原告专利侵权，请求法院或专利局宣告原告专利无效，和（或）反诉或起诉原告滥用专利权或垄断，争取和解或胜诉，以使产品顺利进入海外市场和（或）在海外市场销售。本章将围绕仿制药的海外专利侵权风险防控展开介绍。

第一节　海外专利纠纷应对措施

一、应对海外专利侵权诉讼

企业在遇到海外知识产权纠纷时，特别是来自一些国际巨头的挑战时，不要有畏惧心理和一味退让，也不能草率应对。一方面，如果企业需要耗费大量人力、时间、金钱成本来应对诉讼，即便最后取得胜利，也可能导致企业错失市场机遇，给企业带来无法挽回的经济损失。另一方面，如果伤害到企业自身的核心利益时，其也要敢于捍卫自己的合法利益。企业要和专业人士一起，认真研究对方的背景、对方的权利基础、自身的权利基础、目标国的法律法规，揣摩对方的真实意图，综合分析对企业自身的利弊和风险。较为常见的情形是，由于缺乏海外专利及存在的竞争关系，中国企业拓展海外市场时,容易被海外竞争对手指控专利侵权。在欧美发达国家,不应诉意味着败诉和放弃海外市场;应诉并胜诉则扫除拓展海外市场障碍。因此,中国企业在海外市场拓展中被指控专利侵权时,应借鉴成功应诉经验,积极应诉。

一般来说,提起诉讼的海外竞争对手的具体目的通常包括:①获得禁令,直接将企业产品逐出目标国家的市场;②促成包括交叉许可在内的专利许可;③获得高额惩罚性赔偿;④通过高成本或长时间的纠纷来战略性拖垮对手;⑤通过商誉诋毁来保住或抢占市场份额;⑥通过诉讼确定其专利的保护范围。应对海外专利侵权诉讼时应充分考虑对方目的,从而制定较为合理的反击或应对方案。了解了海外专利诉讼的类型和不同诉讼的背后隐藏的真实目的之后,不同类型的海外专利诉讼就有不同的应对策略。在"技术专利化、专利标准化、标准垄断化"国际知识产权游戏规则已经建立的今天,除不断加强企业自身的创新创造能力,占领行业技术的制高点,并做好知识产权国内外布局之外,在面临海外诉讼时能够掌握相关的诉讼策略,并根据诉讼策略采取相应的行动也尤为重要。

根据上述情况进行具体的诉讼策略分析,可能会出现以下情况:①被动应诉:如被诉产品是企业的主要产品,对企业的生产非常重要或是企业将来的战略产品,而且在发生诉讼的国家或地区有一定的市场占有率或拟大力开发该国或地区的市场,并且企业的知识产权积累单薄,那么企业只能被动应诉。考虑的诉讼策略更多的是从案件本身出发,如进行专利无效抗辩、不侵权抗辩、诉讼主体资格抗辩等,积极做好应诉的安排。②相互起诉策略:除了积极应诉抗辩原案件外,如企业自身有一定的知识产权积累,则可以考虑针对对方的产品提起诉讼。诉讼地的选择则需要考虑知识产权储备的情况、分析的结果和企业自身的资金情况。当然从对国家的司法制度熟悉程度来考虑,更多的情况会偏向在中国进行诉讼。提起另一诉讼除了能向对方表明积极应战的态度,也向对方表明了自身知识产权实力和企业实力,更重要的是增加一个谈判的筹码,能增强与对方谈判的基础,这比手上没有任何筹码时与对方谈判显得容易得多。③综合竞争策略:在双方长期的竞争中或诉讼发生时,应综合收集到的信息,分析这些信息能给对方带来什么影响。如根据对方在以往的许可行为和本次诉讼的差异条件，是否会构成权利滥用，存在垄断行为。跨国公司对涉嫌垄断通常都表现得非常敏感，因此能提起一个涉嫌垄断的诉讼或调查，通常就能快速一揽子解决各方提起的诉讼或纠纷。笔者就曾两次通过在中国提起反垄断诉讼，而迫使对方同意解决双方在美国的知识产权诉讼，达成了解决双方所有诉讼的目的。当然根据收集到的信息不同和竞争对方的行为差异，违反反不正当竞争法等其他法律的情况都存在，因此需要根据具体的情况进行分析应在哪个法律范畴内给竞争对手施加最大的影响。④支持策略：如企业自身资金紧张，则应当根据诉讼对中国同行业其他企业的影响力度，争取获得行业协会或行业内其他企业的人力物力支持。当然诉讼的应对策略还有很多，很多时候需要根据不同的情况，多种策略并用才能最大程度地解决问题，并根据不同时段收集到的信息随时调整诉讼策略。

1. 保存好研发设计、注册专利、生产、销售等资料

应诉海外专利侵权指控，需提供海量技术性强的抗辩证据。例如，在深圳比亚迪股份有限公司（以下简称"比亚迪"）应诉日本索尼公司专利侵权指控过程中，比亚迪提交辩论文件和证据材料近200份，共计5 000多页。在开拓海外市场前，应当研究海外竞争对手专利技术、方法及其所在国专利法律和判例，在研发创新、设计产品时规避相关技术、方法专利保护范围，避免相同或等同侵权，必要时申请注册国内外专利；要按研发设计时间发展，书面详细记录、保存研发设计过程、注册国内外专利、生产、销售及风险预警资料，同时检索、收集可能影响海外竞争对手专利权稳定性的专利文献、非专利文献、在先公开销售和使用证据及梳理风险点，制定好应诉可能侵权指控的预案，以便遭遇海外专利侵权指控时按时提交抗辩证据，降低应诉成本及经济损失，避免举证不能或被判恶意侵权。

例如，由于保存了相关研发数据和资料，广东生益科技股份有限公司在应诉美国埃索拉股份有限公司发起的专利侵权"337调查"时，快速提交了10万页应诉证据，后埃索拉股份有限公司撤诉。中微半导体设备（上海）有限公司（以下简称"中微"）研发时对MOCVD设备领域专利进行了侵

权风险评估，避开竞争对手专利，检索大量专利无效证据，注册关键专利，准备了详细诉讼应对方案，在美国 Veeco Instruments 公司（维易科精密仪器，以下简称"Veeco"）起诉中微供应商西格里碳素有限公司（以下简称"SGL"）专利侵权时，中微积极应对，最终 Veeco、中微和 SGL 达成和解。

2. 主张没有侵犯专利，起诉或反诉原告专利侵权

根据各国专利法，权利要求书界定专利保护范围，说明书及附图辅助确定权利要求保护范围。而按照各国司法实践，专利侵权判定采用全面覆盖原则，被控侵权产品或方法技术方案的技术特征与专利技术方案的全部技术特征相同或等同，构成相同或等同侵权。在一些国家，专利审查、无效、异议程序中的相关文件、无效诉讼决定可作为确定专利权利要求保护范围的重要参考。因此，中国企业应检索、收集原告专利权利要求书、说明书、图片及专利审查、无效、异议相关文件、无效诉讼决定，分析专利权利要求、技术方案、解决的技术问题、技术特征、图片及原告对权利要求的解释以及被控产品技术与原告专利差异，向法官提交专利审查、无效、异议相关文件及规避设计被控侵权产品的资料，提供权利要求与被控侵权技术、不侵权律师意见、专家报告及相关判例，主张原告违反禁止反悔或捐献原则，被控侵权技术方案未包含专利权利要求的全部技术特征、被控侵权技术方案与专利技术方案解决技术问题的手段不相同或相似、被控侵权技术方案实现的技术效果不同，被控产品不是按权利要求保护的方法生产的，被控侵权技术与专利技术不相同也不等同，企业产品属于自主创新设计，技术或设计未落入专利权保护范围，没有侵犯专利技术。例如，在 Ultravison Technologies 美国超视技术有限公司（以下简称"超视技术"）指控中国 LED 显示屏企业专利侵权 "337 调查" 案中，中国 LED 显示屏企业向美国贸易组织提交了自主研发、在先生产和销售材料，超视技术最终撤诉；海鸥手表集团（以下简称"海鸥"）参展的一款双陀飞轮机械表在巴塞尔国际钟表珠宝展上遭瑞士历峰集团投诉侵犯专利时，海鸥提供了研发资料和中国专利复印件，展会组委会裁定争议手表没有违反瑞士联邦专利法。

转守为攻，起诉或反诉原告侵犯专利，有助于企业顺利拓展海外市场

和捍卫合法权益。例如，面对施耐德公司无休止起诉，正泰集团在中国起诉施耐德电气低压（天津）有限公司（以下简称"施耐德天津"）专利侵权，最终施耐德天津与正泰集团达成和解协议，施耐德天津支付补偿金1.575亿元，施耐德公司与正泰集团停止全球范围内现有诉讼。

3. 主张原告专利无效

受专利审批机构审查能力限制，授权专利或许无效，如专利缺乏新颖性、创造性和（或）实用性，说明书公开不充分或修改超出原始公开范围，权利要求得不到说明书支持，专利权利要求范围不确定、权利要求不清楚而无法生产被控产品等。一些国家对专利申请不进行实质性审查，如南非、意大利；或进行有限实质审查，如法国；或不对进入该国 PCT 申请进行实质审查或依据 PCT 国际检索报告及书面意见授予专利权；或不对非 PCT 申请进行相应审查即授予专利权，专利权不够稳定。因此，根据原告专利授权时专利法界定的现有技术，检索、收集专利审查时没有考虑的影响可专利性的申请日前已被他人以法定方式公开技术，并提交专利无效的专家报告、律师意见，主张原告专利与现有技术或方法相同或等同，专利属于现有技术，不具备新颖性、创造性和（或）实用性；或者，主张专利技术方案不完整，说明书公开不充分或修改超出原始公开范围；或者，主张权利要求书得不到说明书的支持，缺少必要技术特征，无法确定专利权保护范围；或主张专利不符合原告国家法律规定的可专利范围，如属于美国专利法第101条规定的不授予专利权的主题，请求法院或专利审批机构宣告专利无效。例如，温州华润电机有限公司提供 TI Automotive Fuel Systems SAS（邦迪管路系统有限公司，以下简称"TISAS"）的涉案专利被在先专利公开证据，主张专利不具有新颖性和创造性，法国巴黎大审法院判决 TISAS 涉案专利权利要求无效；就索尼公司在日本法院起诉比亚迪公司专利侵权一案，比亚迪公司以涉案专利不具有创造性、新颖性和说明书公开不充分为理由，向日本特许厅提出专利无效宣告请求，日本特许厅裁定索尼公司专利无效。

4. 反诉或起诉原告滥用专利权或垄断

专利权人对专利享有独占权,他人未经许可或没有正当理由,实施专利技术或方法的行为属侵权行为。专利权人可提起专利侵权诉讼以禁止专利侵权并获得赔偿。但是,原告不合理地向客户广为发送警告函,明知专利可能无效或不侵权,无法律和(或)事实依据、无正当理由,或拒绝基于 FRAND 原则许可其标准必要专利或附加不合理交易条件,涉嫌不正当竞争或垄断。

例如,原告达克泰集团没能再次提供更为有力的新证据,美国加利福尼亚州上诉法院判决原告向申锡公司赔付诉讼费用 83 万美元;思科系统公司(以下简称"思科")在美国法院起诉华为技术有限公司(以下简称"华为")侵犯知识产权时,华为积极应诉并反诉思科垄断,思科与华为和解;而针对美国交互数字公司(以下简称"IDC")在美国提起的专利侵权诉讼,华为在中国起诉 IDC 垄断,最终中国法院判决 IDC 构成垄断并赔偿 2 000 万元。因此,作为一条可行的应对措施,或可以依据规制专利恶意诉讼威胁和恶意诉讼法律和判例,提供客观清楚且令人信服证据,反诉或起诉原告滥用专利权或垄断,要求法院判令赔偿包括律师费在内的经济损失。

5. 达成和解协议

海外专利侵权诉讼的实质是商业利益之争。专利诉讼过程漫长,双方要花费大量时间、精力和财力,专利侵权判定又具有不确定性。若原告起诉目的是迫使被告支付高额赔偿金或专利使用费,不在于打压或排除被告,随着诉讼中被告提出越来越多不侵权或专利无效证据、起(反)诉原告侵权或采取其他反制措施,和解或许是解决纠纷的最好选择。因此,经研判,被控产品技术、方法或外观设计涉嫌侵权,综合考虑应诉成本、败诉后赔偿金与和解需支付专利使用费、预期商业利润,在以海外专利为筹码和(或)反制原告基础上,适时达成和解协议,实施(交叉)许可,改变产品技术、方法或外观设计,必要时支付赔偿金,贴牌或合资生产,收购专利或并购,或将争议提交仲裁。

例如，针对安佩格拉有限责任公司（以下简称"MPEGLA"）在德国发起专利侵权诉讼，华为成为 MPEGLA 的 AVC 专利组合授权的被许可方；美国赛格威公司（以下简称"Segway"）和美国德克蓄电池有限公司在指控纳恩博科技有限公司（以下简称"纳恩博"）侵犯专利权后，纳恩博收购了 Segway；杜比公司在印度新德里高等法院起诉 OPPO 公司侵犯专利权后，原被告签订战略合作协议。与海外竞争对手和解，企业需支付不菲专利使用费，影响海外市场销售产品成本和竞争力，但可早日摆脱诉累，节省应诉费用，专注创新和海外市场拓展。一旦败诉，企业将面临产品被禁止入关或海外市场禁售和支付高额赔偿金的困境。

6. 寻求政府相关部门和行业协会援助

应对海外专利纠纷，除需提供海量抗辩证据外，费用动辄百万美元以上，单一企业难以承受，因而由政府相关部门、行业协会协助企业（共同）应诉，"力量大"、和解或胜诉率高。例如，美国天格地板公司（以下简称"Teragren"）起诉中国安吉天振竹地板有限公司（以下简称"天振公司"）销售商美国普来控股有限公司侵犯专利时，中国林产工业协会竹材专业委员会牵头同行企业筹集数百万应诉资金，与天振公司共同应诉 Teragren 的专利侵权指控；在应诉美国劲量电池公司指控侵犯无汞碱性电池专利"337 调查"案中，经商务部和电池工业协会协调，中国被诉电池企业按规模和出口量分担费用，部分没有被诉企业也分担了 30% 费用。天振公司和中国电池企业在海外专利纠纷中胜诉，商务部和相关行业协会功不可没。

因此，若拓展海外市场时被海外竞争对手指控专利侵权，中国企业可及时向政府商务部门、行业协会求助，请求参展企业知识产权服务站、海外知识产权维权联盟、知识产权维权援助中心、国家海外知识产权纠纷应对指导中心和（或）商务部驻外经商机构推荐中外律师和技术专家，提供侵权判断和抗辩意见、法律及资金援助；若多家企业被诉或诉讼结果影响整个行业，可请求政府商务部门、行业协会组织和协调相关企业共同收集证据和分摊费用，群策群力地应诉，以提高和解或胜诉概率。

总体来讲，诉讼应对的具体方法可以归纳如下：

（1）制订抗辩方案，积极抗辩

如在海外市场被诉，在分析案情和获得的信息制定诉讼策略之后，应与当地律师制订诉讼抗辩方案。虽然抗辩理由有30多种，但企业可以考虑使用的通常有7种：诉讼主体资格抗辩、诉讼时效抗辩、不侵权抗辩、权利无效抗辩、公知技术抗辩、免责抗辩（先用权、权利用尽、临时过境）、禁止反悔原则抗辩。前述每一抗辩理由又包括了若干第二层次甚至第三层次的抗辩理由，如专利无效抗辩又可以包括新颖性或创造性抗辩、侵犯在先权利抗辩、充分公开原则抗辩、专利实际范围抗辩、故意不公开抗辩等细化的抗辩理由。

（2）专利无效

在面临专利诉讼时，除了积极抗辩，另一件大概率会做的事情就是对涉案专利进行无效宣告。根据案件和收集的证据情况确定专利无效要达到的目的。有多个专利或系列专利时，需要确定针对哪个或哪些专利进行无效宣告。有确凿完整的证据时，能把对方的专利的权利要求全部无效掉是最理想的；但有些情况下虽不能把专利的全部权利要求无效掉，而是根据专利技术方案与涉案产品的对比情况确定关键的部分权利要求，只要能把这些关键权利要求无效掉，对后续的侵权赔偿或和解都能提供有力的支撑；甚至有时候提出无效只是为了通过无效这一程序来确认部分关键技术方案属于惯常技术或惯常设计。笔者曾处理过的其中一个美国专利诉讼，就是通过无效系列专利中的基础专利中的部分关键权利要求，配合原告方已经把该系列专利许可给了同行业很多企业的情况，迫使对方为了保护已有的许可收益而签署了永不起诉协议，而我方放弃了就专利无效宣告再上诉的权利。

（3）收集确凿有力的证据

众所周知，证据是赢得诉讼的关键。在诉讼策略和抗辩方案确定之后，应与律师做好证据收集方案，确定每一抗辩理由需要的支撑证据和证据收集方向。另外根据抗辩理由，确定哪些是需要对方提供的证据，并确定利用什么技巧才能从对方获得需要的证据。

(4) 善于利用诉讼程序

海外诉讼通常程序比较多也比较复杂，中国企业可能对海外诉讼制度陌生，但善于利用海外诉讼程序却十分重要。如面临竞争对手在同一国家多个地区因同一案由起诉时，就应提起统一审理动议和禁止以同一案由再起诉动议，缩小"战场"对节省企业的人力物力和团队的战斗精力非常重要。

(5) 了解诉讼意图

在适当的时候寻求合理途径解决。知识产权作为商业博弈的工具和利器，维护法律的公平正义和权利者的正当权益在很多时候已经不是发动知识产权诉讼的真正目的。在诉讼开始之初就寻求和解，对方往往会提出各种苛刻的条件，包括退出市场或巨额补偿或高额许可费。在诉讼过程中，随着双方证据开示的进展，越来越多的证据会被披露，双方的诉讼考量也在不断变化，根据有利或不利的证据对可能的诉讼结果进行判断，可以适时提出或接受合理的条件进行和解。另外，如有专利无效宣告或其他反制诉讼或措施，都应进行及时考量，适时提出和解或接受合理的条件。

如今，企业之间竞争已体现为产品技术、工艺和设计的竞争，专利侵权诉讼也因此日渐成为企业间商业竞争的工具。因此，在预防海外专利纠纷的同时，中国企业拓展海外市场时还应做好应诉专利纠纷准备，积极应诉抗辩专利侵权指控，在政府相关部门和行业协会支持帮助下，争取和解或胜诉，以扫除海外市场拓展道路上的障碍。

二、应对海外展会纠纷

1. 海外展会纠纷类型[1]

知识产权具有地域性。作为一种专有权，知识产权受到地域的限制，

---

[1] 江苏省知识产权局. 境外展会知识产权纠纷应对指南（2024版）[EB/OL]. (2024-08-19)[2024-08-27]. https://www.163.com/dy/article/J6R7Q26P0551MFDN.html.

除签有国际条约或双边、多边互惠协定的以外，依一国法律取得的权利只能在该国境内有效，受该国法律保护，其他国家对这种权利没有保护的义务。这意味着企业在境外参展时，即使参展企业已经在国内获得了参展产品的相关知识产权，仍有可能不受参展地国家的法律保护，甚至有可能侵犯参展地国家相关权利人的知识产权，产生侵权纠纷。

由于国内企业对境外国家（地区）知识产权法律法规和政策了解甚少，加之知识产权的地域性特征，企业在"走出去"过程中经常会遭遇到展会所在地的知识产权司法和行政的执法调查，如某年在德国柏林国际消费电子展上，德国海关曾以"可能侵犯专利权"为由，突袭了我国69家企业展位，并没收了大量展品。一些国外相关组织、企业、执法机构等也会在中国企业境外参展时使用知识产权手段。为此，企业在"走出去"之前，应对境外展会知识产权侵权纠纷常见的类型、方式以及相应的侵权后果有所了解，做好应对预案。

企业在境外参展常见的知识产权侵权纠纷集中在侵犯专利权、商标权和著作权等类型，此外还会涉及少量不正当竞争方面的纠纷案件。此处仅围绕侵犯专利权和不正当竞争方面的纠纷展开介绍。

（1）专利权侵权纠纷

境外展会专利权纠纷通常是指因展品侵犯他人的专利权或专有技术权利而引发的纠纷，所涉及的多是专利产品中的实用新型专利和外观设计专利。企业在境外参展侵犯专利权的主要形式如下：

未经专利权人许可使用其专利：在境外展会中，参展商在展会上向参观者演示产品中涉及未经专利权人许可使用的专利，进而产生专利侵权纠纷。例如，在展会中，在展出、演示产品时使用了未经权利人许可的专利。

未经专利权人许可许诺销售：专利"许诺销售"是指以做广告、在商店橱窗中陈列或者在展销会上展出等方式作出销售商品的意思表示。很多中小企业为了在进行实际投资或生产前获得订单，或者为了调查市场需求，经常通过公司网站、展会等途径声称自己能够生产或提供某些涉及发明、实用新型及外观设计专利的产品。如果未经专利权人许可，实施了以生产经营为目的的许诺销售其专利产品的行为，其行为则构成侵权，专利权人有权要求其承担侵权责任。在境外展会知识产权纠纷中，外国律师往往会根据中国企业的网站、市场推广网站以及展会登记册上的许诺销售信息对参展中企业直接采取法律措施。

在参会举办国地域之外发布已在该国注册登记知识产权产品的广告：在欧洲某些发达国家，需要注意产品宣传涉嫌侵权。以德国为例，无论何种形式的广告，如纸质广告、网络广告、电视广告等，只要存在向德国销售他人已在德国注册登记知识产权产品的广告的情形，或者主观上有在德国使用的意图，即使不将相关展品、宣传册、宣传画带到展会上，也构成侵权。在网站上所做的宣传和广告，都会受到德国法律的管辖。值得注意的是，如果想合法使用他人产品宣传自己的产品，需要满足两个条件：其一，这种使用是必需的，是为了表示产品的用途而不是产品的来源。比如，使用汽车来为轮毂做广告。其二，不得违反公序良俗。

（2）不正当竞争纠纷

不正当竞争行为，是指经营者在生产经营活动中扰乱市场竞争秩序，损害其他经营者或者消费者的合法权益的行为。境外展会中常见的不正当竞争行为类型包括：商品主体混同行为、商品虚假标示行为、虚假宣传行为、侵犯商业秘密、商业诽谤行为等。参展企业一旦被举报侵犯他人知识产权，直接后果是其展品将有可能被扣押、查封、颁发临时禁令或追诉等，企业将无法正常进行产品展示、商贸洽谈等活动，严重时企业参展负责人可能会被当地警方抓捕。作为次生影响，企业在展会中遭遇的知识产权纠纷不仅使企业参展受挫，而且还可能极大地损害企业的国际形象，影响其市场营销，展后还可能使其陷入诉讼纠纷的泥潭，使得企业损失惨重。

2. 应对思路

企业在遇到海外知识产权纠纷时，一方面，需考量企业应对诉讼成本，评估企业错失市场机遇给企业造成的经济损失。另一方面，如若核心利益受到侵害，需依法维护自身的合法利益。同时，也要避免因采取措施不当而被当地法院采取强制措施，导致无法顺利继续参展甚至被限制人身自由。具体可以参考以下基本应对思路。

（1）联系我国驻当地使领馆

如果遇到紧急纠纷，可立即向我国驻当地使领馆联系，寻求政府帮助，一般情况下，使领馆可为展品财产以及企业工作人员的人身自由提供担保，防止其被采取强制措施。《境外展会知识产权纠纷应对指南》有我国驻展会国家使领馆的基本信息可供参考。

（2）寻找合适的境外知识产权服务机构

由于知识产权具有地域性，不同国家和地区法律法规存在差别，且境外知识产权纠纷复杂，潜在成本高昂，而专业知识产权服务机构可以帮助企业深入比对产品技术特点，找到合适的突破口，有效化解企业在海外参展时被投诉、起诉的潜在风险。因此，当企业在境外面临知识产权纠纷时，可寻找当地的知识产权服务机构，由其指派熟悉当地相关法律、政策的律师协助处理纠纷。

（3）积极准备相关材料进行分析和应对

在境外律师介入后，企业应当尽快提供尽可能详细的权利证明文件、展会资料等证据材料，方便律师研究对方的背景、双方的权利基础、揣摩对方的真实意图，对照参展国的法律法规，综合研判对企业的利弊和风险之后，以最快的速度准备好应对方案。

（4）委托国内律师协助应对

考虑到企业在和境外律师交流沟通时可能存在语言不通和专业壁垒，因此企业可以委派国内律师配合协助境外律师，帮助企业更好地理解相关法律文书、纠纷处理过程等事项。

3. 具体应对措施

企业在境外参展时可能会遭遇警告、临时禁令、执法等多种情况，针对具体不同情况提供以下应对策略，以便企业能在面临突发状况时及时采取有效措施。

（1）遭遇警告应如何应对

企业在境外参展时遇到的警告通常以警告函的形式发出。警告函是由被侵权方向侵权方发出，警告函通常会描述具体侵权行为，要求侵权方认同并签订停止侵权声明和惩罚条款，也会要求侵权方承担律师费用。

在接到警告函后，我国参展方应首先核实签发人是否具有签发的主体资格，即判断签发人是否为知识产权权利人、利害关系人或代理人；此后，要结合具体情况判断警告函的内容是否属实，包括是否对侵权行为进行了具体和真实的描述以及是否附上明确的法律依据；最后，要关注警告函中的诉求是否合理合法。如果认为警告函主体适格、内容真实、请求合理，应尽快与发函方进行沟通和协调，尽量通过和解或调解的方式结案，避免遭受强制措施，影响参展或陷入冗长的诉讼。如果认为警告函主体不适格、内容与事实不符，或者自己并没有侵害他人权益、请求无法律依据等，可以提出书面反警告，并向法院或海关申请保护。有的国家规定，如果因不合理警告函导致企业遭受损失的，企业可在提出异议或反警告的前提下，要求对方对己方的损害进行赔偿。

（2）遭遇临时禁令应如何应对

临时禁令是一种为避免申请人因拖延决定而无法弥补损失，法院根据权利人申请而签发的禁止涉嫌侵权产品参展的强制令，以提供及时有效的法律保护。后续若启动正式的诉讼程序（口头审理或知识产权诉讼），临时禁令程序则被正式的诉讼程序吸收；如不上诉可成永久判决。临时禁令取得容易，执行简单，被申请人的防御措施又十分有限，所以成为权利人常常采用的一种措施。被申请人往往因此措手不及，参展计划被打乱，造成的严重后果几乎与诉讼判决不相上下。临时禁令的内容一般包括：一是要求停止侵权，比如停止展出侵权展品，撤下相关宣传资料、海报和广告等，停止侵权产品的销售并召回已经投放市场的产品；二是要求披露信息，比如通知产品来源，推销渠道，生产、订购、销售数量，为以后索要损害赔偿做准备。有时，申请人还会申请查封和扣押侵权产品，被申请人会被要求将侵权产品交给强制执行人。但是，临时禁令不能用于决定损害赔偿的数额，也不能包含全面提供信息的要求。

企业参展期间如果收到法院签发的临时禁令，应立即寻找专业律师分析审核禁令内容，并根据专业律师的分析结果，尽早向法院提起针对禁令的异议。但在临时禁令未被解除期间，须先执行禁令的内容，避免继续展出涉嫌侵权产品和相关宣传资料，因为权利人会监控展会，而企业如果藐视法庭命令会受到进一步处罚。积极应对临时禁令，有以下几种措施供参考。

① 仅提起针对临时禁令费用部分的异议。如果禁令相对人对临时禁令的主要内容没有异议（即承认企业这一方确实侵权），但不认可临时禁令中要求的费用，那么可以单独提起一个针对临时禁令费用部分的异议。如德国单独提起针对临时禁令费用部分异议的前提条件（有胜诉前景的条件）是，禁令申请人之前没有向禁令相对人发送警告函（禁令申请人在临时禁令程序中同时请求证据保全的除外）。禁令相对人在收到临时禁令后，即刻承认禁令申请人的请求权。

② 提起针对临时禁令签发条件的异议。如果禁令相对人认为法院签发的禁令不满足临时禁令签发条件，可以在收到临时禁令后的任何时间（理论上没有时间限制，但在具体案件中，需考虑是否涉及诉讼请求权丧失时效的情形），提起针对临时禁令的异议。以德国为例，就临时禁令签发条件提起异议的理由有：a. 禁令申请人不具有所依据的知识产权或者其所依据的知识产权理应被无效或撤销。如禁令申请人不是相应知识产权所有人或者没有获得相应的授权，申请人的发明专利或实用新型不具有法律所要求的新颖性、创造性等而应被撤销或宣告无效。b. 禁令相对人的行为或产品并不侵犯禁令申请人的知识产权或者不违反《德国反不正当竞争法》的相关规定。c. 签发的禁令不具备"紧迫性"。一般情况下，禁令申请人需在知道侵权之日起一个月内向法院提起临时禁令申请。如果申请人在知道侵权信息后没有及时主张其权利，则其自身的行为本身就表明，临时禁令不具备法律所要求的"紧迫性"。只要禁令相对人能够证明签发的禁令具有上述任意一个异议理由，法院就会撤销该临时禁令。临时禁令被撤销后，禁令相对人可以要求禁令申请人赔偿其因该临时禁令而遭受的损失。

③ 要求禁令申请人在法院限定的期限内提起正式诉讼。如果禁令相对人确信自己的产品或行为并没有侵犯到禁令申请人的权利，以德国法为例，依据《德国民事诉讼法》第936条和第926条的规定，请求法院要求禁令

申请人在限定期限内提起针对禁令相对人的正式侵权诉讼（主争议程序）。如果禁令申请人没有在法院限定的期限内提起正式的侵权诉讼，禁令相对人可以请求法院撤销临时禁令并判定由禁令申请人承担相应的费用。如果禁令申请人在法院限定的期限内提起了正式的侵权诉讼，则禁令相对人依然可在正式的侵权诉讼中，对禁令申请人知识产权的有效性进行攻击，或者论证自己的产品（行为）不侵犯禁令申请人的知识产权，或者不违反《德国反不正当竞争法》的相关规定。

（3）遭遇执法应如何应对

①积极配合和协调处理。如遇相关执法人员根据临时禁令前来扣押或没收展品，企业相关人员应保持沉着冷静，首先要积极配合执法人员的工作以及当地执法机关的协调处理，并确保与其有效沟通，不发生不必要的争执或冲突。临时禁令从申请到执行所需时间非常短，一般只需要4~6小时，这意味着在展会刚开始几小时内涉嫌侵权的产品就得下架，且临时禁令具有强制执行力，如果临时禁令相对人拒绝执行临时禁令，申请人可以请求警方协助，临时禁令相对人甚至有被拘留的可能。如果继续展示可能被判处罚款，在欧洲部分地区金额最高可达50万欧元。因此企业应配合执法人员的工作，获取、保存执法文件以及扣押或没收清单，并在律师等专业人员的帮助下寻求问题解决途径，避免因抵抗或妨碍执法而带来麻烦。

②寻求救济。企业遭遇执法后，可以依据执法地法律向相关部门提出执法异议、申诉、诉讼等，提交证明企业没有侵权的相关证据。具体可以跟当地司法机关、执法部门、法律服务机构、律师等进行积极沟通，力求减小损失，维护己方权利。

三、应对海关扣押

一方面，如果企业的产品或技术因为知识产权问题被海关扣押，应该如何应对？另一方面，如果发现同行模仿企业向海外出口涉嫌侵犯企业知识产权的产品时，如何通过海关备案，保护企业的创新？

1. 什么是海关扣押

在进出口的过程中,都有可能因为涉嫌知识产权侵权问题,当地海关对涉嫌产品进行扣押。海关进行扣押依据的是该国家(地区)海关知识产权备案系统中已经备案的权利基础。海关知识产权备案,是指权利人将自己拥有的知识产权,在海关进行备案,这些备案信息日后将成为海关扣押侵权产品的重要依据。更直接地说,除海关的日常主动抽查外,海关一般是依照海关备案系统中的权利基础申报,对过关的产品进行扣押的。目前在我国,可以备案的知识产权包括:专利(发明、实用新型、外观设计)、商标、著作权和与著作权有关的权利。海关知识产权扣押的一个特点是处理时间较短,可能仅有三五天的时间留给企业进行处理和反馈,且各国家(地区)海关知识产权保护力度不同,形式多样。因此,涉及进出口业务较多的企业,应该对这类业务予以足够的重视并做好充分准备。

2. 海关扣押一般怎样进行

目前,我国海关扣押侵犯知识产权产品,一般可以分成两大类:①涉及商标、外观设计等这类比较容易直观判断侵权的产品。如果海关初步判断侵权,就会将涉嫌侵权产品的信息发给已经进行海关备案的权利人进行比对。如果权利人判断为侵权,海关则会对该批货物进行扣押。②涉及较难判断的技术类专利侵权的产品。由于技术类专利产品,一般较难直接进行识别,为了效率公平,海关不会对这些商品主动进行扣押;而是根据海关备案权利人的申请进行扣押。

以法国的海关扣留销毁程序为例,当法国海关官员发现涉嫌假冒产品入境时,会在10个工作日(包括星期六)内(易变质产品只有3个工作日期限),对该产品进行扣留,并立即通知申请人以及被扣留产品的收货人。申请人可以向有管辖权的法院申请假冒扣押程序,以便获得假冒侵权的证据。如果申请人认为侵权行为非常明显,也可以要求海关直接销毁被扣留的产品。如果在接到扣留销毁通知后,被扣留产品的收货人在10天的扣留期内没有作出抗辩,则被视为默认接受销毁决定。

3. 海关扣押应对措施

中国企业在境外参展若遭遇海关扣押，可以采取以下措施：

（1）立即向海关作出书面抗辩

在接到海关扣留销毁通知后，应立即请当地律师对海关的决定作出书面抗辩，明确反对该扣留和销毁行为。以法国为例，根据法国法律，书面抗辩无须向海关提出具体的抗辩理由，此时应由申请扣押销毁的人在10天的扣留期内向海关提供相关的假冒侵权证据。如果申请方不能及时提供证明，产品的收货人可以要求海关返还扣留的产品。

（2）请专业律师撰写返还申请书

海关是否最终返还扣留的产品，取决于请求返还扣留产品的理由是否充足。为了可以收回被扣留的产品，返还申请必须适用法律得当，并且证据充足。因此，聘请有经验的专业律师介入处理相关事宜是必要的。

四、应对贸易调查

1. 贸易调查的主要类别

知识产权贸易调查是一种准司法调查程序，对与贸易有关的知识产权事务具备广泛调查权。当前国际上与知识产权相关的贸易调查主要有：美国"337调查""特别301调查"及欧盟针对相关不公平贸易措施的调查等。知识产权贸易调查往往可以通过禁止令、排除令等强制措施极大影响企业产品出口、销售等经营行为。此外，知识产权贸易调查一般比司法程序更快捷方便，因此在当前被权利人广泛使用。

"337调查"，是指美国国际贸易委员会（以下简称"ITC"）根据美国法律有关规定，针对进口贸易中的知识产权侵权行为及其他不公平竞争行为开展调查，裁决是否侵权及是否有必要采取救济措施的一项准司法程序。在已进行的"337调查"案件中，大部分案件涉及专利侵权，除此之外还包括商标侵权、版权侵权和商业秘密侵权等。若判定违反了"337条款"，ITC

将签发排除令或禁止令，指示美国海关禁止该种产品的进口，其结果是特定企业的相关产品乃至全行业的相关产品都无法进入美国市场。由于ITC对案件的审结时间较短，发布的救济措施普遍严厉有效，"337调查"普遍被认为是阻止竞争对手的产品进入美国市场最经济、最高效的法律途径。

美国"特别301条款"，出处是美国《1974年贸易法》第182条，《1988年综合贸易与竞争法》第1303条对其内容做了增补。特别"301调查"，专门针对那些美国认为对知识产权没有提供充分有效保护的国家和地区。根据"301调查"，如果美国贸易代表认定某国的贸易行为对美国的知识产权不利，美国就有权单方面采取贸易制裁措施，比如征收高额关税、限制进口、取消贸易优惠待遇等。

欧盟对我国施行反倾销和反补贴调查（以下简称"双反调查"）。在反倾销调查中，欧盟等地区的调查机关针对中国企业采用特殊的调查方法，其做法具有较强的代表性，被很多国家所效仿，在一定程度上体现了外国对华贸易政策的整体趋势。反补贴调查主要审查出口企业是否获得补贴，以及补贴是否导致进口国的国内产业遭受损害。如果对前述问题得出肯定性结论，进口国就要通过反补贴措施拉高被调查产品的进口价格，以抵消此类进口产品对国内产业带来的不利影响。

知识产权贸易调查往往可以通过禁止令、排除令等强制措施极大影响企业产品出口、销售等经营行为，且知识产权贸易调查一般比司法程序更快捷方便，其后果可能导致中国企业的相关产品乃至全行业的相关产品都无法进入国外市场。

2. 应对建议

（1）应对美国"337调查"❶

当前美国"337调查"已经成为中国企业出口产品进入美国市场的重要

---

❶ 金桢烨.美国涉华非关税贸易壁垒分析及应对措施——以337调查为例[J].产业创新研究,2022(23):105-107.

障碍，在此背景下中国企业在应对"337调查"时更要积极行动不放弃。以下是五种有效的应对策略：①考虑并尽早决定是否应诉。在决定应诉前企业主要考量美国市场对企业的重要程度，分析是否存在侵权的可能性，同时考虑诉讼费用的承受能力和应诉能力，衡量不应诉的后果。被告如果不应诉，可能会被认定为是缺席被告。一旦ITC就某一被告作出缺席裁定，可以对缺席被告采取排除令、禁止令或两者并取。②"337调查"程序快速、复杂、技术性和专业性强，企业应聘请既懂得"337调查"程序又熟悉中美知识产权差异的专业律师代理企业参与案件应诉工作，在应诉中还应尽快寻求政府或者行业协会的介入和引导。③企业要积极应诉抗辩，迫使申请人撤诉。由于绝大多数"337调查"案的诉由是专利侵权，被申请人的抗辩理由通常包括：产品不侵权、专利无效、专利不可执行、就涉案专利而言在美国不存在国内产业等。④"337调查"是对物不对人，企业可以考虑规避设计。"337调查"中，规避设计产品一旦获得行政法官或者ITC的认可，将不受ITC最终做出的排除令等救济措施的影响，企业仍能继续对美出口此类产品。因此，规避设计是"337调查"程序中常见的一种应诉策略。⑤在"337调查"中，双方可以通过签订和解协议、同意令等方式终止调查。"337调查"案中当事人之间通过签订专利许可协议达成和解较为常见，企业要结合自身的实际情况决定是通过支付高额的许可费用换取美国市场，还是放弃美国市场。如果被申请人有放弃美国市场的准备和打算，又不想在美国海关留下记录，可以考虑签署同意令，同意令是单方行为，由被申请人在ITC签发的同意令表格上签字即可。

（2）应对特别301调查[1]

从近年来美国对中国开展301调查的结果来看，美国在2017年以前对中国开展的五次301调查虽然最终都以中美双方磋商的形式解决，但是中国的应对态度逐渐转变为以必要措施予以反制。例如，2018年美国发布对中

---

[1] 李䶮. 心向明月，笑看清风——详解美对中301调查及应对[EB/OL]. (2024-06-14) [2024-08-30]. https://mp.weixin.qq.com/s/z3gRvPEhW1Mju6iZFFUOJw.

仿制药专利侵权风险预警分析

国部分产品加征301关税后，经国务院批准，国务院关税税则委员会决定对《国务院关税税则委员会关于对原产于美国500亿美元进口商品加征关税的公告》（税委会公告〔2018〕5号）中对美加征关税商品清单二的商品作适当调整后，自2018年8月23日起实施加征25%的关税。而就在美国发布"301调查报告"的两周后，我国商务部、海关总署以及中央军委装备发展部联合发布公告，决定对部分航空航天、船舶领域的特定模具等装备及软件、技术，超高分子量聚乙烯纤维相关物项实施出口管制。除了国家层面的贸易反制措施，根据美国贸易代表办公室（以下简称"USTR"）出台的301条款报告和依据相应的贸易或法律规则，企业仍可采取多种举措积极应对，维护自身权利，例如商品归类适用预裁定机制。通过预裁定机制，企业可获取关于商品归类的权威性指导，从而在货物进口前明确其分类，这有助于降低企业在涉及"301条款"报告的贸易过程中面临的合规风险。归类预裁定是指企业在货物出口前获得海关对于商品归类的正式认定，这种认定具有法律效力并可确保货物在任一口岸的一致性对待，降低因归类争议导致的额外成本和延误风险，增强企业在国际贸易中的可预测性和确定性。

此外如有需要，可以向USTR提交排除征税请求的申请[1]。有数据显示，在2018年公布了301调查报告以来，USTR从2018年至2020年共收到约52 746项排除申请，而在所有申请中，大约13%的申请得到了批准，而剩余87%的申请均被拒绝。虽然从数据来看USTR批准排除申请的概率较低，但是如果企业拟出口的产品属于此类特定产品类目，那么建议企业持续关注USTR针对这类产品类目后续申请排除征税的有关措施和申请程序。

目前，USTR对于新一轮排除申请应提交的证据文件还没有作出进一步指引，根据之前的程序，建议企业提前做以下准备：①提交全面详细的产品描述清单：企业需要对拟申请排除的产品提交详细的证明文件，包括产品描述、用途、采购渠道、是否有替代品情况等具体信息。②经济分析和数据支持：企业可以提前准备经济分析报告，证明对该产品征收关税对其

---

[1] 赵枫丹.美国贸易法"301条款"应对研究[D].开封:河南大学,2022:21-23.

运营和成本的影响，特别是对美国经济以及美国消费者的影响。③产品供应链上下游清单：企业可能还需提供详细的供应链上下游清单，以明确征收关税对产品的生产和分销流程的影响。④行业协会和利益相关者的支持信：企业除了自己向 USTR 提交书面申请外，还可以在美国寻找产品相关的行业协会、贸易组织和其他利益相关者，请他们通过在 USTR 公开的意见征询中提出排除征税的申请，从而加强排除申请的说服力。

（3）应对欧盟双反调查

欧盟近年来对反倾销立法的修改及近期对华反补贴调查的实践，在一定程度上体现了未来外国对我国双反调查的方法和趋势。国有企业在双反调查中受到的差别待遇，已经并会继续延伸至一同参加应诉的民营企业。在现阶段的很多双反调查中，如果被调查产品或者生产使用的原材料主要由国企供应，那么即使应诉企业并非国有企业，调查机关仍可能采用第三国数据来计算应诉企业的倾销/补贴税率。虽然对外贸易与对外投资具有较大的差异，但外国政府采取贸易措施时，可能将二者相混同，将政府的投资款项视为应诉企业获得的补贴，人为拉高反补贴税率。对于欧盟等国在贸易调查中的歧视性做法，应当做好长期和艰苦博弈的准备。此外需要强调的是，由于世界贸易组织（WTO）争端解决机制遵循特定程序，违法措施可能在数年之后才能得到纠正。因此，如要避免在双反调查中遭遇歧视性的调查方法，中国企业应当在调查启动前便采取充分的应对措施，而不是在立案之后再被动应诉。就对外投资而言，国企在投资的过程中如遇到政府基金的参与，为避免在反补贴调查中被征收高额关税，国企应该尽量保持独立的投资主体地位，避免与政府基金组成实体之后进行联合投标，更不宜为了筹措资金而夸大政府基金在对外投资过程中所发挥的作用。最后特别需要注意的是，国企在对外宣传的时候，不宜将其获得的政府补贴作为利好消息进行发布。虽然上市公司需要根据证监会的要求如实进行信息披露，但不宜针对补贴进行大力宣传，更不宜夸大政府给予的支持。否则，这些信息可能在今后的贸易调查中成为不利于企业的证据。

第二节　海外专利纠纷解决的关键环节

一、加强海外专利布局

1. 海外专利布局的目的

在海外申请专利主要考虑以下几个方面：

（1）对自身产品加以知识产权保护

在海外获得专利保护可以为企业的产品进入海外市场保驾护航，能够帮助企业维护、巩固和提升产品的市场地位和竞争优势。

（2）抗衡或制约竞争对手

开展海外专利布局可以帮助企业积累专利实力，借此抗衡或制约竞争对手；或帮助企业积累专利筹码，未来通过专利诉讼等方式来牵制市场同质化竞争对手。

（3）直接获取利润

开展海外专利布局还可以帮助企业获得有价值专利，并有可能通过许可、权利转让等方式直接获取利润，也可帮助企业在商业谈判、兼并重组、融资、上市等海外市场运营活动中提高无形资产价值，从而获取利润。

（4）增加产品附加值

开展海外专利布局能够帮助企业获取具有排他性的知识产权，并对企业打造品牌有所帮助，从而增加产品附加值。

（5）增加供应链风险应对筹码

企业围绕上游产品开展海外专利布局，有助于提高企业对供应商的议价能力及风险控制能力。

(6) 影响产业规则

在某些行业,如果可以围绕国际技术标准开展海外专利布局,并推动由此获得的相关专利纳入标准之中,这将有助于企业影响产业规则,进而争取市场主导地位。

(7) 在文化层面获得海外社会认同

基于对知识产权的认知和尊重,拥有海外知识产权保护的产品可能在企业拓展海外市场的过程中获得更多的认同感。

2. 如何进行海外专利布局

海外专利布局主要涉及三个问题:选哪些技术去海外布局、去哪些国家或地区布局以及怎样来布局。

(1) 技术和目标国家或地区的选择

关于选哪些技术去海外布局和去哪些国家或地区布局,主要需要考虑的是技术因素和市场因素。其中技术因素包括:该技术是否为核心技术、新颖性和创造性如何、是否有替代技术等;而市场因素包括:当前相关产品的主要市场及未来的潜在市场、与竞争对手的博弈情况等。

(2) 海外专利布局的途径

申请海外专利主要有三个途径,分别是直接申请途径、巴黎公约申请途径和PCT申请途径。第一个是直接申请。直接申请途径是指申请人将技术方案写成专利申请文件的形式并翻译成目标国家或地区的官方语言,最后提交到目标国家或地区的专利局的一种途径。针对直接申请途径,需要在提交至目标国家或地区之前,在国家知识产权局先申请并进行保密审查。第二个途径是巴黎公约途径。申请人可以在中国先提交一个专利申请作为首次申请,在首次申请的申请日起12个月内,其可以向其他国家或地区提交第二个申请。第二申请可以要求首次申请作为优先权,而第二申请的优先权日就是首次申请的申请日。针对不同专利类型,所规定的优先权期限不一样。发明和实用新型专利的优先权期限是12个月,药品相关专利一般仅需考虑发明专利的形式。第三个途径是PCT途径。针对这种途径,首先在中国先提交专利申请,在中国专利申请日的 12 个月内,可以提交 PCT 国际专利申请,并要求该中国专利申请作为优先权。PCT 国际专利申请不是一个确权的程序,只是一个申请途径。需要在 PCT 进入某一目标国家,然后由目标国家的审查员对专利进行审查并通过后才真正获得专利权。PCT 组织下属有 100 多个成员国,各个成员国对 PCT 进入国家阶段的期限的规定不一样,大部分国家规定 PCT 进入期限为 30 个月。一般来说,如果企业希望有更长的时间来考虑海外专利申请目标国家或地区的话,PCT 途径可能会比较合适。而如果企业已经明确了要进入的目标国家或地区,巴黎公约可能会更便宜一些。如果企业希望进入的国家或地区既不是巴黎公约成员,也不是 PCT 成员,则只能选择直接向该国家或地区提交专利申请。

3. 药物的主要布局点

(1) 化合物专利[1]

① 通式化合物。化合物核心专利的特点是技术含量高、权利要求保护范围宽、对真正目标化合物的隐蔽性强。通式化合物专利一旦获得授权,则是对化学物质或药物活性分子(API)的绝对保护,他人难以规避,针对 API 的权利要求一般也很难被专利无效掉。

② 药学上可接受的盐化合物的盐。其可在某种程度上改善药物本身的物理溶解性,提高药物的生物利用度。由通式化合物本身出发,在其基础上进行的化合物盐的二次创新,间接延长了具体药物的专利保护期。药学上可接受的盐很多化合物作为药物,最后上市的都是盐型,如马来酸桂哌齐特、盐酸帕罗西汀、二甲苯磺酸拉帕替尼等。例如,辉瑞公司曾经最畅销的降血脂药立普妥(阿托伐他汀,atorvastatin),其于 1986 年 5 月 30 日申请的美国专利 US4681893A,保护了含有阿托伐他汀的通式化合物及其药学上可接受的内酯水解盐,其申请的后续专利 US5273995A 保护了阿托伐他汀及其钙盐(即阿托伐他汀钙)。

---

[1] 京墨. 药品研发过程中的专利布局点[EB/OL]. (2022-11-24)[2024-09-01]. https://mp.weixin.qq.com/s/LGWrnSi58a-BWDf1TZDXCA.

③ 前药。前药也称前体药物、药物前体、前驱药物等,前药可以增加药物的代谢稳定性、延长作用时间,提高药物作用的选择性和靶向性,消除药物毒副作用或不良反应,以及改变药物的溶解度、具有更好的溶解性能以适应剂型的需要。例如,吉利德公司成功开发并上市的新型核苷酸类逆转录酶抑制剂替诺福韦酯,即是诺福韦的前药形式。另外,人福医药创造性地开发了丙泊酚的水溶性前药磷丙泊酚钠,并将其制备成具有良好的水溶解性、稳定性及安全性的磷丙泊酚钠冻干制。

④ 手性药物/光学异构体。在实际的研发过程中,可能会发现起药效作用的活性异构体;或者通过异构体转化方法,将无活性异构体转化成活性异构体,那么此时可以申请布局在基本专利中没有具体提及或者描述的、具有不可预见的优点的、更具活性的异构体化合物专利。例如,抗血栓药硫酸氢氯吡格雷(商品名:波立维),其左旋异构体在 50mg/kg 的给药剂量时会产生明显的神经毒性,但是右旋异构体无神经毒性,因此上市的是右旋异构体。

⑤ 医药中间体。医药中间体主要作为精细化工的重要组成部分,逐渐成为各国发展化学工业的重点与核心。最终临床使用的合格药品,都是依赖于各类高质量的医药中间体合成出来的,发展新的医药中间体。现有医药中间体的制备方法专利,是对现有医药专利形式的有益补充。例如,大多数沙坦类药物均是以邻-甲苯基苯腈作为关键中间体,包括默克公司的氯沙坦钾(商品名:科素亚)、诺华公司的缬沙坦(商品名:代文)、百时美施贵宝公司和赛诺菲公司推出的厄贝沙坦(商品名:安博维)。

⑥ 衍生物。主要涉及对化合物、中药单体等的结构改造、氘代物等。例如,已上市的氨苄西林、苯唑西林、阿莫西林等均为青霉素的衍生物。

(2) 晶型专利

晶型是药物保护的最常见形式,通常在开发出基础化合物后,申请人会陆续申请晶型专利,扩展并加强对基础化合物的保护。化学结构相同的药物,可因结晶条件不同而得到不同晶体,药物多晶型现象也是影响药品质量与临床药效的重要因素之一。药物晶型建议遵循"一晶型一专利"的保护原则,以使新颖性的审查与后续的保护相衔接,由此促进药物晶型的良性创新与保护。

（3）制剂专利

制剂专利涉及的方面有制剂开发、制剂生产工艺改进、制剂升级等。在制剂研究中，制剂工作者会在综合考虑化合物的各种性质基础上，开发出最合理的产品剂型（如普通剂型的片剂、胶囊、颗粒、注射液等），制剂工艺（如干法制粒、湿法制粒、粉末直接压片）以及车间生产工艺改进等。对现有药物进行的剂型改良，如由普通剂型转变为高端剂型如缓控释制剂、皮下植入剂、纳米混悬剂等，然后针对新剂型进行工艺的二次开发，并申请专利，可有效拓展现有药物的使用范围，延长专利保护期。例如，GSK（葛兰素史克公司）的原研药盐酸罗匹尼罗，其在片剂专利期满后的2008年推出罗匹尼罗缓释片，继续占领帕金森病药物市场，而盐酸罗匹尼罗缓释片在中国的授权专利于2021年4月才到期。

（4）方法专利

制备方法专利涉及对化合物、晶型、制剂、中药、生物药等产品的化学或生物制备新方法、新路线，精制或纯化方法、制剂工艺等。此外，药物中间体的制备专利保护对方法专利有很好的加强作用，杂质的制备与分离专利、中药单体的提取植化、中药提取物的制备，对药物的API、质量分析也是一个很好的补充。此外，药物及其中间体、制剂、有效成分或有效部位、蛋白、抗体等的分析方法、检测方法是用科学手段解决了"如何检验出药品中是否含有某种成分或成分含量多少的问题"，是在专利授权范畴内的。分析检测方法专利能否得到授权，最重要的还是要体现出该方法是否满足专利授权的"三性"条件。例如，广州白云山和记黄埔中药有限公司的专利成果"一种口炎清颗粒的质量控制方法及应用"，其提出了一种利用指纹图谱控制产品质量的新方法，稳定性和重现性极佳、可操作性强，能有效地全面监控口炎清颗粒的半成品和成品的质量，甄别优质、劣质和假冒产品，有效解决口炎清颗粒鉴别和质量评价的问题，实用性强。

（5）用途专利

药物新用途或新适应证是快速发现新药的有效途径，特别适合我国国情的新药研究模式。其具有的优势为：成药性高、研发经费低（比别的新药开发要低50%~60%)、有广阔的知识产权空间。例如,辉瑞公司最开始研制用于治疗冠心病的药物西地那非(sildenafil),在1991年实验发现对冠心病的治疗效果不能达到研究预期,但是在临床试验中陆续发现了其用于治疗勃起功能障碍、肺动脉高压的新用途,相继于1998年、2005年经FDA批准并应用于临床至今。

(6) 其他专利

制药设备、生产装置或医疗器具专利,可以有针对性地进行发明专利或实用新型专利的申请。对于同一个主题的专利申请,如该专利具备较高的创造性,则可同时提交发明专利和实用新型专利申请。实用新型专利一般不经过实质审查,会在大约半年后得到授权,获得10年的实用新型保护;而发明专利会经过实审程序,如发明也具备授权条件,则可放弃实用新型的权利,转变成20年的发明专利保护,即延长了10年的专利保护期。

值得注意的是,当药物专利布局出现失误时,则很可能导致其所属企业出现较大损失。以艾拉莫德在专利布局中的失误为例,艾拉莫德在临床上用于治疗类风湿性关节炎,其由日本富山化学工业株式会社(以下简称"富山化学")于1988年申请了化合物专利JPH0249778A,后富山化学与卫材药业有限公司(以下简称"卫材")进行合作开发,明确了研发艾拉莫德的主要应用方向为类风湿性关节炎并进行了临床研究,于1994年申请的专利WO1994023714A1首次涉及了艾拉莫德治疗类风湿性关节炎,该专利在日本、欧洲、美国等国家或地区获得授权,但是却没有进入中国。而艾拉莫德关键的化合物专利(JPH0249778A)及用途专利(WO1994023714A1)未进入中国的专利布局失误,为后来先声药业的艾拉莫德片率先上市而卫材失去中国市场埋下了伏笔。随着临床的进展,富山化学在2001—2003年又申请了涉及艾拉莫德片的制剂专利JP2001240540A及艾拉莫德制备方法的制备方法专利JP2003171375A,该2件专利同样也未进入中国。

国内艾拉莫德的研究是由天津药物研究院于1999年开始,且天津药物研究院于2003年申请了艾拉莫德的关键制剂专利CN100387231C并获得授权,此后与先声药业合作,后续陆续提交了11件艾拉莫德相关专利申请。先声药业的艾拉莫德片于2011年8月在中国获批上市,后来成为先声药业的龙头产品，而卫材制药的艾拉莫德片于 2012 年 6 月才在日本上市，先声药业由一个跟随者似乎成了实质上的原创者。

富山化学第 1 件涉及艾拉莫德的中国专利 CN103826624A 直到 2013 年才申请，涉及艾拉莫德与甲氨蝶呤或泼尼松龙的联合用药，后续又在中国陆续申请了数件艾拉莫德的相关专利，但为时已晚。艾拉莫德原研企业可能由于早期没有认识到中国的广阔市场又或者单纯是因为疏漏，而忽略了艾拉莫德关键专利在中国的布局，痛失了中国市场。

药物领域在专利布局时，专利类型需要考虑到化合物、化合物盐、晶型、医药用途、制备方法、制剂、联合用药、检测分析方法、前药、代谢物、氘代物、中间体等多种专利类型。创新药企业在进行专利布局时需要将专利进行合理的布局以最大限度地保护创新药物。例如对于市场前景好的国家地区专利最好进入，进入哪些国家地区需要以发展的长远的眼光去看，艾拉莫德的失误就是例证。对于仿制药企业或者专门研发机构来说，抓住原研企业的专利布局失误和漏洞，以较小的投入完成原研药外围技术的研发和专利的提前申请，从而获得巨额回报，也是一种值得尝试的方式。

二、提前储备海外服务机构

一方面，企业可在涉及或可能涉及知识产权海外纠纷的重点国家或地区建立合作伙伴关系，与能力较强、水平较高、对华友好的相关机构建立合作关系和联络机制；另一方面，企业也可以提前储备自己的海外服务机构或部门，提高风险化解能力。

（1）人员管理

储备海外知识产权管理的专业人员，应对企业出海可能面临的各种知识产权风险。

（2）合规授权

设立项目小组以及常规负责人，将合规作为一项常态化工作。

（3）意识培养

将海外知识产权风险防范进行常态化培训，增强风险防范意识。

（4）制度建设

建立海外诉讼的分工机制。如果企业已经发生或面临了诉讼情况，被诉企业应该沉着冷静应对。首先，应该迅速了解原告的背景以及对方的诉讼目的；其次，制定诉讼目标，做好预算管理，控制应对成本；再次，聘请专业机构（律所和专家证人）进行侵权分析和规避设计，决定是否提起专利无效诉讼，以及提起专利无效诉讼的时间；最后，选择和解谈判的恰当时机与策略。

三、加强对知识产权的主导权控制

对于企业来说，诉讼是维护权益的手段，是企业商业战略中的重要组成部分。而专利诉讼，更是在企业商业战略中发挥着巨大的作用。一个企业在事前预防的投入与事后救济的投入是成反比的。事前预防投入的成本大，事后救济的成本就小；事前预防投入的成本小，事后救济的成本就大，并且取得的效果也不会太好。所以，事后救济不如事前预防，做好事前预防是重中之重。一方面，企业应组建以知识产权（法律）管理部门为主导，行政、技术和市场人员参与的诉讼应对团队，负责与外部律师团队沟通；另一方面，企业应从自身实力出发，提高对知识产权的主导权控制。

企业可以通过基于动态跟踪企业自有研发/设备过程、自有研发/设计转化为制造/产品过程、自有产品市场营销反馈（以下简称"企业自有研发全动态和自有产品市场反馈全动态"）的专利布局和专利挖掘，结合基于竞争对手行业专利布局发展动向及竞争对手市场产品营销反馈动向（以下简称"竞争对手专利动向和产品市场反馈动向"）的专利布局和专利挖掘方式的事前预防，形成一定数量并具有一定质量的专利申请，积累大量的专利筹码，以支持企业在全球产品竞争中的自由地位；同时基于积累的大量专利筹码，期望能够积累起可以应对可能发生的专利诉讼风险的应对筹码、提前预知可能的专利诉讼风险并提前做好可能的应对准备。

1. 基于企业自有研发全动态和自有产品市场反馈全动态的专利布局和专利挖掘

（1）技术点专利布局

技术点专利布局的方式是选取基于企业自有研发全动态和自有产品市场反馈全动态的核心技术主题，列出所述相关技术主题的核心技术要素，依据所述核心技术要素按照一级技术分支、二级技术分支、三级技术分支等方式进行技术分解，确定若干个核心的技术特征，将整个技术方案有层次性地进行技术点的深度挖掘，使得技术特征最终被挖掘至以最小化单元的方式呈现。

（2）技术问题以及技术方案的专利规避方案挖掘

技术问题以及技术方案的专利规避方案挖掘的方式是选取基于企业自有研发全动态和自有产品市场反馈全动态出现的技术问题即要解决的技术问题，列出所述要解决的技术问题、采用的技术方案、取得的技术效果、专利规避方案、专利产出规划等。

（3）技术问题以及技术方案的专利交叉方案挖掘

技术问题以及技术方案的专利交叉方案挖掘的方式是选取基于企业自有研发全动态和自有产品市场反馈全动态中采用的技术方案、取得的技术效果、采用的技术方案中还存在潜在的技术缺陷，并对潜在的技术缺陷列出对应的解决方案。

（4）现有专利的专利规避方案挖掘

现有专利的专利规避方案挖掘的方式是依据基于企业自有研发全动态和自有产品市场反馈全动态所确定的核心的技术特征进行专利检索，选取与所述技术特征最相近的现有专利若干篇；依次分析每一篇现有专利所对应的技术问题、技术改进、所达到的技术效果，并对应所述技术问题、技术改进、所达到的技术效果列出多种专利规避方案。

（5）现有专利的专利交叉方案挖掘

现有专利的专利交叉方案挖掘的方式是依据基于企业自有研发全动态

和自有产品市场反馈全动态所确定的核心的技术特征进行专利检索,选取与所述技术特征最相近的现有专利若干篇;依次分析每一篇现有专利所对应的技术问题、技术改进、所达到的技术效果,以及其潜在的技术缺陷,并对潜在的技术缺陷列出对应的解决方案。

2. 基于竞争对手专利动向和产品市场反馈动向的专利布局和专利挖掘

(1) 技术问题及技术方案的专利规避方案挖掘

技术问题及技术方案的专利规避方案挖掘的方式是选取基于竞争对手专利动向和产品市场反馈动向出现的技术问题即要解决的技术问题,列出所述要解决的技术问题、采用的技术方案、取得的技术效果、专利规避方案、专利产出规划等。

(2) 技术问题及技术方案的专利交叉方案挖掘

技术问题及技术方案的专利交叉方案挖掘的方式是选取基于竞争对手专利动向和产品市场反馈动向中采用的技术方案、取得的技术效果、采用的技术方案中还存在潜在的技术缺陷,并对应潜在的技术缺陷列出对应的解决方案。

(3) 加强对知识产权的主导权控制

①建立完善的专利风险监控机制,在研发立项前、研发中,以及正式投产前均通过专利检索、分析以监控竞争对手已公开专利的情况,保证产品不存在侵犯专利权的事实行为。对潜在的专利侵权风险源提前准备,制定预案和应对策略。②生产经营中积极寻求技术创新和升级,打造多元化产品,不依赖于单一产品生产经营,即使某一产品发生专利侵权诉讼且该诉讼发展方向不利于企业,企业也不会处于被动地位,甚至遭遇致命性的打击。③做好来自供应商的风险管控,充分考虑供应商提供的技术或部件是否具有侵权风险,是否具备完备的知识产权保障,是否具备风险规避和应对能力,在选择供应商时要求其提供产品的FTO(专利自由实施)分析报告,或者在采购合同中约定相应的风险担责。

仿制药专利侵权风险预警分析

四、应诉准备时对成本管理进行控制

面对知识产权纠纷时,企业必须考虑时间成本、资金成本和人力物力成本及其对企业内在的影响。由于知识产权纠纷费用高昂,在启动正式的司法程序之前,应当进行全面充分的评估,避免无谓的损失。企业在收到律师函或者警告函以后,需要尽快启动相关的侵权风险评估工作,为后续的纠纷做好策略应对准备。企业专利诉讼战略的根本动机是通过司法手段,战略性运用专利获得利润最大化。在遭遇知识产权侵权风险时,应当做好自身侵权风险与对方侵权依据的评估,做到"知己知彼",从容应对。当然,知识产权诉前风险评估具有较高的难度。一方面,由于知识产权本身的无形性特征,以及其边界模糊性特点,在侵权的判定上会存在较大的认定差异,即使司法机关面对同样的问题也很难作出完全一致的判定。著作权侵权判定涉及思想与表达二分法,商标权侵权判定涉及相似与混淆的判断,专利权侵权判定不仅需要对权利要求作出解释,还要进行相同与等同的甄别。另一方面,知识产权侵权的赔偿额度、诉讼成本很难把握,一般需要结合双方的证据进行充分的判断。因此,在诉前对知识产权侵权风险进行评估需要掌握充分的资料,具备充足的判断能力。尽管诉前的知识产权风险评估存在很高的难度,但在出现了知识产权侵权可能时,还是需要对几个核心的问题进行判断,以把握总体的应对方略。

首先,需要对知识产权权利的有效性作出评估。对于侵权指控,一个前提性的问题是,所据以主张的权利应当是合法有效的,否则"皮之不存,毛将焉附"。如果能够对知识产权权利的效力提出质疑,无疑是釜底抽薪之策。专利权需要判定是否符合专利法相关规定的授权要求,是否存在可能无效的现有技术。对于处在关联行业的被控侵权人来讲,其对本行业的发展以及本领域的技术现状都有比较深入的了解,可以在全面检索本领域相关作品、标识、技术的基础上,结合技术人员与法律专业人员的观点进行综合判断。其次,还需要对后续诉讼的进程有一个合理的评估,包括对诉讼和解的前景,以及和解赔偿金的可能范围作出初步判断。这需要建立在对发起知识产权诉讼或提起知识产权行政程序的当事人的身份及其目标判断的基础上。如果是存在竞争关系的企业,其发起诉讼的战略遏制意图就会更明显,相应地双方和解的可能性会更低;如果是非实施实体(NPE)或非竞争关系企业,其通过诉讼获取直接收益的目标更明确,在和解谈判与和解策略上就需要考虑其特殊性。最后,涉嫌侵权的对象企业在诉前需要对后续纠纷可能对企业带来的市场影响进行综合判断。一个有利的知识产权诉讼,可能会为企业在行业树立标杆地位具有正向的促进作用,例如华为技术有限公司、中兴通讯股份有限公司通过知识产权诉讼的胜诉不断宣告其崛起的态势,而负面的知识产权诉讼、旷日持久的诉讼过程会严重影响企业的声誉,或是阻滞企业的扩张战略,甚至影响企业的正常经营,这样即使最终赢得诉讼或取得和解,但输掉了市场,对企业来讲也得不偿失。因此,针对不同的市场前景和企业的不同发展阶段,对于不同的纠纷,企业需要作出适当的判断,合理选择诉讼策略,以实现最终为企业发展服务的总体目标。

五、做好展会纠纷应对预案

展会知识产权纠纷是展品侵犯他人的专利权或专有技术权利引发的纠纷,即参展商未经权利人许可展出权利人的专利产品,或有许诺销售、销售专利产品的行为。参展产品一般融合了先进的研发成果,很大一部分与专利息息相关,所以因产品外形、结构等类似而引发的专利权纠纷为数不少。在海外展会中,侵犯专利权案件占知识产权侵权案件的绝大部分。

中国企业在赴海外参展前应做好应对预案。参展企业应当就参展产品和材料的知识产权问题进行检索审查,排除侵犯他人知识产权的可能性。尤其要注意相关知识产权在参展地的申请注册情况,因为在中国享有知识产权并不意味着在参展地必然也享有相应的知识产权。且企业应充分了解参展地与知识产权有关的法律制度、执法形式、司法程序和判定标准、展会知识产权保护规则和保护模式以及案例等。并携带知识产权证书及有关证明材料,了解同类展品,组建危机处理团队,预留纠纷应对资金。

一旦企业在海外展会中被诉侵权，企业应视情况应对。假设收到警告信，企业需要先判断自己是否构成侵权。如果认为不构成侵权，可拒绝签署，同时可提出反警告；如果认为内容属实且标的值合理，可以签署，同时需和该企业进行沟通协调，尽量选择和解方案，否则如果进入诉讼程序，还会面临数额巨大的赔偿金以及诉讼费。假设企业遇执法人员根据临时禁令前来扣押或没收展品，我国参展企业可先加以解释，如果执法人员坚决要扣押展品或带走参展人员，不应阻止，更不应采取过激行为拒不执行临时禁令，否则会导致严重后果。但应当要求开具扣押或没收清单，便于以后作为证据使用。同时，企业可以立即委托律师前往法院提出异议。此外，企业应建立高效的新闻发布机制，与国内外媒体构建良好的公共关系，选择有一定公信力和影响力的媒体作为交流对象，引导媒体作出客观公正的报道，及时披露相关信息。当然，如果中国企业在海外展会中发现被侵权时，也应采取法律方式维护企业利益。我国企业可对涉嫌侵权的国外企业发送警告信要求其及时停止侵权，或善于运用临时禁令来维护自身权益，为企业的全球发展战略服务。但是目前由于我国企业的涉外维权意识不强，在国际展会上成功申请临时禁令的案例并不多。另外，企业对涉嫌侵权的展品可以通过拍照、索取产品宣传册或者购买等方式固定证据，必要时还可通过公证方式保全证据。鉴于不同国家的证据制度存在差异，中国企业在取证时要符合展会所在国的法律，否则证据可能被认定为无效而无法在诉讼中被法院采信。参加海外展会时，应尽量避免国内企业控诉国内企业侵权，因为可能会出现"异域作战"的双输局面。如出现此种情形，应先进行相关证据收集、保全，为回国后进一步维权做好准备。

第五章

仿制药专利分析

第一节 遴选仿制药

一、遴选原则

我们从《第三批鼓励仿制药品目录》及一些热点药品中,遴选了一些用于进行专利分析和侵权预警的仿制药实例,遴选原则如下。

1. 市场价值大,受关注度高

鼓励仿制药品目录中的药品都是市场价值大、受关注度高的,但是我们尽量优中选优,而且一般而言某一药品之所以市场价值大,一定是由于其需求大,投入研发费用高,单价高,因此对患者的购买力制约更大,更具商业价值;从关注度的角度看,受关注度高的药品也有很多,我们从保障药品可及性的初衷出发,更侧重于选择治疗癌症、罕见病、急难危重病症的药品。创新原研药决定了人类健康的"天花板",而价格低廉的仿制药组成了国民健康的"基本盘",与生命健康密切相关的仿制药的深入开发,对普通大众具有重要意义和深远影响。早在2018年,国务院办公厅印发了《关于改革完善仿制药供应保障及使用政策的意见》,对仿制药研发、一致性评价和上市后质量监管作出了一系列要求。伴随一些新政策逐渐出台并落地实施,未来将会形成一个高质量的仿制药环境,在保留高经济效益的同时,可提高患者对药物的可及性,助力患者健康。

2. 疗效好,靶点丰富,适应证广

仿制疗效好、靶点多或者靶点所涉及的通路多、适应证广的药品惠及的患者更多、企业研发成本高等特性决定了其原研药品价格更高,患者无力承担用药费用的情况更加突出和显著。我国《关于改革完善仿制药供应保障及使用政策的若干意见》鼓励仿制临床必需、疗效确切、供应短缺的药品,鼓励仿制重大传染病防治和罕见病治疗所需药品、处置突发公共卫生事件所需药品、儿童使用药品等。

3. 原研药专利布局较完整,国内仿制热度高

为使得我们的研究成果能够在仿制药专利侵权预警领域起到示范或者模板的作用,我们希望遴选的药品在国内的专利布局较完整,这样才能演示出如何在原研药密集的专利网之下"闪转腾挪",夹缝生存,寻找突破口,为如何避免侵权、寻找研发方向给出比较全面的、有丰富经验可以借鉴的示例。

4. 覆盖化学药和生物药

人们习惯用原研药、仿制药来对药物进行划分,目前仿制药可以分为化学仿制药和生物仿制药两种。我国化学仿制药市场规模巨大,治疗领域广,可研究性较强。化学仿制药通常具有成熟的合成工艺和明确的合成路径,在研发过程中一般基于生物等效性进行相应的研发工作。近年来,生物类似药也凭借着与原研药在质量、疗效和安全性方面的相似性及价格优势屡屡被关注,成为生物药未来发展方向之一。在审批内容和监管要求上,

生物类似药与化学仿制药有比较大的差异，其相应的成本更高，研发时间更长。化学仿制药和生物仿制药在仿制药的开发策略上重点不同，化学药的仿制药研发更侧重于结构改造、药物多晶型的研发，而生物仿制药更侧重于使其与原药具有相同的活性物质、一级结构修饰、生物相似性和可互换性。生物仿制药是源自活性生物体的大而复杂的分子，随着越来越多的生物药物专利到期，生物仿制药变得越来越重要，生物仿制药市场预计在未来数年也将会持续增长。

二、遴选结果

1. 卡博替尼

卡博替尼的化学名为 N-[4-[(6,7-二甲氧基-4-喹啉基)氧基]苯基]-N-(4-氟苯基)-1,1-环丙烷二甲酰胺，分子式为 $C_{28}H_{24}FN_3O_5$，CAS 登录号为 849217-68-1。其结构式如图 5-1 所示。

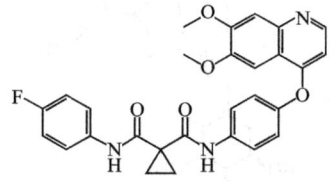

图 5-1 卡博替尼结构式

卡博替尼包括了 MET、VEGFR1/2/3、ROS1、RET、AXL、NTRK、KIT 9 个靶点，一般的靶向药为 1~3 个靶点，因此卡博替尼的治疗优势非常明显，被称为靶向药中的万金油。卡博替尼被伊克力西斯制药公司（Exelixis）开发成为一种口服胶囊剂型，具有生物利用度高、血脑屏障透过率高和清除半衰期长等优点，其最早于 2012 年 11 月经 FDA 批准用于治疗甲状腺髓样癌（medullary thyroidcancer，MTC），后于 2016 年 4 月和 2017 年 12 月分别被批准用于晚期肾细胞癌（renal cell carcinoma，RCC）患者的二线治疗和一线治疗。

卡博替尼原研药的研发费用远远高于累积总销售额，如果国内药企能够以较低成本在国内展开临床试验上市，无疑具有重要的市场前景。2017年全球销售额达3.5亿美元。

卡博替尼原研药专利处于暂时无效状态，Exelixis公司没有申请化合物专利，仅申请了通式化合物专利，但在代谢物、盐、晶型等方面进行了较为全面的布局。

国内的主要仿制企业包括正大天晴、双鹭药业和晶云科技。在国际上已有西普拉公司（Cipla）与原研药企业之间的侵权纠纷。

2. 艾地骨化醇

艾地骨化醇的化学名是2-(3-羟基丙氧基)-1,25-二羟基维他命D3，英文名称2-（3-hydroxypropoxy）-1,25-dihydroxyvitamin D3，别名有艾尔骨化醇、ED-17、eldecalcitol等，分子式是$C_{30}H_{50}O_5$，CAS号为104121-92-8，相对分子质量为490.71。其结构式如图5-2所示。

图5-2 艾地骨化醇结构式

艾地骨化醇的作用靶点有VDR、DBP，其也与mini-modeling骨的形成有关。艾地骨化醇主要治疗的疾病种类有骨质疏松症、绝经后骨质疏松症、佝偻病等。此外，艾地骨化醇还具有抗氧化、抗炎、抗肿瘤等作用，其可以用于治疗心血管疾病、糖尿病等慢性疾病。

数据显示，2020年度艾地骨化醇软胶囊全球市场销售额为8.89亿美元。

艾地骨化醇软胶囊最先于2011年在日本上市，该药于2020年12月11日在中国获批上市。其原研药公司为罗氏旗下的日本中外制药株式会社。此外，国家药监局官网显示，中国企业如四川国为制药、河南泰丰生物、温州海鹤药业等均已得到艾地骨化醇软胶囊的仿制药获批。

仿制药相关专利侵权应对措施情况如下：

（不侵权抗辩）中国首例药品专利链接诉讼案中外制药株式会社与温州海鹤药业确认是否落入专利保护范围纠纷案中，二审判决结果为仿制药的技术方案不落入涉案专利权的保护范围。中外制药株式会社的上诉请求不能成立，应予驳回。

当无法避开原研药专利时，仿制药企业提出专利无效请求。四川国为制药和正大天晴药业分别对中外制药株式会社的原研药专利（申请号：CN2005800098776）提起了无效宣告请求。国家知识产权局发布第53498号无效宣告请求审查决定书，宣告原研药发明专利权全部无效。

3. 曲妥珠单抗

曲妥珠单抗的商品名为赫赛汀，赫赛汀是由基因泰克（罗氏子公司）研发的一种人源化IgG1κ型单克隆抗体，其与肿瘤细胞上的HER2结合并介导抗体依赖的细胞毒作用（ADCC）。1998年赫赛汀由美国FDA批准上市，2002年我国批准用于治疗HER2阳性转移性乳腺癌，是世界上第一个针对HER2致癌位点的药物，也是第一个上市的抗癌靶向药，它的成功上市开启了靶向治疗乳腺癌、胃癌的先河。乳腺癌在我国女性恶性肿瘤中的发病率和死亡率分别居第1位和第5位，此外我国每年胃癌新发病例近70万例。因此，中国肿瘤市场对以赫赛汀为代表的anti-HER2疗法有着巨大的临床需求。作为罗氏旗下的王牌药品，其2010年以来的全球年销售额一直在50亿瑞士法郎（相当于50亿美元）以上，且持续走高，2018年全球年销售额近70亿美元。截至2023年，赫赛汀全球累计销售额已经突破1 000亿美元。

对应的中国市场，2020年6月，三生国健的伊尼妥单抗获批上市，商品名为赛普汀，是中国自主研发上市的首个创新抗HER2单抗药物，属于首个国产曲妥珠单抗生物类似药，打破了进口产品在抗HER2单抗市场的垄断局面。伊尼妥单抗最初作为生物类似药开发，不过最终伊尼妥单抗以改良新药2类申报。可以说，伊尼妥单抗是三生国健用自身平台技术自主研发的针对抗HER2治疗的一款"仿创结合"的抗HER2单抗。复宏汉霖曲妥珠单抗（HLX02）是国内首个曲妥珠单抗生物类似药，2020年获得国家药品监督管理局批准上市，商品名为汉曲优®。同年7月，欧盟委员会（EC）已正式批准HLX02在欧盟的上市销售申请，商品名为Zercepac®。汉曲优®是首个由中国企业开发、生产和上市的曲妥珠单抗（Herceptin®）生物类似药，也是首个成功登陆欧盟的"中国籍"单抗生物类似药，开创了中国医药企业参与单抗生物类似药"世界杯"比赛的先河。

围绕曲妥珠单抗原研药，国内不乏仿制药企业对其专利布局的挑战，其中充满的竞争博弈、斗智斗勇对侵权预警分析具有较高的研究价值。目前，曲妥珠单抗的核心专利已经到期，但罗氏基于曲妥珠单抗开发出了曲妥珠单抗的ADC版本——赫赛莱，为乳腺癌治疗继续树立了极高的壁垒，开启了基于"皮下制剂"的新时代，依然牢牢把控着这一品种的最大市场。

4. 阿塞那平

阿塞那平（Asenapine）化学名称为（3aR,12bR）-反式-5-氯-2-甲基-2,3,3a,12b-四氢-1H-二苯并［2,3;6,7］氧杂䓬并［4,5c］吡咯，CAS登录号为65576-46-6，化学结构式如图5-3所示。

图5-3　阿塞那平结构式

其是由欧加农生物科学公司（Organon BioSciences）研发、先灵葆雅公司（Schering Plough）生产，于2009年8月14日经美国FDA批准上市，2009年11月27日经欧盟批准上市，用于成年人精神分裂症、狂躁症或Ⅰ型双向情感障碍混合发作的紧急治疗，是5-羟色胺受体、组胺受体、肾上腺素受体、多巴胺受体等多种受体的拮抗剂。

2020年9月前的12个月内销售额达2.17亿美元，目前德国勃林格殷格翰制药公司（Breckenridge）、阿兰拜克制药（Alembic）和阿尔法西格玛公司（Sigmapharm）等制药公司已推出其仿制药。国内盛世泰科、科伦药业、华拓药业等均有布局相关方制药，其中科伦药业已获批临床。

在我国，抗精神病药品市场每年保持在40%以上的复合增长率。马来酸阿塞那平最大的亮点在于安全性高，经超过4 000名患者参加的为期2年的大型临床Ⅲ期研究显示效果相同的情况下，没有上一代抗精神病药物常见的副作用。该药物有潜力成长为年销售量超过10亿美元的"重磅炸弹"，将会是强生公司的利培酮和礼来公司的奥氮平的有力竞争对手。

第二节　卡博替尼专利分析

卡博替尼的化学名为 N-[4-[(6,7-二甲氧基-4-喹啉基)氧基]苯基]-N-(4-氟苯基)-1,1-环丙烷二甲酰胺，CAS登录号为849217-68-1。

卡博替尼包括了MET、VEGFR1/2/3、ROS1、RET、AXL、NTRK、KIT9个靶点，一般的靶向药为1~3个靶点，因此卡博替尼的治疗优势非常明显，被称为靶向药中的万金油。卡博替尼被Exelixis制药公司开发成为一种口服胶囊剂型，具有生物利用度高、血脑屏障透过率高和清除半衰期长等优点，其最早于2012年11月经FDA批准用于治疗甲状腺髓样癌（medullary thyroidcancer，MTC），2014年在欧盟获批，商品名为COMETRIQ®，后于2016年4月和2017年12月分别被批准用于晚期肾细胞癌（renal cell carcinoma，RCC）患者的二线治疗和一线治疗。在欧洲，卡博替尼于2018年11月获得针对不可切除肝细胞癌（HCC）治疗的批准。

卡博替尼不仅疗效好，适应证多，而且商业价值大，卡博替尼的全球市场涵盖了北美、欧洲、亚太地区、南美洲、中东和非洲等地区，涉及的制药公司包括伊克力西斯生物技术公司（Exelixis）、莱博斯公司（MSN Labs）、史达德公司（Stada Arzneimittel）、梯瓦制药公司（Teva）、西普拉公司（Cipla）、印度普拉卡什公司（BDR Pharma）、碧康制药（Beacon Pharmaceuticals）等。卡博替尼2020年的年销售额已突破10亿美元，Exelixis公司在2023年第三季度的财务报告中提到，卡博替尼的净产品收入为4.265亿美元。

仿制药专利侵权风险预警分析

2023年12月国家卫生健康委印发的《第三批鼓励仿制药品目录》中将卡博替尼列入鼓励仿制药,鼓励仿制的剂型和规格分别为胶囊剂20mg和80mg剂量,片剂20mg、40mg和80mg剂量。我国鼓励仿制药品目录的制定原则是国内专利到期和专利即将到期尚没有提出注册申请、临床供应短缺(竞争不充分),以及企业主动申报的药品,而卡博替尼原研药至今未在我国上市,因此被遴选其中。

目前,原研公司Exelixis Inc.拥有两种卡博替尼产品,分别为:① Cabometyx@(卡博替尼片剂):用于治疗晚期肾细胞癌、肝细胞癌和甲状腺髓样癌;② Cometriq@(卡博替尼胶囊):用于治疗进行性和转移性甲状腺髓样癌。本节将对卡博替尼的原研药的技术研发路线、在华专利布局及潜在竞争对手的相关专利技术进行详细分析,以期对卡博替尼仿制药专利侵权风险进行预警。

一、原研药的技术研发路线

卡博替尼的原研药公司为Exelixis,是一家生物科技公司,专注于癌症小分子治疗药物的研发,于1994年在美国特拉华州注册,2000年改为现名,总部位于美国加利福尼亚州南旧金山。

Exelixis的产品Cabometyx和Cometriq都是基于卡博替尼这一多靶点受体酪氨酸激酶抑制剂,它能够抑制包括MET、AXL、RET和VEGF受体在内的多种酪氨酸激酶。此外,公司还拥有其他候选产品如XL092,这是一种口服酪氨酸激酶抑制剂,正在开发用于治疗非小细胞肺癌。

Exelixis与多家学术和制药公司建立了合作关系,包括与罗氏、BMS、勃林格殷格翰等的合作,共同开发和商业化其产品组合。公司在2022年的收入为16.80亿美元,净收入为4.29亿美元,表明其在商业上也取得了成功;Exelixis还致力于将中药推向国际市场,其复方丹参滴丸(在美国FDA的临床研究申报代码为T89)已经进行了多项临床试验,并与美国药企Arbor(阿博瑞制药公司)就T89在美国的研发与市场销售展开全面合作。Exelixis是一家营利性公司,其收入主要来自其商业药物的销售。Exelixis在肿瘤学和肾脏病学领域是领先的生物制药公司之一，因其创新性治疗方法和对改善患者预后的承诺而受到认可。

从专利技术的视角来看，Exelixis 公司对于卡博替尼的研发过程可以总结为如图 5-4 所示。

卡博替尼化合物专利最早公开于 2005 年，之后 Exelixis 公司相继公开了其用于治疗癌症的用途、苹果酸盐及其晶型、联合用药、适应证的扩展等相关专利技术，2014 年公开了其代谢产物和药物组合物；2015 年公开了其结晶固体形式、代谢产物、F^{18} 标记物和类似物、其治疗肺腺癌的用途；2016 年公开了晶体及其制备方法和使用方法，2017 年公开了卡博替尼丁二盐酸盐治疗肾细胞癌的方法以及对三阴性乳腺癌的治疗方法，2018 年公开了与阿特珠单抗联合用药用于治疗癌症和液体剂型，2019—2024 年还在继续公开其结晶形式和治疗三阴性乳腺癌的治疗方法，2022 年还公开了与免疫检查点抑制剂或抗癌疫苗组合治疗癌症。

同时从研发结合布局的角度来看，Exelixis 公司在 2004 年就在美国开始布局化合物专利，其中马库什专利和卡博替尼化合物专利享有同一优先权，优先权日为 2003 年 9 月 26 日。马库什专利在 2004 年 9 月 24 日申请，于 2007 年 3 月 8 日公开；卡博替尼化合物专利 US8497284B2 以 2011 年 9 月 30 日作为申请日，2012 年 1 月 26 日才公开。也就是说尽管卡博替尼化合物在 2003 年就已开始布局专利，但直到 2012 年才公布了卡博替尼化合物的具体结构。在申请了化合物专利之后，时隔 6 年之久，即在临近批准上市前期陆续申请了晶型、片剂和胶囊制剂专利。卡博替尼胶囊制剂 FDA 批准日期在 2012 年，片剂 FDA 批准日期在 2016 年。美国 FDA 药品橙皮书数据库（Orange Book）登记的专利包括了化合物、晶型和制剂专利。此后，Exelixis 公司在已申请的卡博替尼的基本化合物、晶型、组合物专利等核心专利基础上，后续申请了制备方法、代谢物、新晶型、新剂型（液体制剂）、联合用药、新用途、治疗方法等外围专利。可见，原研公司通过精心布局专利的申请策略，为卡博替尼建立了一条完整的专利保护链，其他公司想要突破该领域并非易事。

仿制药专利侵权风险预警分析

图 5-4 卡博替尼的研发过程

Exelixis 公司对卡博替尼的专利布局符合药物从研发到上市及后续开发的一般规律。在研发的初期阶段，在筛选出候选药物时即申请马库什化合物专利，而候选药物只是隐藏在其中的众多化合物之一，竞争对手想要从中探究出候选药物化合物结构并非易事。在此后，以马库什化合物专利为优先权，继续申请候选药物化合物结构专利，并且通过专利制度延长公开日期，使竞争对手看到具体化合物结构的时候，原研药也许已进入即将上市阶段。候选药一旦确定，原研药企就进入该药物的申报和临床试验过程，该过程需耗费大量的时间和金钱投入，而该药物最终能否成功上市并不能预期，因此在这段时间，不管是原研企业还是竞争对手都会进入一个静默期，直到药物成功上市，涉及该药物的专利申请才会进入高潮期，专利申请会涉及药物多晶型、合成工艺、代谢物、药物组合物及治疗方法等。❶

可见，原研药企业 Exelixis 自公开了原研药的化合物以后的 20 年间不断地对于化合物的固体形式、剂型、联合用药、适应证拓展、制备方法等进行技术更新和迭代。即使在近三年内也仍然在拓展其适用领域，并且在联合用药和新疗法方面也在积极研发，这些积极的研发表现说明了卡博替尼的优异医疗效果和巨大的商业价值。

同时，通过对技术路线的了解，仿制药企业可以从中了解到卡博替尼原研药的最新研发进展，参考最新技术研发进展，并结合企业自身情况和生产技术优势，确定药物仿制的切入点，如筛选优势晶型，以改善生物利用度为目的盐或者溶剂合物的制备或者发现，进行 me-too、me-better 结构改造，前药、代谢物或者偶联物的设计，发展新的药物组合物，等等。通过选定研发方向，继而制定仿制策略和进行知识产权的防御、侵权预警、专利布局、侵权抗辩等商业策略的制定。

从临床试验和商业合作的视角来看，卡博替尼的研发历程如下：

1994 年成立的 Exelixis 在 2008 年时决定与 BMS 合作，开发三种药。其中 XL-184（卡博替尼）XL-281 在还没等到进一步临床结果时 BMS 就在 2010 年和 2011 年就把开发权利归还给了 Exelixis XL-139（hedgehog 通路抑

---

❶ 王晶. 抗肿瘤药卡博替尼专利技术分析[J]. 中国科技信息,2022(5):11-16.

制剂），其进展也十分缓慢。2009年时将另一个met抑制剂XL880即foretinib，转让GSK开发，这个化合物在2015年被停止开发。

卡博替尼重新回归后，公司决定全力以赴开发这个产品，也在日后成为Exelixis的顶梁柱，以Cometriq和Cabometyx两个商品名用于不同适应证不可替换。虽然在2012年卡博替尼终于获得FDA批准（商品名为COMETRIQ），用于治疗不可手术切除的恶性局部晚期或转移性甲状腺髓样癌（MTC），RET生殖突变和体细胞突变各占遗传性和突发性MTC的95%和65%，在关键Ⅲ期试验中卡博替尼对比安慰剂组中位PFS显著性提高11.2个月 vs.4个月，但是MTC每年新发病患者只有几百人，属于罕见病，因此卡博替尼的销售额显得十分惨淡，在卡博替尼的巨大研发成本面前显然是杯水车薪。

Exelixis希望能趁势拓展更多适应证，但2014年卡博替尼扩展适应证的前列腺癌Ⅲ期宣布失败，让Exelixis陷入了谷底，去势抵抗性前列腺癌的进展和肝细胞生长因子（HCF）和MET表达升高有关，特别是在转移性骨组织中，血浆和尿液中VEGF水平提高也与预后差相关。名为COMET-1的三期试验卡博替尼对比泼尼松（强的松）用于转移性去势抵抗性前列腺癌，中位OS为11个月 vs.9.8个月，没有显著性优势，宣告失败。

非小细胞肺癌也迟迟未开展关键Ⅲ期试验，还在不同基因突变人群中探索RET重排NSCLC的Ⅱ期单臂临床试验中效果一般，26名患者RR只有28%EGFR野生型NSCLC的Ⅱ期临床试验中，卡博替尼+厄洛替尼和卡博替尼单药的显著差异分别为4.7个月和4.2个月，比厄洛替尼单药组的1.9个月有显著性差异。

直到2016年FDA批准商品名为CABOMETYX二线治疗肾细胞癌，帮助Exelixis扭转了尴尬局面，以名为METEOR的Ⅲ期试验中位PFS相比依维莫司有显著性提高7.4个月 vs.3.8个月，转移性肾细胞癌主要抑癌蛋白von Hippel-Lindau（VHL）突变，当失活或变异常时候，在HIF蛋白调控的缺氧情况下，激活VEGF生成，同时还会造成c-MET和AXL蛋白表达上调。

同时FDA已接受卡博替尼肝细胞癌二线治疗申请，在2019年1月获得批准。MET是肝细胞生长因子的受体，主要影响肝再生和伤口愈合。

2017年12月19日基于CABOSUN Ⅱ期试验的成功，获得FDA批准用于一线治疗晚期肾细胞肿瘤，卡博替尼对比标准治疗sunitinib用于中或高风险，初治 RCC 患者能显著性延长 PFS，卡博替尼销售额再次大幅提升。

在卡博替尼获批于晚期肾细胞癌二线治疗后，临床也提出了新的疑问，一线标准方案是否还有更好的治疗选择；Opdivo+Yervoy 联合疗法显示出相比当前标准疗法舒尼替尼（sunitinib）只在中高危人群显著改善 PFS，11.6 个月 vs. 8.4 个月，并非在低危人群。

因此，2017 年 2 月开始的 BMY 和 Exelixis 合作的关键Ⅲ期试验 CheckMate 9ER 很令人期待。卡博替尼+Nivolumab+/-ipilimumab 对比 sunitinib 用于初治型晚期肾细胞癌患者，首先是舒尼替尼虽然作为肾细胞癌一线治疗，但对于中低危患者更敏感，此前 Nivolumab 或卡博替尼单药临床试验多用于中高危患者这次Ⅲ期试验将囊括了所有风险型患者，虽然 Axitinib+Pembrolizumab 对比 sunitinib 也用于相同适应证，但 Axitinib 被批准于晚期肾细胞癌是通过与非标准治疗的索拉非尼非对比且 Pembrolizumab 也还没有被批准于这一适应证，所以卡博替尼+Nivolumab 更有希望挑战新的标准治疗。在第一个药物卡博替尼上市前，Exelixis 无法独立支持研发和商业化，就已经把主要发展战略放在开发化合物和授权合约（out-license），先后与第一三共株式会社（Daiichi Sankyo）、默克公司（Merck）、百时美施贵宝公司（BMS）、赛诺菲（Sanofi），武田（Takeda），益普生（Ipsen）都有合作。从 2004 年开始研发，直到 2012 年上市共花费 8 年多的时间，卡博替尼总研发费用近 20 亿美元，至 2017 年其销售收入累计约为 3.5 亿美元，占研发投入比重仅 17.5%，相对于其他全新靶点肿瘤靶向抑制剂而言还是很低。

目前，武田负责卡博替尼日本地区的开发和商业化，益普生负责除北美、日本外地区的开发和商业化。同时，Exelixis 还分别与百时美施贵宝公司和罗氏的免疫检查点抑制剂 Nivolumab 和 atezolizumab 进行与卡博替尼联用的临床开发，仅有合作才能给这个有趣的多靶点 TKI 更多适应证探索的机会和公司后续其他化合物的支持，也让 Exelixis 成为收购的热门目标之一。❶

---

❶ 卡博替尼——一个多靶点酪氨酸抑制剂开发坎坷路[EB/OL].（2018-08-31）[2024-10-15]. https://mp.weixin.qq.com/s?__biz=Mzg2OTY4MTEzMA==&mid=2247524542&idx=1&sn=2c89b1c04f9e5bf5484ee692f3350cd9&chksm=ce9b723bf9ecfb2d209cc190cf25e73a8df53071dc53398ab67cf78dcd70ec5038b1a855fdbd&scene=27.

仿制药专利侵权风险预警分析

二、原研药在华专利布局

原研药公司通常在首次人体试验前申请基础化合物专利，以保护具有相同用途的一类衍生物。这种策略旨在防止技术信息泄露，并尽可能延长专利保护期。通过申请化合物专利，保护其核心药物成分，以消除他人通过专利规避设计来绕开企业专利的可能，并在个别技术领域或技术点上占据一定的专利优势。晶型专利是阻挡仿制药上市的第二道防线。原研公司会在药品获批前申请晶型专利，并在上市后积极开发优势晶型，再次申请新晶型专利，以延长专利保护期。除了核心专利，原研公司还会申请组合物专利、合成方法专利、新的用途专利、新的盐专利等，以设置技术屏障，防止对手开发出新技术进行专利申请限制自己。原研药公司通过二次研发与专利布局相结合，如发现新适应证并申请药物二次用途专利，以取得相对有限的积极效果。原研药公司在中国的专利布局目的是保护其创新成果，延长药物的市场独占期，提高药物的市场竞争力，同时应对仿制药的竞争和专利悬崖带来的挑战。通过这些策略，原研药公司能够确保在专利保护期内获得合理的经济回报，以补偿其高昂的研发成本。

创新药专利布局通常是一场"攻防战"，创新药开发周期较长，需要经分子筛选、药学研究、Ⅰ~Ⅲ期临床、上市申请等过程才能获批。由于项目后期开发过程中介入人员较多，为了防止技术信息泄露，化合物专利需要在早期阶段申请，当充分平衡早期申请（上市后保护期限较短）及晚期申请（技术泄露风险高）的利弊之后，通常化合物专利在一期临床试验启动前提出申请，说明书至少要公开一种用途和制备方法，效果数据一般至少提供细胞活性数据，视情况加入动物试验数据。同药品注册要求不同，无须提供新药在人体中的试验数据，化合物专利一旦授权，仿制药公司无法规避。

对化学药来讲，原研公司通常在首次人体试验前申请基础化合物专利保护通式结构，此专利最大限度地保护了具有同样用途的一类衍生物，这些化合物数量庞大且拥有共同的结构，共同的结构相对于现有技术应该是具有新颖性和创造性。由于基础化合物专利保护的结构数量庞大，避免目标化合物过早暴露是非常重要的。晶型专利的重要性仅次于化合物专利，是阻挡仿制药上市的第二道防线。对多晶型药物，原研公司除了在药品获批前申请晶型（上市药物采用晶型）专利，还会在上市后积极开发优势晶型，再次申请新晶型专利。除了申请核心专利限制仿制药开发者，原研公司还会进行外围专利申请，例如组合物专利、合成方法专利、新的用途专利、新的晶型专利、新的盐专利。一方面，通过外围专利申请给仿制药厂家设置技术屏障；另一方面，防止对手开发出新技术进行专利申请限制自己。所以，核心专利在布局中起到攻击的作用，外围专利的主要作用则是防守。创新药专利布局是一场原研公司和仿制药公司之间的博弈，一场好的布局要做到有攻有防，准确把握时机，原研公司通常会运用优先权、分案申请、延期答复期限、对审查结果提起诉讼等专利制度争取利益最大化，给仿制药企设置障碍，或者拉长审查周期，使得一些关键的专利申请一直处于悬而未决的状态，增加仿制药企防范侵权的难度。本节将详细介绍卡博替尼在我国的专利布局。❶

卡博替尼是Exelixis公司的原研产品，Exelixis公司对中国市场十分重视，以其原研产品卡博替尼为主题在我国申请了一系列专利。Exelixis公司卡博替尼专利分析截至2024年9月30日，经过全面的专利检索，查询到Exelixis公司在中国就卡博替尼提出的专利申请共计35件，见表5-1。

表5-1 Exelixis公司在中国的卡博替尼专利申请

公开号	申请日	技术主题	主要技术内容	当前法律状态	备注
CN101605540A	2007-12-14	通式化合物及药物用途	通式化合物用于治疗黑色素瘤、结肠癌、直肠癌等	复审撤销驳回后撤回	母案
CN105106199A	2007-12-14	通式化合物及药物用途	通式化合物用于治疗黑色素瘤、结肠癌、直肠癌等	驳回失效	分案

---

❶ 秒懂！创新药专利布局是一场攻防战［EB/OL］.（2018-07-10）［2024-10-15］. https://xueqiu.com/3989972570/110268994.

续表

公开号	申请日	技术主题	主要技术内容	当前法律状态	备注
CN111643496A	2007-12-14	通式化合物及药物用途	通式化合物用于治疗黑色素瘤、结肠癌、直肠癌等	撤回	分案
CN102388024A	2010-01-15	盐及晶型	卡博替尼苹果酸盐及其晶型	复审撤销驳回后撤回	母案
CN106083714A	2010-01-15	盐及晶型	卡博替尼苹果酸盐及其晶型	授权后全部无效	分案
CN110818633A	2010-01-15	盐及晶型	卡博替尼苹果酸盐及其晶型	撤回	分案
CN102647985A	2010-08-06	联合用药	卡博替尼与替莫唑胺组合治疗癌症	驳回	
CN107325048A	2010-08-06	制备方法	卡博替尼的制备方法	复审维持驳回	
CN103221035AC	2011-07-18	药物制剂	卡博替尼的药物制剂	复审维持驳回	母案
CN106420743A	2011-07-18	药物制剂	卡博替尼的药物制剂	驳回复审中	分案
CN114209699A	2011-07-18	药物制剂	卡博替尼的药物制剂	实质审查	分案
CN103391773A	2011-09-26	药物用途	卡博替尼用于治疗骨癌、前列腺癌或与前列腺癌相关的骨癌	撤回	
CN103402505A	2011-09-26	药物用途	卡博替尼用于治疗骨癌、前列腺癌或与前列腺癌相关的骨癌	撤回	
CN103459373A	2012-02-10	制备方法	卡博替尼的制备方法	授权	
CN103717221A	2012-05-02	药物用途	卡博替尼用于治疗与乳腺癌、黑色素瘤、肾细胞癌、肉瘤、肺癌或甲状腺癌相关的骨癌	驳回	
CN103957915A	2012-09-20	药物用途	卡博替尼用于治疗骨质疏松症	撤回	
CN104395284A	2012-10-22	制备方法	卡博替尼的制备方法	复审维持驳回	母案
CN110511158A	2012-11-08	制备方法	卡博替尼的制备方法	驳回复审中	分案
CN104039226A	2012-11-08	药物用途	癌症骨转移的治疗	撤回	

续表

公开号	申请日	技术主题	主要技术内容	当前法律状态	备注
CN104159585A	2013-09-09	药物用途	卡博替尼用于抑制与前列腺癌相关的骨癌的成骨性和溶骨性进展	驳回	
CN1041703600A	2013-09-09	药物用途	卡博替尼用于治疗肺腺癌	复审维持驳回	
CN114129566A	2013-09-09	药物用途	卡博替尼用于治疗肺腺癌	实质审查	
CN105121412A	2014-03-17	药物代谢物	卡博替尼的药物代谢物	授权	
CN108472242A	2014-04-04	联合用药	卡博替尼与阿比特龙组合治疗癌症	撤回	
CN106068255A	2015-02-16	晶体	卡博替尼的晶体	驳回	
CN106255499A	2015-03-17	药物制剂	卡博替尼的药物制剂	撤回	
CN106488768A	2015-04-27	药物用途	卡博替尼用于治疗肺腺癌	复审撤驳后实质审查驳回	
CN106715397A	2015-07-31	制备方法	氟18标记的卡博替尼及其类似物的制备方法	授权	
CN106573042A	2015-08-05	联合用药	蛋白酶体抑制剂和卡博替尼用于治疗多发性骨髓瘤	驳回	
CN109069499A	2017-04-17	药物用途	卡博替尼用于治疗肾细胞癌	驳回	
CN109475545A	2017-04-18	药物用途	卡博替尼用于治疗三阴性乳腺癌	驳回	
CN110352057A	2018-01-19	联合用药	卡博替尼与阿特珠单抗组合治疗局部晚期或转移性实体肿瘤	驳回复审中	母案
CN117205312A	2018-01-19	联合用药	卡博替尼与阿特珠单抗组合治疗局部晚期或转移性实体肿瘤	实质审查	分案
CN117205313A	2018-01-19	联合用药	卡博替尼与阿特珠单抗组合治疗局部晚期或转移性实体肿瘤	实质审查	分案

续表

公开号	申请日	技术主题	主要技术内容	当前法律状态	备注
CN117771363A	2018-01-19	联合用药	卡博替尼与阿特珠单抗组合治疗局部晚期或转移性实体肿瘤	实质审查	分案
CN110621662A	2018-05-26	结晶盐	卡博替尼盐的晶型	授权	
CN110678180A	2018-06-08	药物制剂	卡博替尼盐的药物制剂	撤回	

Exelixis 公司的专利申请涉及药物用途、联合用药、药物制剂、制备方法、药物代谢物、盐及晶型多个技术主题，其中药物用途、联合用药占据较大比例。由于 Exelixis 公司早期在中国并未涉及卡博替尼基本化合物的专利申请，而后期涉及药物用途、联合用药、盐及晶型的专利申请由于被驳回或撤回目前也大都处于失效状态，目前授权的专利申请也仅有 4 件，分别涉及卡博替尼盐的晶型、制备方法、药物代谢物和氟-18 标记的卡博替尼的制备方法。

目前，原研公司 Exelixis 在中国的专利布局不涉及卡博替尼化合物本身的专利申请，涉及苹果酸盐及其晶型的专利申请授权后也被全部无效，该技术主题的专利申请的母案和分案也均处于无效状态。涉及药物用途和联合用药的专利申请目前多数也处于无效状态。国内申请相对占优势，围绕卡博替尼核心专利进行的化合物结构改造、药物制剂、药物联用、药物用途、盐及晶型、制备方法各个技术主题均有涉及，也均有授权专利，且仍具有较大的空间。仿制药企业可以根据自身优势选取技术主题进行研发，及时申请外围和后续专利，在卡博替尼药品市场中占据一席之位。同时，由于原研公司部分申请的母案已被驳回，但分案尚处于审查过程中，对原研公司和竞争对手的相关专利申请也要密切关注和及时跟进，规避研发过程中可能带来的风险。

三、潜在竞争对手相关专利技术

针对卡博替尼，国内已经有多家药企开展了仿制药研发。通过对国家药品监督管理局药品审评中心网站的查询，在药物临床试验登记与信息公示平台上查询到的卡博替尼生物等效性试验信息如表 5-2 所示。

表 5-2 卡博替尼生物等效性试验信息

序号	登记号	试验状态	药物名称	适应证	试验通俗题目
1	CTR20232003	已完成	苹果酸卡博替尼片	治疗晚期肾细胞癌患者（RCC）、曾接受过索拉非尼治疗的肝细胞癌患者（HCC）和患有局部晚期或转移性分化型甲状腺癌（DTC）	苹果酸卡博替尼片健康人体空腹条件下生物等效性试验
2	CTR20212091	已完成	苹果酸卡博替尼片	肾细胞癌；肝细胞癌。适用于晚期 RCC 患者；曾接受过索拉非尼治疗的 HCC 患者	苹果酸卡博替尼片人体生物等效性研究
3	CTR20211043	已完成	苹果酸卡博替尼片	肾细胞癌和肝细胞癌	苹果酸卡博替尼片人体生物等效性试验
4	CTR20201867	已完成	苹果酸卡博替尼片	适用于治疗晚期肾细胞癌（RCC）患者；适合用于治疗之前曾接受过索拉非尼治疗的肝细胞癌（HCC）患者	苹果酸卡博替尼片人体生物等效性试验
5	CTR20201683	已完成	苹果酸卡博替尼片	1. 用于晚期肾细胞癌患者，包括未接受过治疗的成年患者和之前以血管内皮生长因子为靶点治疗的成年患者；2. 对之前接受过索拉非尼治疗的肝细胞癌的成年患者的单一疗法	苹果酸卡博替尼片人体生物等效性预试验
6	CTR20200765	已完成	苹果酸卡博替尼片	治疗晚期肾细胞癌、既往接受索拉非尼治疗的肝细胞癌	苹果酸卡博替尼片人体生物等效性试验
7	CTR20200455	已完成	苹果酸卡博替尼片	治疗晚期肾细胞癌患者（RCC）、曾接受过索拉非尼治疗的肝细胞癌患者（HCC）	苹果酸卡博替尼片在健康人体中进行生物等效性试验

续表

序号	登记号	试验状态	药物名称	适应证	试验通俗题目
8	CTR20192507	已完成	苹果酸卡博替尼片	主要用于晚期肾细胞癌（RCC）；用于先前接受过索拉菲尼治疗的肝细胞癌患者	苹果酸卡博替尼片人体生物等效性试验
9	CTR20191700	主动暂停	苹果酸卡博替尼片	主要用于晚期肾细胞癌（RCC）；用于先前接受过索拉菲尼治疗的肝细胞癌患者	苹果酸卡博替尼片人体生物等效性试验
10	CTR20171210	已完成	苹果酸卡博替尼胶囊	治疗进展期、转移的甲状腺髓样癌（MTC）	苹果酸卡博替尼胶囊人体生物等效性试验
11	CTR20171167	已完成	苹果酸卡博替尼胶囊	治疗进展期、转移的甲状腺髓样癌（MTC）	苹果酸卡博替尼胶囊人体生物等效性试验

已经提出的仿制药上市申请情况如表5-3所示。

表5-3 卡博替尼仿制药上市申请情况

序号	受理号	药品名称	药品类型	申请类型	注册分类	企业名称	承办日期
1	CYHL2300039	苹果酸卡博替尼片	化学药	仿制	3	齐鲁制药（海南）有限公司	2023-03-24
2	CYHL2300038	苹果酸卡博替尼片	化学药	仿制	3	齐鲁制药（海南）有限公司	2023-03-24
3	CYHS2101082	苹果酸卡博替尼片	化学药	仿制	3	先声药业有限公司	2021-04-21
4	CYHS2101081	苹果酸卡博替尼片	化学药	仿制	3	先声药业有限公司	2021-04-21
5	CYHS2000752	苹果酸卡博替尼片	化学药	仿制	3	江苏奥赛康药业有限公司	2020-10-30
6	CYHS2000664	苹果酸卡博替尼片	化学药	仿制	3	江苏豪森药业集团有限公司	2020-09-28

续表

序号	受理号	药品名称	药品类型	申请类型	注册分类	企业名称	承办日期
7	CYHS2000663	苹果酸卡博替尼片	化学药	仿制	3	江苏豪森药业集团有限公司	2020-09-28
8	CXHL1501726	苹果酸卡博替尼胶囊	化学药	新药	3.1	上海汇伦江苏药业有限公司	2015-11-26
9	CXHL1501725	苹果酸卡博替尼胶囊	化学药	新药	3.1	上海汇伦江苏药业有限公司	2015-11-26
10	CXHL1501724	苹果酸卡博替尼	化学药	新药	3.1	上海汇伦江苏药业有限公司	2015-11-26
11	CXHL1500447	苹果酸卡博替尼胶囊	化学药	新药	3.1	深圳万乐药业有限公司	2015-07-01
12	CXHL1500446	苹果酸卡博替尼胶囊	化学药	新药	3.1	深圳万乐药业有限公司	2015-07-01
13	CXHL1500445	苹果酸卡博替尼	化学药	新药	3.1	深圳万乐药业有限公司	2015-07-01
14	CXHL1501134	苹果酸卡博替尼胶囊	化学药	新药	3.1		2015-06-09
15	CXHL1501133	苹果酸卡博替尼胶囊	化学药	新药	3.1		2015-06-09
16	CXHL1501132	苹果酸卡博替尼	化学药	新药	3.1		2015-06-09
17	CXHL1501042	苹果酸卡博替尼胶囊	化学药	新药	3.1	江苏奥赛康药业股份有限公司	2015-06-05

通过以上查询可知，国内卡博替尼仿制药市场竞争激烈。共提出过仿制药申请17项，其中2020年至今共申请7项，提出申请的企业分别是齐鲁制药（海南）有限公司、先声药业有限公司、江苏奥赛康药业有限公司和江苏豪森药业集团有限公司，申请上市的剂型均为苹果酸卡博替尼片。江苏豪森药业作为首家申报企业，具有一定的先发优势。然而，奥赛康和先声药业的加入，使得首仿之争越发激烈。而且还有报道称，北京赛林泰医

药、上海汇伦、正大天晴、南京华威等都申请了卡博替尼的临床试验，虽然有多家药企布局了卡博替尼的仿制药，但是到目前为止，仍然未有企业拿到卡博替尼仿制药的上市许可。

卡博替尼原研药价格昂贵，随着豪森、奥赛康和先声药业等企业的竞争，未来仿制药的价格有望进一步降低，为患者提供更多的选择。同时，国内企业在研发过程中也面临着诸多挑战，如技术难度、审批标准等。但随着技术的不断进步和政策的支持，国内卡博替尼仿制药市场有望迎来快速发展。

苏州晶云药物科技有限公司及其全资子公司苏州科睿思制药有限公司拥有卡博替尼晶型专利、黏酸盐型专利、制备方法专利、用途专利，其优势在于比正大天晴多一个盐型专利，但卡博替尼原研药代谢物在2019年已授权，卡博替尼在中国可能依旧得等到专利到期才能上市，再争取市场份额。

基于上述卡博替尼仿制药的竞争格局，本节将通过专利检索来了解上述卡博替尼仿制药主要竞争对手的专利技术情况，同时也进一步详细了解在卡博替尼仿制药专利申请中的主要申请人分布情况。

通过检索可以看到，正大天晴药业集团股份有限公司涉及卡博替尼的专利申请共4件，如表5-4所示。

表5-4 正大天晴药业集团股份有限公司专利申请

公开号	技术主题	技术内容	法律状态
CN103664776A	制备方法	本发明涉及一种酪氨酸激酶抑制剂及其中间体的制备方法。本发明的方法是以化合物1,1-环丙烷二羧酸二酯为原料，通过两种途径制备得1-((4-((6,7-二甲氧基喹啉-4-基)氧基)苯基)氨甲酰基)环丙烷甲酸酯；经水解后，与对氟苯胺反应，制备得Cabozantinib	授权
CN104109124A	苹果酸盐晶体	本发明涉及卡博替尼发明涉苹果酸盐的晶体，还涉及该晶体的晶体组合物、药物组合物，以及它们的制备方法和制备治疗与肿瘤有关的疾病的药物中的用途。该晶体粉末X射线衍射图谱中，使用Cu-K图辐射，在衍射角度2θ 5.48°、10.88°、15.24°、21.97°、24.56°处有衍射峰	授权

续表

公开号	技术主题	技术内容	法律状态
CN104109128A	苹果酸盐	本发明涉及卡博替尼苹果酸盐及其制备方法。具体而言，本发明涉及卡博替尼·n苹果酸盐及其制备方法，以及包含该盐的药物组合物。本发明的卡博替尼·n苹果酸盐具有优良的稳定性。本发明的卡博替尼·n苹果酸盐可用于制备治疗肿瘤的药物中，尤其是制备治疗甲状腺髓样癌的药物。本发明中卡博替尼·n苹果酸盐的制备方法，包括：(a)将卡博替尼加至有机溶剂中，(b)向步骤(a)的混合物中加入相当于卡博替尼摩尔量n倍的苹果酸，(c)析出卡博替尼·n苹果酸盐。本发明中，n选自0.4~0.6，优选0.5	授权
CN115487157A	苹果酸片剂	本发明提供了一种苹果酸卡博替尼片剂及其制备方法。该片剂由活性成分苹果酸卡博替尼、填充剂、粘合剂、崩解剂、润滑剂、助流剂和包衣剂组成，其中所述润滑剂为硬脂富马酸钠。本发明调整了苹果酸卡博替尼片剂处方，将润滑剂硬脂酸镁替换成硬脂富马酸钠，改善了未知单杂增长，提高了产品稳定性，保证产品快速溶出，制得一种质量稳定可控、生产简便、疗效有保障的苹果酸卡博替尼片剂	失效

苏州晶云药物科技有限公司（苏州科睿思制药有限公司）专利申请情况如表5-5所示。

表5-5 苏州晶云药物科技有限公司专利申请

公开号	技术主题	技术内容	法律状态
CN112638880A	苹果酸盐晶体	本发明涉及卡博替尼苹果酸盐的新晶型、卡博替尼苹果酸盐的制备方法，以及含有卡博替尼苹果酸盐的新晶型的药物组合物，以及卡博替尼苹果酸盐的新晶型在制备MET、VEGFR1/2/3、ROS1、RET、AXL、NTRK、KIT抑制剂和治疗甲状腺癌、肺癌、肾癌、肝癌等癌症药物制剂中的用途。本发明提供的卡博替尼苹果酸盐晶型比现有技术具有一种或多种改进的性质，本发明提供的卡博替尼苹果酸盐的制备方法与现有技术相比成本更低、获得的产品质量更好，对未来该药物的优化和开发具有重要价值	授权

续表

公开号	技术主题	技术内容	法律状态
CN104961681A	粘酸盐	本发明涉及 N-(4-{[6,7-双(甲基氧基)喹啉-4-基]氧基}苯基)-N 基-{[6 氟苯基]环丙烷-1,1-二甲酰胺的粘酸盐及其晶型和制备方法。本发明的式（Ⅰ）化合物的粘酸盐，其溶解度比之苹果酸盐更高，对于提高药物的生物利用度、药物疗效及安全性具有重要意义	授权

廊坊市泽康医药科技有限公司专利申请情况如表 5-6 所示。

表 5-6　廊坊市泽康医药科技有限公司专利申请

公开号	技术主题	技术内容	法律状态
CN111574443A	杂质	本发明公开了一种卡博替尼降解脱对氟苯胺杂质的制备方法。包括以下步骤：4-氯-6,7-二甲氧基喹啉的制备、中间体 1 的制备、卡博替尼降解脱对氟苯胺杂质的制备：室温下将有机溶剂加入到反应器中，搅拌 10min，加入环丙二羧酸后再搅拌 20min，之后再加入中间体 1，中间体 1 与环丙二羧酸的质量比为 400∶334.5，反应 3h 后原料剩余 14%，升至 35℃至反应完全，加入水，产品析出抽滤得到卡博替尼降解脱对氟苯胺杂质。本发明采用上述卡博替尼降解脱对氟苯胺杂质的制备方法，此合成过程中无高温高压反应，合成方法温和易操作，所有步骤都温和可控，操作简单，可控性强	失效
CN111533690A	制备方法	本发明公开了一种卡博替尼脱氟杂质的制备方法。包括以下步骤：中间体 1 的制备、4-氯-6,7-二甲氧基喹啉的制备、中间体 2 的制备、卡博替尼脱氟杂质：室温下，将有机溶剂加入到反应器中，搅拌 10min，加入中间体 1 后再搅拌 20min，之后再加入中间体 2，反应 3h 后原料剩余 14%，升温至 35℃至反应完全，加入水，产品析出抽滤得到卡博替尼脱氟杂质。本发明采用上述卡博替尼脱氟杂质的制备方法，此合成过程中无高温高压反应，合成方法温和易操作，所有步骤都温和可控，操作简单，可控性强	失效

续表

公开号	技术主题	技术内容	法律状态
CN111518027A	制备方法	本发明公开了一种卡博替尼氮氧化物杂质的制备方法。包括以下步骤：中间体1的制备、4-氯-6,7-二甲氧基喹啉的制备、中间体2的制备、卡博替尼氮氧化物杂质的制备：室温下将有机溶剂加入到反应器中，搅拌10min，加入中间体1后再搅拌20min，之后再加入中间体2，反应3h后原料剩余14%，温度升至35℃至反应完全，加入水，产品析出抽滤得到卡博替尼氮氧化物杂质。本发明采用上述卡博替尼氮氧化物杂质的制备方法，此合成过程中无高温高压反应，合成方法温和易操作，所有步骤都温和可控，操作简单，可控性强	失效
CN111423371A	制备方法	本发明公开了一种卡博替尼二聚体的合成方法。包括以下步骤：4-氯-6,7-二甲氧基喹啉的制备、中间体1的制备、卡博替尼二聚体杂质的制备：卡博替尼二聚体杂质的制备：室温下将有机溶剂加入到反应器中，搅拌10min，加入环丙二羧酸后搅拌20min，之后再加入中间体1，中间体1与环丙二羧酸的质量比为400∶115，反应3h后原料剩余4%，升温至45℃至反应完全，加入水，产品析出抽滤得到卡博替尼二聚体杂质。本发明采用上述卡博替尼二聚体的合成方法，此合成过程中无高温高压反应，合成方法温和易操作，所有步骤都温和可控，操作简单，可控性强	失效

江苏豪森药业集团有限公司专利申请情况如表5-7所示。

表5-7 江苏豪森药业集团有限公司专利申请

公开号	技术主题	技术内容	法律状态
CN109988107A	制备方法	本发明涉及卡博替尼的制备方法。本发明属于药物化学领域，通过两步制得了卡博替尼（Cabozantinib）化合物。本发明的方法包括：①化合物Ⅲ与化合物Ⅵ缩合制备化合物Ⅴ；②化合物Ⅴ与对氟苯胺缩合制备卡博替尼。本发明涉及的制备方法具有操作简便，反应条件温和，产率高，工业化应用方便的特点	授权

续表

公开号	技术主题	技术内容	法律状态
CN109988108A	制备方法	本发明属于药物化学领域，涉及一种卡博替尼的制备方法。本发明的方法通过4卤代-6,7-二甲氧基喹啉与4-氨基苯酚反应制备式Ⅲ化合物，环丙烷-1,1-二羧酸/酯与对氟苯胺反应制备式Ⅴ化合物，然后缩合反应制备卡博替尼化合物。本发明涉及的制备方法具有操作简便，产率高，成本低，工业化前景广等优点	授权
CN109836382A	盐的制备方法	本发明涉及一种苹果酸卡博替尼及其中间体的制备方法。以4-氯-6,7-二甲氧基喹啉（Ⅰ）为起始原料A经取代、缩合、成盐得到N-(4-{[6,7-双(甲氧基)喹啉-4-基]氧基}苯基)-N'-(4-氟苯基)环丙烷-1,1-二酸酰胺苹果酸盐（苹果酸卡博替尼）。本发明与其他苹果酸卡博替尼合成方法相比，原料便宜且易获得，反应条件温和，总体收率高，产物纯度高，避免了高温生产，降低了风险，简化操作，更有利于工业化生产	授权

先声药业有限公司专利申请情况如表5-8所示。

表5-8 先声药业有限公司专利申请

公开号	技术主题	技术内容	法律状态
CN112979544A	制备方法	本发明涉及卡博替尼或其盐的制备方法。本发明的方法是以式Ⅰ化合物和1-(4-氟苯基氨基甲酰基)环丙烷羧酸为原料，于有机溶剂中在缩合剂和有机碱存在下反应，反应结束后，用碱性水溶液和水洗涤，浓缩至干，用有机溶剂重结晶，得到卡博替尼。本发明涉及的制备方法与其他制备方法相比，原料便宜易得，避开了刺激性溶剂、硝化等危险工艺，本申请的后处理方法获得的卡博替尼收率高，纯度高，单杂少，适用于大规模工业化生产	授权

已经提出了仿制药申请的江苏奥赛康药业有限公司和齐鲁制药（海南）有限公司并无涉及卡博替尼的专利申请。

从以上对卡博替尼仿制药主要竞争对手的分析中可以看出，仿制药企业的申请数量不多，而且多集中于制备方法，在到目前为止的有效专利中，仅有正大天晴的两项产品专利和苏州晶云的晶型专利和粘酸盐专利需要特别关注。同时，考虑到仿制药企业的专利策略、布局、专利申请滞后等原因，在进行仿制药项目的整个过程中都应当实时追踪和密切关注主要竞争对手的专利申请情况，根据专利的授权情况适时调整研发策略和防控侵权风险。

四、专利侵权风险预警

假设某制药公司准备开展卡博替尼的仿制药开发，选定仿制的目标为卡博替尼苹果酸盐片剂，则该公司应当从以下几个方面考虑防控侵权风险。

1. 技术层面：相关专利的全面检索和保护范围的认定

首先，应当对相关专利技术进行全面检索，关注原研药企构建的专利网和"潜水艇专利"，明晰涉及的专利的法律状态，对于处于审查中的专利申请，应当实时追踪其法律状态的变化情况。卡博替尼模拟仿制药开发检索结果可视化与侵权风险如表5-9所示。

从以上检索结果可知，与卡博替尼苹果酸盐最密切相关的专利为：CN104109124A（涉及卡博替尼苹果酸盐晶型）、CN104109128B（涉及卡博替尼苹果酸盐）、CN112638880A（涉及卡博替尼苹果酸盐）及CN115215797B（涉及卡博替尼苹果酸盐），应当仔细了解上述专利的保护范围，法律状态和专利有效期，注意专利的保护状态是动态变化的，应密切追踪，持续关注。在研发设计中规避其保护范围，如果实在无法避开，应准备好证据和理由，进行专利挑战。

2. 研发流程和申报流程中涉及的侵权风险

仿制药的立项、研发、上市等过程都具有专利侵权的风险，这就使得仿制药企业要具有较高的专利意识，以避免"专利网""潜水艇专利"等对仿制药企业造成巨大的损失。

表 5-9　检索结果可视化与侵权风险

序号	标题	申请人	公开号	公开日	相关的权利要求项	预警等级
1	卡博替尼·0.5 苹果酸盐的晶体	正大天晴药业集团股份有限公司	CN104109124B	2014-10-22	1. 卡博替尼·0.5 苹果酸盐晶体，其粉末 X 射线衍射图谱中，在衍射角度 2θ 为 5.48°、10.11°、10.88°、12.18°、15.24°、15.94°、18.29°、20.51°、21.97°、22.73°、24.56°处有衍射峰	☆☆☆
2	卡博替尼苹果酸盐及其制备方法	连云港润众制药有限公司	CN104109128B	2014-10-22	1. 卡博替尼·n 苹果酸盐，其中 n 选自 0.4～0.6，苹果酸盐为（L）苹果酸盐	☆☆☆☆
3	卡博替尼苹果酸盐晶型及其制备方法和用途	苏州科睿思制药有限公司	CN112638880B	2021-04-09	1. 一种化合物 I 的晶型 CSI，其特征在于，其 X 射线粉末衍射图 2θ 值为 8.5±0.2°、12.7±0.2°、13.9±0.2°处具有特征峰	☆☆☆
4	一种苹果酸卡博替尼新晶型及其制备方法	成都苑东生物制药股份有限公司	CN115215797B	2022-10-21	1. 式（I）所示的 L-苹果酸卡博替尼晶型 Form A，其特征在于，其 X 射线粉末衍射图如图所示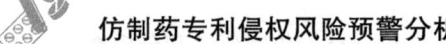（I）	☆☆☆

第五章　仿制药专利分析

续表

序号	标题	申请人	公开号	公开日	相关的权利要求项	预警等级
5	N-(4-{[6,7-双(甲基氧基)喹啉-4-基]氧基}-N'-(4-氟苯基)环丙烷-1,1-二甲酰胺的代谢物	埃克塞里艾克西斯公司	CN105121412B	2015-12-02	1. 一种卡博替尼的分离代谢物或其盐,其中所述分离代谢物为	☆☆☆

续表

序号	标题	申请人	公开号	公开日	相关的权利要求项	预警等级
6	一种盐的结晶性固体形式、制备工艺和使用方法	埃克塞里艾克西斯公司	CN110621662B	2019-12-27	1. N-{4-[(6,7-二甲氧基喹啉-4-基)氧基]苯基}-N'-(4-氟苯基)环丙烷-1,1-二羧酰胺(化合物1)的结晶性固体盐,其中所述盐选自由以下组成的组: N-{4-[(6,7-二甲氧基喹啉-4-基)氧基]苯基}-N'-(4-氟苯基)环丙烷-1,1-二羧酰胺(化合物1)丙酮酸盐; N-{4-[(6,7-二甲氧基喹啉-4-基)氧基]苯基}-N'-(4-氟苯基)环丙烷-1,1-二羧酰胺(化合物1)戊二酸盐;和 N-{4-[(6,7-二甲氧基喹啉-4-基)氧基]苯基}-N'-(4-氟苯基)环丙烷-1,1-二羧酰胺(化合物1)羟乙基磺酸盐一水合物	★☆☆

在立项阶段，提高检索技巧对被仿制药品的专利信息进行全方位地检索，充分了解被仿制原研药专利网，包括基本药品专利以及周围专利所处的法律状态、保护期限以及范围等。[1]

具体对于卡博替尼，原研公司没有化合物专利，但拥有活性代谢物专利、晶型专利以及制剂专利，因此也需要关注其在国内的法律状态及审查情况，必要时对专利发起主动挑战（规避或者无效）；也可在原研基础上开发新的活性代谢物、新的稳定晶型或新型处方等，并尽早申请专利保护，这样既能拥有自主知识产权又可规避侵权原研专利。根据我国现行药品审评审批制度，现已建立与国际接轨的化学仿制药注册与技术评价体系，即化学仿制药应与原研药质量和疗效一致，必须进行生物等效性研究，以证明仿制药在体内的吸收速率和程度与已批准的原研药没有显著差异。

基于上述要求，在仿制药的理性阶段，就会遇到一个两难的境地，即如果不改变晶型或者处方，侵权风险很大，无法规避已有专利；如果改变晶型或者处方，后续生物等效性评价可能面临达不到要求的风险。而且根据规定，此项目的开发策略需要结合专利具体情况进行综合分析。

在研发的过程中，首先，在化合物或制剂的制备过程中，要注意对比相关的制备方法专利，虽然制备方法专利通过改变参数、具体操作和纯化手段等较容易规避，但是对于尚在专利保护期的制备方法专利仍然应当密切关注，以免面临技术方案过于接近的侵权风险。其次，在研发的过程中，无论是临床前研究还是生物等效性评价中，均会用到原研药品，在购买时应当注意供应商是否存在侵害他人知识产权的情形，对于在国内已上市的药品，可于"国家药品监督管理局"网站进行"药品"检索，查询结果将显示生产厂商以及上市许可持有人等相关信息。对于卡博替尼，主要生产商是美国Exelixis公司，另外孟加拉国的耀品国际、碧康、拉珠峰，以及印度的赛诺菲等具有相应的生产销售资质，若选择其他未获销售许可的生产商进行购买，后续将存在一定风险；同时研发的过程中相关试剂、包材侵犯了知识产权，使用该侵权试剂进行的制备方法将构成专利侵权；外国的

---

[1] 陈俊杰.仿制药专利侵权问题研究[EB/OL].(2020-05-30)[2024-10-15]. https://zhuanlan.zhihu.com/p/144777828.

知识产权权属不清晰,外国的供应商知识产权变化在国内也很难察觉,即使某种试剂在国外符合知识产权合规的产品在进口到中国后,也可能构成对中国经销商、知识产权权利人权利的侵犯;在进行的生物等效实验时,需要购买原研药作为参比试剂,虽然有"Bolar例外"的规定作为侵权的豁免,但是需要注意进口、制造、使用专利药品必须符合以下规定:企业必须能证明其仅仅为满足药品申报、行政审批而进行的行为,或者他人为企业(如CRO代生产)获得行政审批需要,进口、制造、使用的数量不能超过研究实验的真实需求,因此购买参比试剂时需要注意购买的量,委托研发外包企业代加工时,也应当注意委托手续的齐备以及控制承接研发外包的企业对参比试剂的监管。

在处方研究阶段,注意避免对已有专利造成等同侵权的可能;在进行药理实验或毒理实验时,注意是否侵犯已有的相关实验装置、实验方法,评价模型的专利,由于仿制药研发属于商业开发行为,因此如果在实验中所用到的细胞系、动物模型、化合物或药物、实验设计和数据处理方法(生物信息学领域)涉及被专利化,应当关注相关专利,避免侵权,在临床实验阶段应当避免药物用途专利、联合用药专利、临床试验方法专利或特定医疗设备或仪器的专利侵权。

在药品申报的过程中,由于卡博替尼在国内尚未上市,因此申请仿制药上市属于化学药品注册分类中的3类仿制药,目前国内涉及3类仿制药有5个比较重要的法规,如表5-10所示。这些法规就3类化学药的定义、临床需求的考量点均提出了不同的原则意见。

表5-10 3类仿制药涉及法规

法规/指导原则	时间
ICH E5(R1)指导原则	1998年
《接受药品境外临床试验数据的技术指导原则》	2018年
《药品注册管理办法》	2020年
《化学药品注册分类及申报资料要求》	2020年
《境外已上市境内未上市药品临床技术要求》	2020年

药品注册申请应当在上述法律法规或者指导原则的规定下进行,药品

注册申请时,需要提交药物注册申请通用技术文档(Common Technical Document,CTD),CTD 是一种国际公认的格式,用于向药品监管机构提交新药申请(NDA)、仿制药申请(ANDA)等。以下是填报 CTD 过程中可能涉及专利权风险的一些方面:化合物和剂型专利;制备方法专利;临床试验的设计或数据处理方法专利;药物用途专利(适应证);药物与其他药物联合使用的方式专利。

3. 现有侵权抗辩案例及启示

在国际上,卡博替尼(Cabozantinib)的专利纠纷主要集中在其原研公司 Exelixis 与仿制药制造商之间的法律诉讼。以下是一些重要的专利纠纷情况。

(1)Exelixis 与 MSN 的专利诉讼

2024 年 10 月,美国特拉华州的联邦法官支持了 Exelixis,维持了三项与卡博替尼相关的专利的有效性,这些专利被 MSN 的仿制药侵犯。这些专利将一直有效到 2030 年 1 月,从而阻止 MSN 在专利到期前销售其仿制药。

该诉讼涉及的专利包括 US11091439B2(晶体盐)、US11091440B2(药物组合物)和 US11098015B2(治疗方法)。此外,法院还裁定 Exelixis 的 US11298349B2(药物组合物专利)是有效的,并且没有被 MSN 的仿制药侵犯,该专利有效期至 2032 年 2 月。

根据最新信息,美国特拉华州的联邦法官在 2024 年 10 月 15 日作出了支持 Exelixis 的裁决,驳回了 MSN 对三项与卡博替尼相关的专利的挑战。这些专利包括美国专利号 US11091439B2(晶体盐)、US11091440B2(药物组合物)和 US11098015B2(治疗方法),它们均被列入美国 FDA 药品橙皮书数据库,并且其有效期至 2030 年 1 月 15 日。

此外,法院还裁定 Exelixis 的另一项药物组合物专利(美国专利号 US11298349B2)并非无效,也未被 MSN 提出的仿制药版本侵犯,该专利有效期至 2032 年 2 月。

这一裁决意味着,如果美国食品药品监督管理局(FDA)最终批准 MSN 制药实验室有限公司的 ANDA(简化新药申请),MSN 最早可能被允许在美国推出的时间是 2030 年 1 月 15 日，前提是没有上诉或额外的监管独占权。

Exelixis 的首席执行官迈克尔·莫里西（Michael M. Morrissey）博士对法院的裁决表示满意，并强调公司对其卡博替尼专利组合的信心，以及继续追求所有可用法律行动来捍卫其知识产权的决心。

此次诉讼的结果对 Exelixis 来说是一次胜利，因为它保护了其旗舰产品 CABOMETYX 的市场独占权，至少维持到 2030 年。这对于公司的股价和未来的收入预期是一个积极信号。同时，这也意味着 MSN 至少在专利到期前无法在美国市场上销售其卡博替尼的仿制药。

（2）Exelixis 与 Cipla 的专利和解

2024 年 5 月，Exelixis 与 Cipla 达成和解协议，解决了两项专利诉讼。根据协议，Exelixis 将授予 Cipla 在 2031 年 1 月 1 日起在美国销售卡博替尼仿制药的许可，前提是其获得 FDA 的批准。

Exelixis 与 Cipla 的专利和解涉及两起专利诉讼，这些诉讼是 Exelixis 针对 Cipla 的 ANDA（简化新药申请）提起的，Cipla 希望通过 ANDA 在相关专利到期前获得批准，以在市场上推出 CABOMETYX®（卡博替尼）片剂的仿制版本。以下是和解协议的关键点：

① 和解协议内容：Exelixis 与 Cipla 达成和解，解决了两起专利诉讼。根据协议条款，Exelixis 将授予 Cipla 在美国市场销售 CABOMETYX 仿制药的许可，起始日期为 2031 年 1 月 1 日，前提是获得美国食品和药物管理局（FDA）的批准，并遵守此类协议常见的条件和例外情况。②终止诉讼：根据和解协议，Exelixis 和 Cipla 将终止所有正在进行的 Hatch-Waxman 关于 CABOMETYX 专利的诉讼，这些诉讼目前正在特拉华州美国地方法院进行。③保密协议和审查：该和解协议是保密的，并且须经美国联邦贸易委员会（FTC）和美国司法部审查，诉讼将在一段时间后被驳回，以便进行 FTC 审查。④Exelixis 的声明：Exelixis 在其新闻稿中提到，公司致力于通过科学追求创造变革性的治疗方法，为更多患者带来未来的希望。⑤对 Exelixis 的影响：该和解对 Exelixis 来说是一个积极的结果，因为它保护了其主要增长引擎 CABOMETYX 免受过早的仿制药竞争的影响。

(3) Exelixis 与 Teva 的专利和解

Exelixis 与 Teva 也达成了专利诉讼和解，解决了因 Teva 的 ANDA 而引发的专利诉讼。根据协议，Exelixis 将授予 Teva 自 2031 年 1 月 1 日起在美国销售 CABOMETYX 仿制药的许可，前提是获得 FDA 的批准。

Exelixis 与 Teva 和 Cipla 的和解协议在结构上非常相似，都同意在 2031 年授予仿制药上市的许可，并且都包含了终止正在进行的专利诉讼的条款。主要区别在于涉及的具体专利诉讼案件及细节。而且和解协议都包含了终止所有正在进行的 Hatch-Waxman 诉讼的条款，这些诉讼涉及 Delaware 联邦地区法院待审的 CABOMETYX 专利。

通过这些和解协议，Exelixis 确保了其旗舰产品 CABOMETYX 在专利到期前的市场独占权，同时也为公司提供了与仿制药制造商合作的机会。这些专利纠纷与和解协议显示了 Exelixis 在保护其卡博替尼知识产权方面的努力，同时也影响了仿制药制造商进入市场的时间。通过这些法律行动，Exelixis 确保了其专利保护下的市场独占权，至少维持到 2030 年或更晚。

对于和解协议，仿制药企业还应当了解，和解协议通常包含限制仿制药在一段时间内上市的条款，这会延迟仿制药进入市场的时间。一方面，和解协议可能导致仿制药的上市率降低，从而减少市场竞争。根据 FDA 的报告，81% 的 ANDA 诉讼最终由双方达成和解协议后解决，而只有 19% 最终由法院判决，前者的上市率要显著低于后者。由于仿制药的延迟上市，原研药企业可以维持较高的药品价格，直到仿制药最终进入市场。这可能会影响药品的可及性和患者的用药选择。和解协议可能包含反竞争性的条款，如阻止首仿药进入市场的条款，这可能会引起反垄断机构的关注。在美国，药企需将相关协议提交至联邦贸易委员会（FTC）和司法部进行审查。另一方面，专利诉讼和解也体现了对原研药企业知识产权的保护，激励药企进行创新药品的研发。同时，和解协议中的某些条款，如加速条款，可能在特定条件下允许仿制药提前上市，提升市场的竞争力。专利诉讼和解可能会影响药品的全生命周期管理，包括研发、上市、增长、成熟、衰退和仿制竞争等阶段。专利保护期的延长或缩短都会对药品的市场策略和价格策略产生影响。总之，专利诉讼和解对仿制药市场的影响是复杂且多

仿制药专利侵权风险预警分析

面的,既涉及市场竞争和药品价格,也关系到知识产权保护和药品创新。

在我国,正大天晴与江苏豪森向卡博替尼的原研药企发出了专利挑战并获得成功,部分无效了原研药企的卡博替尼苹果酸盐的专利。专利挑战不是技术问题,也不是法律问题,它是一种商业策略,挑战专利不是专利有瑕疵,而是挑战可以获利,专利诉讼是在利用法律的平均机会获利。上述无效决定的要点为:合议组根据证据《晶型药物》(吕扬、杜冠华主编,人民卫生出版社)中的有关记载认为"碱性药物与酸类物质成盐以改善溶解性质是一种国际通用方法,成盐后可形成多种晶型的盐类固体物质形式,与同一物质的晶态相比,无定型态具有高度分散性,能量状态高,总的单位表面自由能较大,粒子表面易水化,本领域技术人员容易想到通过常规将已知药物的盐制成晶体状态,并且能够预期到同一物质的晶体状态与无定型态相比吸湿性更低"。而该专利中的 N-2 型卡博替尼(L)-苹果酸盐仅相比非晶态具有低的吸湿性,而相比晶态吸湿性并无明显差异,因此认定该专利中的 N-2 型卡博替尼(L)-苹果酸盐不具备创造性。

上述案例对于仿制药企业的启示:通过"晶型相比非晶型引湿性更低"可以预期这一观点为仿制药企业进行晶型专利的无效挑战提出了思路。事实上,在2011年的"溴化替托品单水合物晶体"发明专利权无效行政纠纷案中,最高人民法院的再审判决中明确指出"对于某种化合物是否存在晶体形式、存在多少种晶体形式以及存在何种晶体形式的不可预期性并不能等同于创造性审查中的非显而易见性",不再认可"新晶型的微观结构获得的过程(制备过程)是随机的、难以预测的,获得了新晶型即满足了创造性",并确立了"在创造性评判中能够被考虑的预料不到的技术效果,除了应当在原申请文件中明确记载以外,还应当是给出了相应实验数据予以证实的技术效果"的指导意见。因此从"溶解性、溶出度、溶出速率、吸湿性、稳定性、流动性、可压缩性、凝聚性、纯度、生物利用度"等药物性质出发,考虑晶型所能够达到的技术效果及其非显而易见性是晶型药物创造性判断的重要依据。而原研药的专利大部分都是多年以前申请的,限于当时的技术水平和领域的认知,对于晶型所带来的技术效果大多数未进行完备的测定,因此可以以某些技术效果可以预期为突破口进行专利无效的挑战。

第三节 艾地骨化醇专利分析

一、原研药的技术研发路线

骨质疏松药艾地骨化醇是一种活性维生素 D_3 衍生物，该产品已于 2011 年在日本上市，商品名为 Edirol。体外试验证明，该产品作用于人破骨前体细胞，抑制破骨细胞的形成。另有动物试验也证明，艾地骨化醇能促进小肠对钙的吸收，增加血钙浓度。艾地骨化醇能同时改善骨代谢和促进钙吸收，改善骨密度和骨强度，进而降低骨质疏松性骨折的发生率。2018 年 3 月，艾地骨化醇软胶囊在中国的新药上市申请获得 CDE 受理。根据日本中外制药株式会社早前发布的新闻稿，该申请主要基于其在中国进行的 3 期关键性研究的积极结果。该研究表明，艾地骨化醇在治疗原发性骨质疏松症方面，疗效优于阿法骨化醇，可显著增加患者骨矿物质密度，且安全性与阿法骨化醇相似。2020 年 12 月 11 日罗氏旗下日本中外制药株式会社开发的 Chemical book 艾地骨化醇软胶囊（eldecalcitol，ED-71）在中国获批上市，用于治疗骨质疏松。图 5-5 是艾地骨化醇的技术研发路线。

由图 5-5 可以得出，日本中外制药株式会社对艾地骨化醇的专利布局刚开始涉及化合物，接下来涉及晶型及其制备方法，进一步涉及检测方法。2005 年以后布局的主要是组合物。可见，日本中外制药株式会对艾地骨化醇软胶囊的多个方面进行了专利布局，且不同时间阶段日本中外制药株式会的专利布局方向存在差异，其主要是为了满足市场发展的需求。

艾地骨化醇软胶囊的研发过程主要包括以下几个关键步骤：前期准备及原研药的合成、处方工艺研究、制剂形式的开发、质量和稳定性研究、药理毒理研究和申报资料撰写、临床研究、上市与应用以及持续优化与创新等。

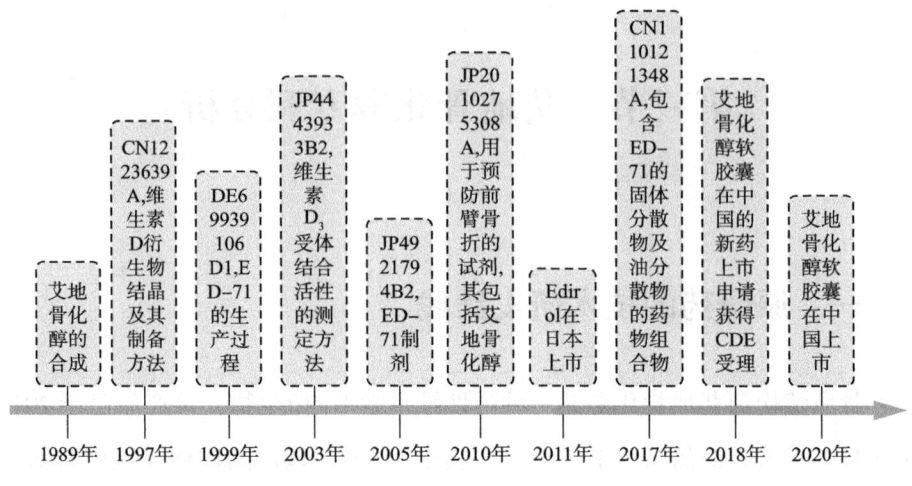

图 5-5 艾地骨化醇的技术研发路线

1. 前期准备及原研药的合成

艾地骨化醇软胶囊合成的前期准备包括原料、色谱柱及辅料的选择等内容。其中以原研药相关专利（CN1637017A，公开日：20050713）为例，艾地骨化醇的合成方法如下：

2β-(3′-羟基丙氧基)-5,7-二烯胆甾-1α,3β-三醇（前体型）的合成和纯化

环氧化物（1） → 前体型（2）

将环氧化物（1）（1.00g，2.41mmol）、叔丁醇钾（0.75g，6.68mmol）和1,3-丙二醇（20mL）的混合物于室温下搅拌10分钟，然后将反应混合物加热至内温95℃并于此温度下搅拌5小时。搅拌下，将反应混合物倾入到饱和氨水溶液（40mL）中。于室温（25~35℃）下搅拌10分钟后，在过滤器上收集形成的结晶并用蒸馏水（20mL）洗涤3次。将含水粗结晶产物（6.3g）在室温（27~22℃）下于乙腈（20mL）中搅拌1小时。在过滤器上

收集结晶并用乙腈（5mL）洗涤 2 次，然后干燥，得到所述前体化合物（2）。在通入氩气进行预处理之前，将如此获得的前体化合物（2）（29.0g）加热溶于甲醇（290mL），然后将所得溶液趁热经 Kiriyama 滤纸（4 号）过滤。冷却至室温后，向溶液中加入晶种以诱导结晶。进一步冷却至低于 -10℃后，于过滤器上收集所生成的结晶并用 29mL 冷甲醇洗涤 2 次，然后将所述结晶于室温真空下干燥，得到 22.9g 纯化的前体。

（1R,2R)-1,25-二羟基-2-(3′-羟基丙氧基)-胆钙化甾醇；2β-(3′-羟基丙氧基)-(1α,3β,5Z,7E)-9.10-开环胆甾-5,7,10(19)-三烯-1,3,25-三醇（ED-71）的合成和纯化

前体（2） → 前体

→ ED-71

在 1L 容器中，将实施例 1 所得纯化的前体（2）（6.02g）溶于 THF（1L）并将溶液于氩气流中冷却条件（内温低于-13℃）下，经 Vycor 过滤器用具有高压汞蒸气的 400W 灯 UV 光照射 150min。令其升至室温后，将反应溶液由所述容器倾入 2L 茄形烧瓶中，所述容器用新制的 THF（100mL）洗涤，将合并的溶液回流下加热 180min。将反应混合物浓缩后，所得残余物溶于甲醇（80mL），以形成供分离的样品。将经过计算并表示为所述前体的含有 1.5g 溶解物的 20mL 样品用泵加入到制备色谱柱上，所述色谱柱内径为 50mm，长 300mm，并用由 MitsubishiKakouki Co.（三菱电机自动化有限公司）市售获得的粒径为 5μm 的 DIACHROMA ODS N-20 装填。45%乙腈

水溶液以 60mL/min 的流速通过所述色谱柱，洗脱液在 220nm 和 305nm 下用 UV-光检测。开始进行色谱分离后 130～170min 内，收集到约 2.4L 含 ED-71 的流份。此连续过程再重复 3 次，总共得到合并的 ED-71 流份约 9L。然后，将合并的流份用 10L 旋转蒸发仪浓缩，将残余物溶于乙醇，将溶液再次蒸发至干。所得残余物再用乙酸乙酯（20mL）处理，溶液于室温下进行搅拌以沉淀出结晶，将悬浮液进一步冷却至低于-10℃并在此温度下搅拌 15min。滤出结晶产物，用冷乙酸乙酯（6mL）洗涤三次并于室温真空下干燥过夜，得到 ED-71。

2. 处方工艺研究

艾地骨化醇软胶囊的处方工艺研究包括处方工艺摸索、初步验证工艺、中式生产及工艺验证等内容。其中以原研药相关专利（CN1938034A，公开日：20070328）为例，其处方工艺摸索的情况如下：

ED-71 本身不稳定，其在油脂中存在降解的问题。该专利中申请人向含有 ED-71 的油状制剂中添加抗氧化剂能够抑制这些降解产物的产生，从而解决上述技术问题。具体地，实施例 3 研究了抗氧化剂对含有 ED-71 的制剂主要降解产物的影响。通过将填充含有 ED-71 和抗氧化剂的 MCT 溶液的软胶囊保存于多种条件下，评价速甾醇型和反式型的产生情况。

软胶囊的生产方法：软胶囊是采用滴制法并由无缝灌装机（SPHEREX，由 Freund Corporation 富仁德产业株式会社）生产的，所以每个胶囊中药物溶液和壳的重量分别为 100mg 和 65mg。

储存条件：将约每 100 片软胶囊装入一小瓶中。然后，将这些小瓶密封或不密封，并在 30℃、RH60% 的条件下避光储存 12 个月。

采用 HPLC 对速甾醇型和反式型进行分析。结果表明，与对照配方相比，配方 1，2 和 3 加入了抗氧化剂，其速甾醇型和反式型的产生都受到了抑制。

实施例 4 研究了加入抗氧化剂的量对包含 ED-71 的制剂中主要降解产物产生的影响。通过向含有 ED-71 的 MCT 溶液中加入不同量的 dl-α-生育酚，将充满这些溶液的软胶囊储存于多种条件下，用以评价速甾醇型和反式型的产生情况。具体过程如下：

软胶囊的生产方法：软胶囊是采用滴制法并由无缝灌装机（SPHEREX，由 Freund Corporation）生产的，所以，每个胶囊中药物溶液和壳的重量分别为 100mg 和 65mg。

储存条件及速甾醇型和反式型的确认方法：将约每 100 片软胶囊装入一小瓶中，将小瓶密封，并在 40℃避光储存 3 个月。当储存期结束后，将药物溶液从每个软胶囊中取出，采用 HPLC 测量产生的速甾醇型和反式型的量。结果表明，与对照配方相比，配方 4-8 中可以观察到抑制速甾醇型和反式型产生的效果（即使当加入的 d1-α-生育酚的量，以重量计为 0.002%时）。抑制速甾醇型产生的效果呈 d1-α-生育酚加量依赖性。另一方面，对于抑制反式型产生的效果，在所有加入的 d1-α-生育酚的量为 0.01%或更多的配方中，反式型产生的量为 0.1%或更少。结果表明，d1-α-生育酚抑制 ED-71 主要降解产物的产生具有浓度依赖性，而且即使当加入的量，以重量计为 0.002%时，对主要降解产物的产生也有明显的抑制效果。

实施例 5 评价多种不同的抗氧化剂对包含 ED-71 的制剂中主要降解产物产生的影响。通过向含有 ED-71 的 MCT 溶液中加入多种不同的抗氧化剂，将这些溶液储存于 50℃一个月，用以评价速甾醇型和反式型的产生情况。结果显示，所有采用的抗氧化剂都明显地抑制了速甾醇型和反式型的产生。

可见，罗氏旗下的日本中外制药株式会社通过在包含 ED-71 的制剂中加入抗氧化剂（辅料）来解决 ED-71 在油脂中存在降解的问题。进一步，通过实验研究制剂中加入抗氧化剂的量、抗氧剂的种类对包含 ED-71 的制剂中主要降解产物产生的影响，进而探索出原研药的合适的处方工艺。

制剂形式的开发：艾地骨化醇可以制成多种剂型，如软胶囊、口服液和缓释颗粒等。例如，软胶囊的制备涉及将艾地骨化醇溶于无水乙醇，与含有抗氧化剂的油脂溶液混合，然后将胶液在软胶囊机中压制成型。

质量控制和稳定性研究：在制备过程中，需要严格控制原料的质量、添加量以及制备工艺参数，以确保产品的稳定性和安全性。此外，还需要进行稳定性研究，以评估艾地骨化醇在不同条件下的保存期限和性能变化。

3. 临床前研究

在动物模型中进行药效学、药代动力学等研究，验证艾地骨化醇对骨质疏松症的疗效及安全性。研究发现艾地骨化醇具有促进钙吸收、抑制破骨细胞形成、增加骨密度等积极作用。

4. 临床试验

开展多期临床试验，包括Ⅰ期、Ⅱ期和Ⅲ期，以评估艾地骨化醇在不同患者群体中的安全性和有效性。临床数据表明，艾地骨化醇能够显著增加腰椎、全髋和股骨颈骨密度，降低骨折风险，且不良反应较少。

5. 上市与应用

完成所有必要的研发和审批流程后，艾地骨化醇于2011年在日本正式上市，用于治疗骨质疏松症。随后，艾地骨化醇在全球范围内得到推广和应用，成为骨质疏松症治疗的重要药物之一。

6. 持续优化与创新

随着临床应用的深入和反馈的积累，对艾地骨化醇的剂型、给药方式等进行持续优化和改进。同时，不断探索艾地骨化醇与其他药物的联合应用方案，以进一步提高疗效和安全性。

中外制药株式会社为了保护艾地骨化醇软胶囊的知识产权，构建了多方面的专利布局，如化合物、晶型、组合物等。在数据库中建立合理的检索式，可以获得2024年8月13日之前申请人的专利申请数量排名及申请人专利价值的相关结果。关于艾地骨化醇的专利申请主要集中在默克公司与中外制药株式会社两个申请人，且两个公司的专利价值断崖式领先其他企业或个人。需要注意的是，虽然默克公司在艾地骨化醇相关的专利申请量及专利价值方面异军突起，但是对其相关专利申请进行仔细分析后，发现其绝大多数专利并非主要研究艾地骨化醇，其仅仅是将其作为附加成分。

二、原研药在华专利布局

中外制药株式会社为了应对原研专利到期而带来的专利悬崖，提早就进行了多方面的布局，如化合物、晶型、组合物等。在数据库中建立合理的检索式，可以洞悉中外制药株式会社在中国市场的申请动向，其在 2005 年、2019 年的申请量较大。这与中外制药株式会社在 2005 年以后主要布局与艾地骨化醇相关的组合物的专利有关。其致力于将其相关产品在中国市场上市。

中外制药株式会社主要涉及的是医用的配置品、碳环化合物及化合物或药物制剂的特定治疗活性。其主要涉及的技术功效价值度是稳定性的提高。这是由于艾地骨化醇在油脂中存在降解的问题。为了实现艾地骨化醇的商品化应用，如何提高其稳定性是解决其降解问题的关键。

对上述结果进行具体分析可知，中外制药株式会社首先在华申请了与艾地骨化醇相关的化合物的专利，如 CN85108857A，该专利涉及 2 位上具有取代基的维生素 D_3 衍生物的制备方法。接下来，其布局了艾地骨化醇晶型及制备方法相关的专利，如 CN1637017A，该专利涉及维生素 D 衍生物结晶及其制备方法。中外制药株式会社在 2005 年以后主要布局与艾地骨化醇相关的组合物的专利，如 CN101721708A，该专利涉及 ED-71 制剂，其通过在包含 ED-71 的制剂中加入抗氧化剂（辅料）来解决 ED-71 在油脂中存在降解的问题。

总的来说，中外制药株式会社围绕核心产品进行了如下布局。

1. 主题专利布局

外围专利——不仅仅依靠单一的核心专利来保护艾地骨化醇软胶囊，而是通过一系列外围专利来构建多层次的保护体系：

化合物及制备方法——马库什权利要求，扩大保护范围，为原研药的布局打下基础。

晶型及制备方法——通过对艾地骨化醇晶型的研究，开发出艾地骨化醇的不同形式，扩大布局范围。

组合物——产品专利申请较多，主要是为了满足商品上市的要求，以期快速抢占市场，实现其商业价值。

2. 多维度专利布局

时间维度——通过申请新的专利来补充原有专利的保护期，延缓仿制药进入市场的时间。例如，通过多种策略尽量延长艾地骨化醇的保护时间。

地域维度——在全球范围内申请专利，确保在各个重要市场都有足够的保护。

制度维度——利用各国的专利法规和政策，如通过补充保护证书（Supplementary Protection Certificate，SPC）等方式来延长专利保护期。

总之，中外制药株式会社通过多层次、多角度的专利布局，不仅保护了其产品免受早期仿制，还为其后续的产品线开发提供了坚实的基础。这种策略对于保持竞争优势至关重要，尤其是在生物制药领域，高昂的研发成本和长时间的研发周期使得专利保护成为维持商业成功的重要手段。通过布局策略，可以说中外制药株式会社已经将艾地骨化醇保护时间向后进行了最大限度的延长，以获取更大的经济价值。

三、潜在竞争对手相关专利技术

虽然中外制药株式会社已经通过多种策略尽量延长了艾地骨化醇软胶囊的保持时间，但是伴随着艾地骨化醇核心专利在全球范围内的大规模到期，全球开启了艾地骨化醇软胶囊的仿制时代。艾地骨化醇软胶囊的中国药品批文相关信息可通过药融网获取。艾地骨化醇仿制药企业主要包括河南泰丰生物科技有限公司、四川科伦药业、昂立康、温州海鹤药业、人福普克药业、正大制药等。河南泰丰生物科技有限公司是国内首家获得艾地骨化醇软胶囊注册批件的仿制药企业。其产品"艾骨醇"是国外原研药的国内首仿，具有重要的临床意义，特别是在应对骨质疏松症的治疗方面，为患者提供了新的治疗选择。四川科伦药业也是艾地骨化醇软胶囊的仿制药企业之一，与河南泰丰生物一样，科伦药业的艾地骨化醇软胶囊也获得了国家药品监督管理局的批准上市，进一步满足了市场需求。昂立康与北京美福润及温州海鹤药业合作研发的艾地骨化醇软胶囊也获得了国家药监局的批准上市，用于治疗骨质疏松症。温州海鹤药业与北京美福润共同研发的艾地骨化醇软胶囊也获得了国家药监局的批准，进一步丰富了艾地骨化醇仿制药的市场选择。人福普克药业也获得了国家药品监督管理局核准签发的《药品注册证书》，批准其艾地骨化醇软胶囊上市，主要用于治疗绝经后女性骨质疏松症。这些企业的产品均按照化学药品注册分类4类获批上市，视同通过仿制药一致性评价，为患者提供了更多治疗骨质疏松症的选择，同时也促进了国内医药行业的发展。

1. 国产首仿药"艾骨醇"

2022年10月9日，国家药品监督管理局发布公告：河南泰丰生物科技有限公司（以下简称"泰丰生物"）自主研发、生产、注册的艾地骨化醇软胶囊（商标名：艾骨醇），正式获得药品注册批件。艾地骨化醇软胶囊属于国产品种，泰丰生物采用进口原料生产的"艾骨醇"是该产品国内首仿，意义重大。

随着我国老龄化程度的不断加剧，2018年《中国骨质疏松症流行病学调查》结果显示：骨质疏松症已经成为50岁以上人群的重要健康问题，我国50岁以上人群骨质疏松症患病率达19.2%；65岁以上老年人群患病率达到32.0%。据国际骨质疏松症基金会统计，截至2020年，仅我国内地就有2.86亿人患骨密度过低或骨质疏松症，到2050年这一数字将上升到5.33亿人。骨质疏松症致残率高，且治疗周期长、费用高，给个人、家庭和社会带来沉重的心理和经济负担。临床上常采用联合骨吸收抑制剂和骨形成促进剂来治疗骨质疏松症，同时也更需要既有抑制破骨又有促进成骨功能的单药。另外，骨质疏松常见于老年人，而老年人胃肠道功能不好，合并多种慢性病，依从性较低，这些都是临床上亟待解决的问题。可喜的是，新型活性维生素D类似物艾地骨化醇具有独特的抑制骨吸收、促进骨形成的双重作用。同时，其对肠道无不良反应，无须补充钙剂，减少了服用种类和数量，患者依从性较好。泰丰生物生产的国产首仿艾地骨化醇软胶囊的上市，将为亿万患者带来福音。

艾地骨化醇，是一种新型的活性维生素 D 类似物，具有创新突破的双重作用机制，作用更持久。艾地骨化醇可有效抑制皮质内骨吸收，增加皮质周长、体积骨密度和股骨颈皮质骨量，从而改善股骨颈的生物力学特性。同时还能有效促进骨塑形，最终可提高骨小梁连续性，增强骨小梁的形成，更有效地降低骨折风险。艾地骨化醇克服了药物单一作用的弊端，为患者提供一箭双雕的治疗方案。其安全性良好，有益于肾功能不全患者，可以改善现有药物不能满足的临床需求。其对血清钙离子水平影响较小，与维生素 D 结合蛋白具有更高的亲和力，从而拥有更长的半衰期，具有良好的临床应用价值。使用方便，每日一粒。艾地骨化醇已成为骨质疏松治疗的一个新选择，将开启活性维生素 D 治疗骨质疏松的"爱骨"新时代。

泰丰生物自主研发生产的艾地骨化醇软胶囊（商标名：艾骨醇）作为国内首仿产品，标志着该公司的发展踏上了更快、更广的赛道，也展现了泰丰生物的战略布局和研发创新的实力。其核心专利 CN110478330A 已被授权，该专利涉及一种艾地骨化醇软胶囊及其制备方法，该艾地骨化醇软胶囊稳定性好，速甾醇、反式型、有关物质较参比更少。可见，该产品相较于原研药而言取得了更优的技术效果，具有一定的市场竞争力。在"提供最优质的医疗产品和服务"的使命驱动下，泰丰生物持续专注慢病领域中西药的研发与创新，不断推出具有临床价值、造福患者的优秀产品，为实现"让国人少用药，用好药"的愿景而不懈奋斗，为实现"健康中国 2030"贡献力量❶。

2."艾帝淳"拓展仿制药的市场份额

艾地骨化醇软胶囊原研药来自中外制药株式会社，用于治疗骨质疏松症，作为国际公认的最新一代活性维生素 D 类似物，相较骨化三醇、α-骨

---

❶ 河南泰丰生物科技有限公司.热烈庆祝泰丰生物新型活性维生素 D"艾骨醇"获批上市［EB/OL］.（2022－10－19）［2024－08－08］.https://baijiahao.baidu.com/s? id = 1747103021566366399&wfr=spider&for=pc.

化醇能为骨质疏松患者治疗带来更精准、更有效的解决方案。原研的艾地骨化醇软胶囊于 2020 年进入国内市场，2022 年以后国产仿制药陆续上市，加剧了市场竞争。

然而，艾地骨化醇软胶囊在 2023 年全国医院市场 TOP50 药企的销售榜单中，中外制药株式会社以高达 52.54% 的市场份额占据榜首。伴随着艾地骨化醇核心专利在全球范围内的大规模的到期，全球开启了艾地骨化醇软胶囊的仿制时代。截至目前，艾地骨化醇软胶囊有四川科伦药业、四川国为制药、南京海融制药等 8 家药企获批并过评。

其中南京海融制药有限公司（以下简称"海融制药"）布局骨化醇领域的新品——艾帝淳® （艾地骨化醇软胶囊，0.5μg 和 0.75μg 两种规格）获国家药品监督管理局（NMPA）批准上市，批准文号：国药准字 H20234465（0.5μg）和国药准字 H20234466（0.75μg），其中 0.5μg 规格为国内首家，批准用于治疗绝经后女性骨质疏松症。

该公司以临床患者的需求为导向，专注于镇痛、皮肤科、骨科、肾科与抗感染五个治疗领域的创新药、改良型新药与高端仿制药自主研发，开展细胞治疗药物联合研发，构建具有海融特色的研发技术平台与丰富的研发管线。

海融制药聚焦于活性维生素 D 衍生物系列药物开发，致力于成为全球领先的专业活性维生素 D 药物供应商。艾地骨化醇软胶囊为公司获批的活性维生素 D 系列药物第四个、骨质疏松领域第三个制剂产品，在完善公司活性维生素 D 药物管线、夯实公司该系列产品技术壁垒的同时，为骨质疏松症的临床治疗提供了又一种选择，进一步提升公司整体专业活性维生素 D 品牌影响力，对公司经营发展具有积极作用。该公司关于艾地骨化醇的核心专利之一，即 CN115531329A 已被授权，该专利涉及一种稳定的艾地骨化醇片，其是对原研药剂型的改进，其目的是提供一种含量均匀且能有效控制艾地骨化醇降解产物和相应的艾地骨化醇前体（Pre-艾地骨化醇）含量增加的稳定的艾地骨化醇片。以提供除软胶囊以外的其他固体制剂形式，并有效抑制艾地骨化醇的降解和前体的转化，提高其稳定性。可见，海融制

药通过布局艾地骨化醇的其他制剂形式，提高了其竞争力。❶

随着南京海融制药艾地骨化醇软胶囊仿制药的获批，其在提高自身市场份额的同时，也为患者提供了廉价的药品，并助力改善患者的健康状况。南京海融制药有限公司的艾地骨化醇软胶囊产品"艾帝淳"。

3. "艾古纯"克服专利纠纷获新生

艾地骨化醇软胶囊（商标名"艾古纯"）是由浙江昂利康制药股份有限公司、北京美福润医药科技股份有限公司与温州海鹤药业有限公司合作研发，于2023年获得国家药品监督管理局的药品注册批准。温州海鹤药业有限公司的艾地骨化醇软胶囊产品"艾古纯"。

然而，温州海鹤药业有限公司在艾地骨化醇软胶囊仿制药上市审评审批阶段与原研药专利权人中外制药株式会社存在专利权纠纷。具体过程如下：原告中外制药株式会社为第200580009877.6号，名称为"ED-71制剂"（以下简称"涉案专利"）的专利权人，也是相关上市专利药品"艾地骨化醇软胶囊"的上市许可持有人，该药品主要用来治疗骨质疏松。原告就上述药品和涉案专利登记在中国上市药品专利信息登记平台。原告发现，被告温州海鹤药业有限公司向国家药监部门申请注册了名称为"艾地骨化醇软胶囊"的仿制药上市许可申请，还在中国上市药品专利信息登记平台就上述仿制药作出了第4.2类声明，即其仿制药未落入相关专利权保护范围。故原告依据《专利法》第七十六条规定向北京知识产权法院提起确认是否落入专利权保护范围纠纷，请求确认被告申请注册的仿制药"艾地骨化醇软胶囊"落入涉案专利的保护范围。

北京知识产权法院经审理认为，涉案仿制药使用的技术方案与涉案专利权利要求1的技术方案既不相同，亦不等同，故该技术方案未落入涉案专利权利要求1的保护范围。鉴于权利要求2-6为权利要求1的从属权利要求，在涉案仿制药的技术方案未落入权利要求1的保护范围的情况下，其亦不落入权利要求2-6的保护范围。据此，原告有关涉案仿制药落入涉案专

---

❶ 南京生物医药谷.骨松患者新"D"选择！海融制药"艾帝淳"获批上市[EB/OL].（2023-11-15）[2024-08-08].https://www.sohu.com/a/736449310_99992284.

利权利要求1-6的保护范围的主张不能成立，法院不予支持。

可见，温州海鹤药业有限公司充分利用中国药品专利链接制度解决专利权纠纷，从而在艾地骨化醇软胶囊仿制药领域获得新生，其也为仿制药与原研药之间的专利权纠纷提供了有利的借鉴。

四、专利侵权风险预警

药品作为一种特殊的商品，其物质特性必然不同于一般的商品。它最主要的作用对象是人体中的各个靶器官，具有调节和改变人体生理机能的作用。换言之，在使用药品的过程中除需要考虑药品本身的功能作用外，还要联系到人的生命健康权此类人类最基本权利的特性。正因如此，药品领域的专利侵权问题不同于一般商品的专利侵权，每次都是《专利法》修改时需要重点讨论的领域，其专利侵权判决有它的独特规律可循。一般来说，专利的类别可分为发明专利、实用新型专利和外观设计专利三类，我国专利法涉及的药品专利主要包括药品产品发明专利和药品方法发明专利。根据这一情况可以得知，我国仿制药所涉及的专利侵权的界定无非是侵犯专利药的产品和生产该专利药相关的一些技术方法，比如在专利药的专利保护期还未届满时，仿制药生产厂家就开始生产该药，有的情况可能稍微复杂一些，有些专利药因为在不同地区申请专利，而每个地区药品专利保护法律规定不同，会有延长专利保护期的情况，仿制厂家如果事先没有做好专利检索工作，很有可能会掉进专利侵权这个陷阱。如今国际上的专利药制药公司都非常注重药品的专利保护，因为这意味着市场的垄断，利润的增加，它们对于一种专利药都已经形成了有规模的专利保护网。对某一原料药，首先会申请通式结构的基础化合物专利，在此基础上又会有一系列化合物的晶型、溶剂化物等衍生专利，紧接着还会有化合物的合成路线、中间体等专利，最后还会有药物组合物专利、药物制剂专利、药物用途专利等一系列的从属专利申请。当专利药的基础化合物专利到期之时，它的其他很多从属专利未必期限届满，如果盲目地仿制就很有可能带来侵权风险。

仿制药专利侵权风险预警分析

解决专利侵权问题的关键，在于事先做好专利权属状态的检索，在法律法规范围内合理地仿制专利药，有效规避专利侵权就是目前我国仿制药研发亟需改进的地方。仿制药公司不仅需要关注专利检索系统中的专利药当前有效的专利，还应该想到从反面去检索，即药品失效专利数据库检索。建议仿制药公司要组建一个从事药品专利检索工作的专业队伍，组成人员需要有医药相关的专业背景，并且辅之以医药情报学相关的知识背景，从专业基础方面给予公司仿制专利药的前期支持，定期给公司医药研发人员做药品专利方面的培训，强调专利保护的严格性和重要性，加强研发人员的专利意识。

在科技型企业的初创阶段，一项核心技术或者产品往往与公司的发展息息相关。创始人往往是在行业的领先企业中就业的资深技术或者管理人员，对行业发展熟悉，竞争对手情况也很熟悉，做的产品也是与原先的雇主或者龙头有竞争关系，完全相同或者是直接竞品。这个时候，作为公司的法务或者合规人员，重点需要关注的是公司创始人或者核心技术人员的技术来源问题，重点关注他们与原来雇主的技术直接的关系，避免直接使用原雇主的商业秘密或者专利技术，及时提醒专利侵权风险。其中关于专利问题，因为作为原雇主或者行业中的龙头企业，往往会在其核心的产品或者技术上进行严密的专利布局，形成专利保护的保护组合或者保护网。这个时候，作为公司负责专利事务的法务，可以重点放在和公司的核心技术人员以及创始人仔细沟通公司的核心产品或者技术和行业主要竞争对手的技术的区别以及相似之处，在产品开发之初就要深入参与，调查主要竞争对手的专利布局情况，分析其核心专利的保护范围，以及公司产品和核心专利的区别或者相同之处，判断公司开发的产品是否存在侵权、风险大小，以及如果有侵权风险如何进行规避设计。具体来说，FTO（freedom to operate）分析就是对公司的产品和技术进行专利侵权检索分析。

负责公司专利的法务人员，根据公司技术人员的帮助，分解产品得到技术方案，从专利数据库中检索主要竞争对手的相关专利，并结合公司开发产品和技术，判断公司的产品是否构成侵权。如果侵权，如何进行规避设计以防止侵权。检索的数据库如果是中国专利，可以使用国家知识产权局的官方网站提供的数据库进行检索，也可以通过一些商业的数据库进行检索。FTO（专利自由实施公司）的操作，一般是先确定需要检索的技术方案。具体来说，为了尽可能检索完整，不漏掉可能的侵权专利，需要在数据库中根据技术领域，设计检索关键词，有时候结合IPC分类号等进行检索，检索范围最好是全文进行检索，只检索摘要很容易漏检，权利要求和全文检索比较全面。初步检索最好的结果是保留1 000件或以上的专利。然后，人工进行筛选，去掉明显不相关的专利和申请。然后再进行下一轮的筛选，得到相关的可能侵权的专利或者专利申请。然后，根据上述技术方案，与相关专利的独立权利要求进行技术特征对比，构建专利技术特征对比表，看看哪些特征相同，哪些不同，不同的特征是否构成等同技术特征，最后判断侵权风险的大小。总结FTO做法：①分解产品或者技术，确定检索和作为对比基础的技术方案；②检索数据库，筛选最后得到最相关的现有技术；③构建技术特征对比表，判断是否侵权。

当公司扩展新的业务领域，想要基于艾地骨化醇仿制药向产业链的上下游或者相关领域进行发展。这个时候，相对来说公司进入了一个比较新的领域。如果公司的费用和时间可以承担，可以考虑进行行业专利分析或者说专利地图分析。大概情况是，检索数据库，把行业中所有的竞争对手的专利全部下载，并进行分析。具体的分析如下：①申请趋势分析，包括竞争对手的申请趋势分析，如过去10年主要竞争对手的申请数量、申请国家、申请的技术领域（IPC分类号或者细分技术领域）。②主要发明人的分析。③对所有主要竞争对手的专利进行技术标引（需要技术专家参与，结合具体的技术领域进行划分），分析每个竞争对手在过去一定期限内的技术发展路径，即某个阶段以某种技术为主，现在又在开发什么技术等，从中可以看出不同的竞争对手的技术发展路径，可以帮助公司主动选择技术发展路径，规避强大的竞争对手的技术路径，选择发展不同的技术路径，同时在新的技术路径上布局自己的专利组合。④技术空白点分析和专利地图分析，分析不同技术分支的专利布局密度，找出空白点。同时，在这个过程中，也可以筛选出竞争对手的核心专利，具体可以结合引用次数等指标筛选核心专利，并结合公司拟开发的技术和产品，判断公司的技术和产品是否侵权，以及如何进行规避设计。根据上述专利情报信息和分析结果，公司就可以有针对性地开发产品,规避风险,进行自己的专利布局。并且可以在数据库中定时更新信息,跟踪竞争对手的专利申请情况,及时调整自己产品的研发和专利布局情况,即专利预警。

1. 需求与目标的确定

中小企业抗风险能力弱,可能一次侵权诉讼就能使其在市场上遭遇重创,甚至灭顶之灾。中小企业的经营者应首先树立危机意识,立足于生存,尽可能在避免侵犯他人知识产权的基础上谋求自身的渐进发展。首先,在研发之前就应通过专利调查来调整、准确确定研发方向,避免投资风险。其次,通过专利检索分析,把握同行业相关技术领域的技术发展方向,获得知识、提高水平。最后,对引进技术或产品的知识产权法律状态进行了解,避免侵权风险。

大型企业专利检索和分析的重点有所不同。结合企业的实际情况和发展规划选择恰当的专利检索和调查策略,保障企业随时把握技术发展前沿。首先,对技术动向和市场走向进行调查,达到遏制竞争对手、抢占技术制高点的目的。有时为了迷惑竞争对手还故意公开一些与企业发展的方向不一致的技术信息或没有利用价值的技术情报。其次,大企业进行专利法律调查的目的为企业开拓海外市场做准备。需要重视同族专利调查,掌握竞争对手在全球范围内的专利布局;由于各个国家地区的专利法律规定不同,同族专利在优先权期限内向各国申请时是否存在程序瑕疵,也会影响专利的法律效力。

假设我国某 A 公司是刚成立的仿制药企业,其抵御风险的能力不强,此时需要对现有技术进行充分的调研分析,找准技术发展路线和目标定位,并做好专利侵权风险预警。例如,基于 A 公司自身的资源和特点,想要开发一款艾地骨化醇软胶囊的仿制药,那么目标就可以确定下来。然后,由此出发,并基于现有技术进行艾地骨化醇软胶囊的仿制,同时需要着重关注侧重开发艾地骨化醇软胶囊的企业及相关授权专利。在此期间,不仅要关注基础的艾地骨化醇,而且也要关注领域内潜在的活性成分、剂型、制备方法、组合物、检测方法等方面的内容。

2. 制定专利检索策略

专利检索对于企业研发创新有着重要的作用，专利中除包含技术和法律信息外，还有时间、地域和人员等多个维度，这些维度的信息也能反映企业在运作过程中的一些市场战略和经营规划等。防止专利侵权检索是专利检索的重要组成部分，其主旨是为避免发生侵权纠纷而主动针对某一新技术新产品或即将实施的新技术或新产品进行的专利文献检索，其目的在于找出可能落入了专利权保护范围的专利，判断一件可执行专利的权利要求书是否主张了你的技术方案。对于仿制药而言，不仅要对化合物本身进行检索，还要对其活性成分、剂型、制备方法、组合物、检测方法等多个方面进行全面的检索。

3. 检索结果可视化与专利侵权风险分析

获得与艾地骨化醇软胶囊相关的专利数据集如表5-11所示。

分析以上具体结果可知，CN116440097B涉及一种艾地骨化醇软胶囊，包括内容物和囊壳，内容物包括0.0003%~0.003%艾地骨化醇、0.2%~1.5%辅料及余量油脂；将抗氧剂溶于油脂得到溶液A，艾地骨化醇溶于无水乙醇得到溶液B，将溶液A与溶液B通入配液罐中混合，充氮气，充分搅拌，得到药液；将明胶、增塑剂、避光剂、纯化水加入化胶罐中，混合得到胶液；将所述药液、所述胶液在软胶囊机中压制，经干燥、包装，得到艾地骨化醇软胶囊。该专利于2023年12月被授予专利权，其授权点为通过控制甘油与明胶的质量比为0.1~0.3:1，制备得到的艾地骨化醇软胶囊质地良好，破碎率低，不会出现胶黏情况，稳定性良好。此外，当明胶与水的比例为1:1~1.2时，胶液黏度合适且压丸正常。该授权的独立权利要求1中对上述组分及比例进行了限定。仿制药企业在艾地骨化醇软胶囊的仿制过程中，内容物和囊壳应避免采用相同或类似的组分及比例，进行专利侵权风险的规避。另外，值得注意的是，其专利权人正大制药（青岛）有限公司在2024年8月进行了申请人变更（即专利权的变更），专利权人为青岛国信制药有限公司。

表 5-11 与艾地苯醌软胶囊相关的专利数据集

序号	标题	申请人	公开号	公开日	相关的权利要求项	预警等级
1	一种艾地苯醌软胶囊及其制备方法	正大制药（青岛）有限公司	CN116440097B	2023-07-18	1. 一种艾地苯醌软胶囊，包括内容物和囊壳，其特征在于，所述内容物包括以下质量百分比的原料：0.0003%～0.003%艾地苯醌，0.2%～1.5%辅料及余量油脂；所述辅料包括抗氧剂、抗坏血酸及其酯类化合物、一甲基羟基甲苯、丁基羟基茴香醚、生育酚及其生育酚同系物中的一种或几种；所述囊壳包括质量比为（100～300）:（40～100）:（3～25）的明胶、增塑剂和避光剂；所述艾地苯醌软胶囊的制备方法包括以下步骤：……甘油与所述明胶的质量比为0.1～0.3:1；所述抗氧化剂与纯化水之和的比例为0.04～0.08:1；所述明胶与所述生育酚同系物DL-α-生育酚的用量大于1g	☆☆☆☆☆
2	一种艾地苯醌软胶囊	正大制药（青岛）有限公司	CN109481414B	2019-03-19	1. 一种艾地苯醌软胶囊，由囊壳和内容物组成，其特征在于，所述内容物包括艾地苯醌、潜溶剂和稳定剂，所述溶剂由甘油和苯甲醇组成，潜溶剂，所述潜溶剂选自PEG200、PEG300、PEG400和PEG600中的一种或多种	☆☆☆☆☆

续表

序号	标题	申请人	公开号	公开日	相关的权利要求项	预警等级
3	一种艾地骨化醇软胶囊及其制备方法	正大制药（青岛）有限公司	CN109288811B	2019-02-01	1. 一种艾地骨化醇软胶囊，其特征在于，内容物包括活性成分、溶剂、潜溶剂和稳定剂，所述活性成分包括艾地骨化醇和一氟磷酸合氢酰胺，所述艾地骨化醇和一氟磷酸合氢酰胺的重量份比为3~12:1~4	☆☆☆☆
4	一种艾地骨化醇软胶囊及其制备方法	河南泰丰生物科技有限公司	CN110478330B	2019-11-22	1. 一种艾地骨化醇软胶囊，其特征在于，所述软胶囊由内容物和囊皮组成；以重量份计，所述内容物由0.05~0.5份艾地骨化醇，1~100份二丁基苯酚，20 000~40 000份中链甘油三酯组成；所述囊皮由20 000~30 000份明胶，100~2 000份柠檬黄，2 000~5 000份甘油，50~500份二氧化钛组成	☆☆☆
5	一种稳定的艾地骨化醇片	南京海融制药有限公司	CN115531329B	2022-12-30	1. 一种稳定的艾地骨化醇片的制备方法，其特征在于，所述片剂的制备是采用湿法制粒工艺，具体步骤为：①将处方量的粘合剂分散在溶剂中，向其加入处方量的活性成分，分散至均匀；②向步骤①中所得的混合溶液中加入处方量的稀释剂，制得湿颗粒；③将湿颗粒干燥、粉碎、筛分整粒；④将步骤③中所得颗粒加入处方量稳定剂、抗氧剂，混匀；⑤加入处方量的润滑剂，混匀，压片；	☆☆

191

续表

序号	标题	申请人	公开号	公开日	相关的权利要求事项	预警等级
5	一种稳定的艾地骨化醇片	南京海融制药有限公司	CN115531329B	2022-12-30	所述活性成分为艾地骨化醇, 用量为每片 0.4~0.8μg; 所述稀释剂是羟丙基纤维素无水乳糖 70~84mg; 粘合剂是羟丙基纤维素, 用量为每片 0.15~0.375mg; 稳定剂是辛酸钠, 用量为每片 0.01~0.5mg; 润滑剂是硬脂酸镁, 用量为每片 0.05~5mg	☆☆☆
6	一种艾地骨化醇软胶囊中杂质含量的检测方法	郑州泰丰制药有限公司	CN113237973B	2021-08-10	1. 一种艾地骨化醇软胶囊中杂质含量的检测方法, 其特征在于, 所述检测方法包括以下步骤: ①配制样品溶液: 将称取后的艾地骨化醇软胶囊内容物加入到后的固相萃取柱中苯取, 然后依次经淋洗、洗脱, 收集洗脱液, 氮气吹干, 最后用乙腈溶解, 即得样品溶液; ②采用反相高效液相色谱法对样品溶液进行检测, 色谱柱固定相为: 十八烷基硅烷键合硅胶, 流动相为: 以乙腈和水为流动相, 进行梯度洗脱, 检测波长为 265nm, 流速为 1.2mL/min, 梯度洗脱程序为……其中, 水为流动相A, 乙腈为流动相B; ③进样杂质含量; 步骤①配制样品溶液时, 按校正因子的面积归一化法计算杂质含量; 步骤①配制样品溶液时, 将内容物加入到正己烷活化后的氨基固相萃取柱中苯取, 然后用正己烷淋洗, 再用甲醇洗脱, 收集洗脱液, 氮气吹干, 用乙腈溶解均匀, 制成浓度为 50μg/mL 的溶液, 得到样品溶液	☆☆☆

续表

序号	标题	申请人	公开号	公开日	相关的权利要求项	预警等级
7	一种艾地骨化醇的制备方法	浙江花园生物高科股份有限公司	CN114685337B	2022-07-01	1. 一种艾地骨化醇在胶囊制备中的应用，其特征在于，所述胶囊由内容物和囊壳组成，所述内容物由艾地骨化醇、卵磷脂和链甘油三酯组成；所述囊壳由改性聚丙烯树脂、辛酸钠、三醋酸甘油酯和二氧化钛组成；所述改性聚丙烯树脂的制备方法为……经分离纯化后得到产物艾地骨化醇结晶物；所述聚丙烯树脂型号为Eudragit L100-55	☆☆☆
8	一种药物组合物及其制备方法和应用	博凯药业有限公司	CN114053286B	2022-02-18	1. 一种药物组合物，其特征在于，按重量份数计，包括如下组分：艾地骨化醇 0.0001~0.0005 份、醋酸氯己定 0.1~0.2 份、冰片 2~3 份、角质软化剂 2~3 份、增溶剂 0.1~0.4 份、渗透剂 50~70 份和溶剂 20~40 份	☆☆☆

193

续表

序号	标题	申请人	公开号	公开日	相关的权利要求项	预警等级
9	一种艾地骨化醇固体制剂及其制备方法	北京华氏开元医药科技有限公司	CN111000810B	2020-04-14	1. 一种艾地骨化醇固体制剂，其特征在于，包括： 艾地骨化醇及润滑剂、填充剂、粘合剂、崩解剂及艾地骨化醇固体制剂的制备方法包括如下步骤： 制备艾地骨化醇精包合物，所述艾地骨化醇加入环糊精水溶液中，搅拌溶剂中的艾地骨化醇加入环糊精水溶液中，搅拌均匀后除去有机溶剂，过滤，取滤液浓缩，干燥； 配料准备，按批投料量称取艾地骨化醇环糊精包合物及填充剂、粘合剂，配置粘合剂溶液，称取内加崩解剂，将准备的所述配料，内加崩解剂及所述粘合剂溶液混合后表得颗粒，经筛网整粒后获得颗粒干燥，将所述环糊精包合物及所述润滑剂及外加崩解剂混合后压片；所述环糊精为喷丁基-β-环糊精，所述艾地骨化醇精包合物为喷丁基-β-环糊精醇化醇环糊精包合物	☆☆☆

续表

序号	标题	申请人	公开号	公开日	相关的权利要求事项	预警等级
10	含有在油脂中包含ED-71及其环氧体的油分分散体的药物组合物	中外制药株式会社	CN112368000B	2021-02-12	1. 一种制造方法,是包含ED-71及(1R, 2R, 3R,5Z)-2-(3-羟基丙氧基)-7,8-环氧-9,10(19)-开环胆留-5,10-二烯-1,3,25-三醇的药物组合物的制品的制造方法,所述制造方法包括:制备包含ED-71的油脂溶液和水溶性高分子的水溶液的水包油型乳化液的工序,使水包油型乳化液附着于或吸附于赋形剂的工序,使水包油型乳化液干燥的工序,以及将通过上述工序得到的包含ED-71及(1R, 2R, 3R, 5Z)-2-(3-羟基丙氧基)-7,8-环氧-9,10(19)-开环胆留-5,10-二烯-1,3,25-三醇的药物组合物与脱氧剂以气密状态封入包装形态内的工序,此处所述水溶性高分子选自羟丙甲纤维素及羟丙基纤维素中。 5. 一种制品,其是包含ED-71及(1R, 2R, 3R, 5Z)-2-(3-羟基丙氧基)-7,8-环氧-9,10(19)-开环胆留-5,10-二烯-1,3,25-三醇的药物组合物的制品,所述制品以气密状态封入包装形态内,在赋形剂中或赋形剂的表面包含包覆了的粒子,所述包覆剂包含选自羟丙甲纤维素及羟丙基纤维素中的水溶性高分子,该粒子包含ED-71的油脂溶液	☆☆☆

195

续表

序号	标题	申请人	公开号	公开日	相关的权利要求项	预警等级
11	一种艾地骨化醇软胶囊的制备方法	浙江浙北药业有限公司	CN118403027A	20240730	1. 一种艾地骨化醇软胶囊的制备方法，其特征在于：所述艾地骨化醇软胶囊包括内容物和胶壳，所述内容物与胶壳的质量比为4:5；所述艾地骨化醇软胶囊中的内容物包括：艾地骨化醇、植物油、甘油、无水乙醇、黄原胶、水；所述艾地骨化醇软胶囊的胶壳包括：明胶、黄原胶、二氧化钛、苹果酸、柠檬酸、增塑剂、着色剂和水	☆☆

CN109481414B 涉及一种艾地骨化醇软胶囊，由囊壳和内容物组成，所述内容物包括艾地骨化醇、溶剂、潜溶剂和稳定剂。该专利对艾地骨化醇软胶囊的配方进行了优化筛选，主要对溶剂、潜溶剂和稳定剂进行了筛选，经过优化实验，所得最优配方为溶剂选自PEG400，潜溶剂由甘油和苯甲醇组成，稳定剂选自叔丁基对苯二酚。该专利于2021年5月被授予专利权，其授权点主要在于在选择两种潜溶剂与溶剂进行组合的情况下，选择甘油和苯甲醇的组合效果最好。该授权的独立权利要求1中对此特征进行了限定。仿制药企业在艾地骨化醇软胶囊的仿制过程中，对于内容物中潜溶剂的组成应当进行规避。另外值得注意的是，其专利权人正大制药（青岛）有限公司在2024年8月进行了申请人变更（即专利权的变更），现申请人为青岛国信制药有限公司。

CN109288811B 涉及一种艾地骨化醇软胶囊，内容物包括活性成分、溶剂、潜溶剂和稳定剂，所述活性成分包括艾地骨化醇和一氟磷酸谷氨酰胺。该专利对艾地骨化醇软胶囊的配方进行了优化筛选，优选的选择PEG400作为溶剂，甘油和苯甲醇作为潜溶剂，叔丁基对苯二酚作为稳定剂，同时将艾地骨化醇和一氟磷酸谷氨酰胺联合用于治疗骨质疏松，取得了意料之外的协同增效效果。该专利于2021年2月被授予专利权，其授权点主要在于将艾地骨化醇和一氟磷酸谷氨酰胺联合用于治疗骨质疏松，取得了预料不到的协同增效效果。该授权的独立权利要求1中对活性成分进行了限定。仿制药企业在艾地骨化醇软胶囊的仿制过程中，对于活性成分的组成应当进行规避。另外值得注意的是，其专利权人正大制药（青岛）有限公司在2024年8月进行了申请人变更（即专利权的变更），现申请人为青岛国信制药有限公司。

CN110478330B 涉及一种艾地骨化醇软胶囊及其制备方法。该艾地骨化醇软胶囊由内容物和囊皮组成；以重量份计，内容物由 0.05~0.5 份艾地骨化醇、1~100 份二丁基苯酚、20 000~40 000 份中链甘油三酯组成；囊皮包括 20 000~30 000 份明胶、100~2 000 份柠檬黄、2 000~5 000 份甘油、50~500 份二氧化钛。该专利制备的软胶囊外形美观、稳定性好、质量可控，制备方法工艺简单，适于工业化生产。速甾醇、反式型、有关物质较参比和对比更少。该专利于 2021 年 1 月被授予专利权，其授权点主要在于上述特定的组分及比例，其能够取得稳定性好、速甾醇、反式型、有关物质较参比更少的技术效果。仿制药企业在艾地骨化醇软胶囊的仿制过程中，内容物和囊壳应避免采用相同或类似的组分及比例，进行专利侵权风险的规避。

CN115531329B 涉及一种含量均匀且能有效控制艾地骨化醇降解产物及 Pre-艾地骨化醇含量增加的稳定的艾地骨化醇片及其制备方法。与现有技术相比，该专利不但能够解决现有技术中存在的问题，而且能够有效地解决 Pre-艾地骨化醇在制剂中含量偏高的问题，该专利能够将 Pre-艾地骨化醇含量控制在 3.0% 以下。该专利于 2024 年 1 月被授予专利权，其授权点主要在于片剂中特定的组分及比例。该专利虽然涉及艾地骨化醇片剂，但其与艾地骨化醇软胶囊在组成上存在一些类似之处。仿制药企业在艾地骨化醇软胶囊的仿制过程中，应避免采用类似的组分及比例，进行专利等同侵权风险的规避。

CN113237973B 涉及一种艾地骨化醇软胶囊中杂质含量的检测方法。所述检测方法包括以下步骤：配制样品溶液：将称取后的艾地骨化醇软胶囊内容物加入到活化后的固相萃取柱中萃取，然后依次经淋洗、洗脱、收集洗脱液、氮气吹干，最后用乙腈溶解，即得样品溶液；采用反相高效液相色谱法对样品溶液进行检测，检测条件为：色谱柱固定相为：十八烷基硅烷键合硅胶；流动相为：以乙腈和水为流动相，进行梯度洗脱；进样样品溶液，按校正因子的面积归一化法计算杂质含量。该专利可实现艾地骨化醇与杂质的完全分离，最小分离度在 1.5 以上，有效地避免了各组分之间的干扰影响检测结果的准确性，同时检测结果准确可靠。该专利于 2023 年 3 月被授予专利权，其授权点主要在于艾地骨化醇软胶囊中杂质含量的检测步骤。仿制药企业在艾地骨化醇软胶囊的仿制过程中，会存在对艾地骨化醇软胶囊中杂质含量的检测，应避免采用相同或类似的检测方法，进行专利侵权风险的规避。

CN114685337B 涉及一种艾地骨化醇胶囊的制备方法。以 25-羟基胆固醇为起始原料，经氧化、脱氢、异构化、还原、乙酰化保护、脱氢处理、双烯保护、环氧化、脱保护、加成、光照反应制备得到艾地骨化醇，其操作简单，收率高，适合工业化生产。该专利于 2023 年 8 月被授予专利权，其授权点主要在于艾地骨化醇胶囊的制备步骤。仿制药企业在艾地骨化醇软胶囊的仿制过程中，必然会涉及艾地骨化醇软胶囊的制备，应避免采用相同或类似的制备方法，进行专利侵权风险的规避。

CN114053286B 涉及一种药物组合物及其制备方法和应用。所述的药物组合物，按重量份数计，包括如下组分：艾地骨化醇 0.0001~0.0005 份、醋酸氯己定 0.1~0.2 份和冰片 2~3 份。所述的药物组合物通过特定组分和配比之间的配合，能够用于治疗银屑病，具有良好的疗效，且无明显毒副作用。该专利于 2023 年 9 月被授予专利权，其授权点主要在于药物组合物中特定的组分及比例。该专利虽然涉及包含艾地骨化醇的药物组合物，但其与艾地骨化醇软胶囊的组成上存在一些类似之处。仿制药企业在艾地骨化醇软胶囊的仿制过程中，应避免采用类似的组分及比例，进行专利等同侵权风险的规避。

CN111000810B 涉及一种艾地骨化醇固体制剂及其制备方法。该制备方法包括如下步骤：制备艾地骨化醇的环糊精包合物；配料准备，按批投料量称取艾地骨化醇的环糊精包合物及填充剂；湿法制粒，配置粘合剂溶液，称取内加崩解剂，将准备的配料、内加崩解剂及粘合剂溶液混合后干燥，然后经筛网整粒后获得颗粒；总混，称取润滑剂及外加崩解剂，将颗粒、外加崩解剂及润滑剂混合；压片，将经总混后的颗粒进行压片。通过利用环糊精对艾地骨化醇进行包合制备出艾地骨化醇的环糊精包合物，并利用该艾地骨化醇的环糊精包合物进一步制备艾地骨化醇的固体制剂，从而减小固体制剂中活性成分艾地骨化醇被氧化的可能性，有效地提高艾地骨化醇制剂的稳定性。该专利于 2022 年 7 月被授予专利权，其授权点主要在于固体制剂中特定的组分及比例。该专利虽然涉及包含艾地骨化醇的固体制剂，但其与艾地骨化醇软胶囊的组成上存在一些类似之处。仿制药企业在艾地骨化醇软胶囊的仿制过程中，应避免采用类似的组分及比例，进行专利等同侵权风险的规避。

CN112368000B 涉及一种包含 ED-71 及其环氧体的药物组合物的制造方

法，其制备包含(5Z,7E)-(1R,2R,3R)-2-(3-羟基丙氧基)-9,10-开环胆甾-5,7,10(19)-三烯-1,3,25-三醇(ED-71)的油脂溶液和水溶性高分子的水溶液的水包油型乳化液的工序，此处所述水溶性高分子选自羟丙甲纤维素及羟丙基纤维素中。该专利于2024年8月被授予专利权，其授权点主要在于药物组合物中特定的组分及比例。该专利虽然涉及包含艾地骨化醇的药物组合物，但其与艾地骨化醇软胶囊的组成上存在一些类似之处。仿制药企业在艾地骨化醇软胶囊的仿制过程中，应避免采用类似的组分及比例，进行专利等同侵权风险的规避。

另外值得留意的是，CN118403027A涉及一种艾地骨化醇软胶囊的制备方法，所述艾地骨化醇软胶囊包括内容物和胶壳，所述内容物与胶壳的质量比为4∶5；所述艾地骨化醇软胶囊中的内容物包括：艾地骨化醇、植物油、甘油、无水乙醇、黄原胶、水；所述艾地骨化醇软胶囊的胶壳包括：明胶、黄原胶、二氧化钛、苹果酸、柠檬酸、增塑剂、着色剂和水。该专利解决了现有艾地骨化醇的长期稳定性缺陷，利用黄原胶包裹与复合植物油的液相包围结构，达到艾地骨化醇的长期稳定性。虽然该案件暂时属于未审结状态，但基于该专利的价值或相对较高，请求保护的技术范围较为宽泛，需要间歇性地关注其案件审查的动向，以免后续陷入不必要的侵权纷争。

在仿制药领域，侵权风险的分析和评估不仅要考虑化合物本身，还要对其活性成分、剂型、制备方法、组合物、检测方法等多个方面进行全面的分析。此外，在进行侵权风险分析的过程中，有时也需要对一些还没有授权的专利申请的法律状态进行跟踪，以免后续陷入不必要的侵权纷争，例如前文提及的CN118403027A。另外，实施侵权风险分析只能在已经公开的专利和申请中检索。基于我国目前申请途径的多样性增加，如果希望在本国国内进行侵权风险分析，在条件允许情况下，最好每过一段时间更新检索结果并进行分析研讨，查看有没有需要注意的新的专利申请出现。

从整体来看，企业为了自身生产经营要充分排除潜在专利侵权风险，可以根据具体实际情况来制定特定的对策。①如果在研发早期，有时候可以稍微等等看，看自己研发的方向或者产品设计是不是有变化，或者问题专利的专利权人是不是中途放弃该专利,或者该专利被别人成功挑战,导致该专利不再构成风险。②分析该专利是不是仍然有效。关于仿制药专利的法律一直是在不断变化和发展的,一些专利在申请的时候是没问题的,但是随着法律的变化,一些权利要求也很可能会无效。也有一些专利,申请的时候可能因为审查员在审查过程中没有考虑到某些文献或者法律要求,就授权了专利。重新考虑各种因素之后,可能发现这个专利其实不应该被授权。所以,对于问题专利,可以结合现有法律,评估它的有效性,来判断潜在风险水平。如果确实必要,可以考虑利用一些行政审查途径,有目的地无效一些专利。③考虑获得问题专利的许可。专利许可以用来避免潜在诉讼,减少产品进入市场中的不确定因素。在有些情况下,获得比较好的许可协议,可以在实际上加强企业自身的专利财产价值,特别是许可的专利质量比较高的情况下。另外,如果企业自身有一些有价值的专利(比如对于问题专利所有人的产品构成潜在风险的),可以利用这些专利,在许可谈判中获得一些有利的条件。④未雨绸缪。对于一些可能带来潜在风险的专利,可以请专业人士出具认定这些专利无效和自己产品不侵权的法律意见。如果万一将来卷入诉讼,被判侵权,这种法律意见可以用来防止被判"故意侵权",可以避免惩罚性的高额赔偿金额。

总之,在进入一个新的市场时,充分评估侵权风险,及时制定相关的应对策略,尽量把潜在风险置于掌控之中,是高价值抗体产品诞生过程中应对诸多挑战的重要一环。对于侵权风险的评估,充分了解和项目产品相关专利的情况和潜在风险,会有助于企业对相关项目价值的评估和把握将来研究方向,并可以及时地帮助其针对风险制定相应策略。

4. 专利侵权风险应对

实际上,仿制药企业在进行实际的生产经营中,都会有一定的概率面对侵权情况的发生。不同的身份主体也分别有不同的处理方式。作为潜在的被控侵权人,可以在侵权行为发生前,主动采取风险评估、建立预案等方式,把握和应对风险。在侵权行为发生后,可以采用不侵权抗辩或免责抗辩的方式进行积极应对。下面以温州海鹤药业有限公司(以下简称"海

仿制药专利侵权风险预警分析

鹤公司")在面临专利侵权风险时采取积极应对措施的案例为例进行详细说明,便于仿制药企业借鉴。

基本案情: 中外制药株式会社依据《专利法》第七十六条第一款向北京知识产权法院提起药品专利链接诉讼,请求确认温州海鹤公司的"艾地骨化醇软胶囊"仿制药技术方案落入涉案专利权利要求的保护范围。一审法院判决驳回中外株式会社的诉讼请求。中外制药株式会社不服,提起上诉。最高人民法院二审认为,温州海鹤公司未针对保护范围最大的权利要求作出声明,未将声明及声明依据及时通知上市许可持有人中外制药株式会社,其行为有所不当,应予批评;关于仿制药技术方案是否落入专利权利要求保护范围的判断,原则上应当以仿制药申请人的申报资料为依据进行比对评判;经比对,涉案仿制药技术方案未落入专利权利要求保护范围。遂判决驳回上诉,维持原判。

具体案情如下:

中外制药株式会社向原审法院提起诉讼,原审法院于2021年11月8日立案受理。中外制药株式会社起诉请求:确认涉案仿制药落入涉案专利权的保护范围。事实和理由为:中外制药株式会社成立于1925年,主要致力于生物和抗体技术的研究及药物开发。2014年,中外制药株式会社在中国成立了以进口、生产和销售业务为主的日健中外制药有限公司,致力于引进新的产品进入中国市场。中外制药株式会社为涉案专利权的权利人,涉案专利申请日为2005年2月7日,授权日为2010年12月8日,目前处于有效状态。中外制药株式会社为上市专利药品"艾地骨化醇软胶囊(剂型:胶囊剂;规格:0.75μg;批准文号:国药准字HJ20200058)"的上市许可持有人。中外制药株式会社已在中国上市药品专利信息登记平台(以下简称"登记平台")就上述药品和专利进行登记,上述药品与涉案专利权利要求1–7均相关。2021年7月2日,中外制药株式会社在中华人民共和国国家知识产权局(以下简称"国家知识产权局")的无效宣告程序中对涉案专利权利要求进行了修改,将原权利要求2中的"抗氧化剂是选自dl-α-生育酚"加入权利要求1,删除原权利要求2,对于其他权利要求的序号进行了相应调整,修改后的权利要求包括6项。海鹤公司申请注册的仿制药的药品名称为"艾地骨化醇软胶囊",剂型为胶囊剂,规格为0.75μg,注册类别为4类。2021年8月16日,海鹤公司在登记平台上明确其仿制的药品为中外制药株式会社的"艾地骨化醇软胶囊(规格:0.75μg,批准文号:国药准字HJ20200058)",并作出4.2类声明,即仿制药未列入登记平台收录的原研药(即中外制药株式会社的专利药品)相关专利权保护范围。依据国家药品监督管理局发布的《化学药品注册分类及申报资料要求》第一条、第二条的规定,海鹤公司申请注册的仿制药应具有与原研药相同的活性成分、剂型、规格、适应证、给药途径和用法用量,并需要证明质量和疗效与参比制剂一致。因此,涉案仿制药使用了与涉案专利修改后的权利要求1-6相同或等同的技术方案,落入涉案专利权利要求1-6的保护范围。

原审审理过程中,中外制药株式会社增加如下诉讼请求:对海鹤公司作出错误专利声明及违反药品专利纠纷实施办法第六条规定的行为予以批评教育。

海鹤公司原审辩称:一方面,涉案专利在本案诉讼期间已被国家知识产权局宣告无效,该无效决定目前处于起诉期限内。鉴于本案为确认是否落入专利权保护范围纠纷案件,而该判断结论并不会因专利权是否有效而发生变化,故在涉案仿制药并未落入涉案专利权保护范围的情况下,本案应进行实体审理,无须驳回中外制药株式会社的起诉。另一方面,海鹤公司申请注册的涉案仿制药并未落入涉案专利权利要求1的保护范围。根据海鹤公司向国家药品审评机构提供的相关申报材料,涉案仿制药处方中使用的抗氧化剂是A,而非涉案专利权利要求1中的dl-α-生育酚。此外,涉案专利说明书第[0029]段记载,"本发明中所用的'抗氧化剂'优选从生育酚醋酸酯,二丁基羟基甲苯,天然维生素E,dl-α-生育酚,d-α-生育酚,混合浓缩生育酚,抗坏血酸棕榈酸酯,L-抗坏血酸硬脂酸酯,丁基羟基茴香醚和没食子酸丙酯中选择一种"。其中,A即海鹤公司申请注册的涉案仿制药处方中的抗氧化剂A。可见,A属于仅在说明书中描述而在修改后的权利要求1中未记载的技术方案。根据《侵犯专利权纠纷解释》第五条的规定,中外制药株式会社不能将其纳入涉案专利权的保护范围。因此,涉案仿制药并未落入涉案专利权利要求1的保护范围。涉案专利权利要求2-6是直接或间接引用权利要求1的从属权利要求,基于上述相同理由,涉案仿制药亦未落入权利要求2-6的保护范围。据此,请求法院依法判令驳回中外制药株式会社的全部诉讼请求。(注:海鹤公司仿制药中使用的抗氧化剂涉及商业秘密,本节采用A代替,其非dl-α-生育酚)。

原审法院认定如下事实:

涉案专利申请日为2005年2月7日,授权日为2010年12月8日,专利权人为中外制药株式会社。本案起诉时,涉案专利处于有效状态。

涉案专利的上市药品为"艾地骨化醇软胶囊(剂型:胶囊剂;规格:0.75μg;批准文号:国药准字HJ20200058)",适应证为骨质疏松症。中外制药株式会社就上述药品已在登记平台进行登记,上市许可持有人亦为中外制药株式会社。

中外制药株式会社在登记平台针对涉案专利进行了专利信息登记。登记信息中显示,上市药品与涉案专利权利要求的对应关系为1-7,专利类型为化学药品含活性成分的药物组合物专利,上述登记信息已于2021年7月13日公开。

登记平台显示,国家药品监督管理局于2021年8月16日受理了海鹤公司提出的涉案仿制药的注册申请,受理号为CYHS2101591国,被仿制药(即原研药)为涉案专利上市药品。针对涉案专利,海鹤公司在登记平台作出4.2类声明,认为涉案仿制药未落入涉案专利权利要求2的保护范围。

2021年12月30日,国家知识产权局针对案外人就涉案专利提出的无效宣告请求,作出了第53498号无效宣告请求审查决定(以下简称"第53498号决定"),宣告涉案专利权全部无效。该决定在原审判决作出时仍处于起诉期限内。

在该无效宣告程序中,中外制药株式会社对涉案专利权利要求进行了修改,将原权利要求2中的"抗氧化剂是选自dl-α-生育酚"加入权利要求1,删除原权利要求2,对于其他权利要求的序号进行了相应调整,修改后的权利要求如下:"1. 一种制剂,其包含:(1)(5Z,7E)-(1R,2R,3R)-2-(3-羟基丙氧基)-9,10-断胆甾-5,7,10(19)-三烯-1,3,25-三醇;(2)油脂;和(3)抗氧化剂;所述抗氧化剂是dl-α-生育酚;其中,加入所述抗氧化剂用于抑制(5Z,7E)-(1R,2R,3R)-2-(3-羟基丙氧基)-9,10-断胆甾-5,7,10(19)-三烯-1,3,25-三醇降解为 6E-(1R,2R,3R)-2-(3-羟基丙氧基)-9,10-断胆甾-5(10),6,8(9)-三烯-1,3,25-三醇和/或(5Z,7E)-(1R,2R,3R)-2-(3-羟基丙氧基)-9,10-断胆甾-5,7,10(19)-三烯-1,3,25-三醇,经遮蔽、室温保存12个月后产生的 6E-(1R,2R,3R)-2-(3-羟基丙氧基)-9,10-断胆甾-5(10),6,8(9)-三烯-1,3,25-三醇和/或(5E,7E)-(1R,2R,3R)-2-(3-羟基丙氧基)-9,10-断胆甾-5,7,10(19)-三烯-1,3,25-三醇的量为1%或更少。2. 根据权利要求1的制剂,其中,制剂是软胶囊,硬胶囊或油性液体制剂。3. 根据权利要求2的制剂,其中,制剂是软胶囊。4. 根据权利要求1的制剂,其中,以重量计,制剂含有相对于油脂为 0.000 001%~0.01w% 的(5Z,7E)-(1R,2R,3R)-2-(3-羟基丙氧基)-9,10-断胆甾-5,7,10(19)-三烯-1,3,25-三醇和相对于油脂为 0.000 1~12 重量%的抗氧化剂。5. 根据权利要求4的制剂,其中,制剂是软胶囊,硬胶囊或油性液体制剂。6. 根据权利要求5的制剂,其中,制剂是软胶囊。"

针对涉案专利中的抗氧化剂 dl-α-生育酚,双方当事人确认其结构式如下:

此外,针对抗氧化剂的选择,涉案专利说明书第[0029]段记载:"抗氧化剂优选从生育酚醋酸酯,二丁基羟基甲苯,天然维生素 E,dl-α-生育酚,d-α-生育酚,混合浓缩生育酚,抗坏血酸棕榈酸酯,L-抗坏血酸硬脂酸酯,丁基羟基茴香醚和没食子酸丙酯中选择一种,更优选从 dl-α-生育酚,二丁基羟基甲苯,丁基羟基茴香醚和没食子酸丙酯中选择一种,最优选选择 dl-α-生育酚。"

为证明涉案仿制药未落入涉案专利权保护范围,海鹤公司向原审法院提交了涉案仿制药上市注册申请材料中与辅料 A 相关内容的复印件,中外制药株式会社认可上述证据与原审法院从国家药品监督管理局所调取的涉案仿制药申请材料一致。

原审法院认为:根据《专利法》第七十六条的规定,药品上市审评审批过程中,药品上市许可申请人与有关专利权人或者利害关系人,因申请注册的药品相关的专利权产生纠纷的,相关当事人可以向人民法院起诉,请求就申请注册的药品相关技术方案是否落入他人药品专利权保护范围作出判决。国务院药品监督管理部门在规定的期限内,可以根据人民法院生效裁判作出是否暂停批准相关药品上市的决定。该条款虽规定了相关当事人可依据申请注册的药品相关的专利权提起此类诉讼,但并未进一步规定所涉专利的范围。《药品专利纠纷解释》第二条规定:"专利法第七十六条所称相关的专利,是指适用国务院有关行政部门关于药品上市许可审批与药品上市许可申请阶段专利权纠纷解决的具体衔接办法的专利。"该解释中所称具体衔接办法是指国家药品监督管理局、国家知识产权局共同制定的药品专利纠纷实施办法。《药品专利纠纷早期解决机制实施办法(试行)》第五条规定:"化学药上市许可持有人可在中国上市药品专利信息登记平台登记药物活性成分化合物专利、含活性成分的药物组合物专利、医药用途专利。"

本案中,涉案专利为含活性成分的化学药物组合物专利,属于药品专利纠纷实施办法第五条规定的专利类型,符合药品专利纠纷解释第二条的规定。

《药品专利纠纷解释》第三条规定:"专利权人或者利害关系人依据专利法第七十六条起诉的,应当按照民事诉讼法第一百一十九条第三项的规定提交下列材料:①国务院有关行政部门依据衔接办法所设平台中登记的相关专利信息,包括专利名称、专利号、相关的权利要求等;②国务院有关行政部门依据衔接办法所设平台中公示的申请注册药品的相关信息,包括药品名称、药品类型、注册类别以及申请注册药品与所涉及的上市药品之间的对应关系等;③药品上市许可申请人依据衔接办法作出的四类声明及声明依据。"

本案中,中外制药株式会社为涉案专利的专利权人,其已就涉案专利在登记平台上进行了相关信息登记。海鹤公司的涉案仿制药申请目前已被受理,且该仿制药相关信息已在登记平台公示。针对涉案专利,海鹤公司在登记平台上作了4.2类声明,即涉案仿制药未落入涉案专利权保护范围。基于此,依据前述规定,中外制药株式会社有权就海鹤公司申请注册的涉案仿制药是否落入涉案专利的保护范围提起诉讼。

需要指出的是，涉案专利权虽已被国家知识产权局宣告无效，但该无效决定目前处于起诉期限内。本案中，中外制药株式会社、海鹤公司均主张应进行实体审理，考虑到上述主张并结合本案其他相关因素，现对涉案仿制药是否落入涉案专利保护范围进行判断。

中外制药株式会社主张涉案仿制药落入其在专利无效程序中修改后的权利要求1-6的保护范围，海鹤公司则认为涉案仿制药使用的抗氧化剂是A，而非涉案专利权利要求1中的dl-α-生育酚，故并未落入涉案专利权利要求1-6的保护范围。

基于海鹤公司提交的涉案仿制药申报材料可以看出，涉案仿制药使用的辅料为A，其执行的是A进口药品注册标准。将该标准中记载的A的结构式与双方已确认的涉案专利权利要求1中dl-α-生育酚的结构式进行对比可以看出，二者并不相同，中外制药株式会社对此亦予以认可。基于此，涉案仿制药并未使用涉案权利要求1中的dl-α-生育酚，中外制药株式会社有关涉案仿制药使用了与涉案专利权利要求1相同的技术方案的主张不能成立。

中外制药株式会社主张，即便涉案仿制药并未使用与涉案专利权利要求1相同的技术方案，二者亦构成等同的技术方案。《最高人民法院关于审理侵犯专利权纠纷案件应用法律若干问题的解释》第七条规定："被诉侵权技术方案包含与权利要求记载的全部技术特征相同或者等同的技术特征的，人民法院应当认定其落入专利权的保护范围。"虽然该条款中将权利要求的保护范围扩大到等同的情形，但需要注意的是，该解释第五条同时规定："对于仅在说明书或者附图中描述而在权利要求中未记载的技术方案，权利人在侵犯专利权纠纷案件中将其纳入专利权保护范围的，人民法院不予支持。"该规定是捐献规则的具体体现，其目的在于保护公众基于专利文件的公示效力而产生的合理预期。依据该规定，对于仅在说明书或附图中记载但未被纳入权利要求保护范围的技术特征，不能依据等同原则将其纳入权利要求的保护范围内。

虽然侵犯专利权纠纷解释适用于专利侵权案件，而本案为确认是否落入专利权保护范围案件，但该解释确定的规则同样适用于本案。本案中，中外制药株式会社主张涉案仿制药中的A与权利要求中对应的技术特征构成等同。中外制药株式会社认可涉案仿制药申报材料中使用的 A，但认为该技术特征与涉案专利中的 dl-α-生育酚构成等同的技术特征。海鹤公司则认为以 A 作为抗氧化剂的技术方案已被捐献。

由查明事实可以看出，针对 A，涉案专利说明书第［0029］段有如下记载："本发明中所用的抗氧化剂优选从生育酚醋酸酯，二丁基羟基甲苯，天然维生素 E，dl-α-生育酚，d-α-生育酚，混合浓缩生育酚，抗坏血酸棕榈酸酯，L-抗坏血酸硬脂酸酯，丁基羟基茴香醚和没食子酸丙酯中选择一种。"基于上述记载可以看出，A 作为抗氧化剂使用的技术方案已被记载于涉案专利说明书中，但该技术方案并未被涵盖在涉案专利权利要求 1 的范围内（权利要求 1 中使用的抗氧化剂是 dl-α-生育酚）。据此，依据前述规定中体现的捐献规则，涉案仿制药使用的 A 与涉案专利中的 dl-α-生育酚并不构成等同的技术特征。

中外制药株式会社主张修改前的权利要求 1 中涵盖了将 A 作为抗氧化剂这一技术方案，这表明专利权人并未将使用 A 作为抗氧化剂的技术方案进行捐献。因此，捐献规则并不适用于本案。中外制药株式会社这一主张的成立至少需满足以下两个条件：其一，捐献规则所指权利要求是指修改前的权利要求，或者至少包括修改前的权利要求；其二，捐献规则的适用需要以专利权人有捐献意愿为前提。

专利权人在专利确权程序中虽可以对权利要求进行修改，但修改行为并不会使该专利权同时或先后存在两个有效的权利要求，而只是以修改后的权利要求替代修改前的权利要求，修改后的权利要求自始生效。这也就意味着，侵犯专利权纠纷解释第五条中所称的权利要求只能指向修改后的权利要求。此外，前文中已指出，捐献规则保护的是公众基于专利文件的公示效力而产生的合理预期，其与专利权人是否主观有捐献的意愿无关。因此，即使专利权人并无此意愿，亦不影响捐献此规则在本案中的适用。由此可知，修改前的权利要求是否包括 A，以及中外制药株式会社是否有捐献的意愿，均不影响捐献规则在本案中的适用。据此，中外制药株式会社有关本案不适用捐献规则的主张不能成立，对此不予支持。

基于上述分析，虽然涉案专利权利要求 1 的保护范围可以延及等同的技术方案，但具体到dl-α-生育酚这一技术特征，其等同的范围不包括涉案仿制药使用的A。据此，涉案仿制药中将A作为抗氧化剂的技术特征与涉案专利权利要求1的相应技术特征不构成等同。

因涉案仿制药使用的A与涉案专利权利要求1的相应技术特征既不相同，亦不等同，故被诉技术方案未落入涉案专利权利要求1的保护范围。鉴于权利要求2-6为权利要求1的从属权利要求，在涉案仿制药的技术方案未落入权利要求1的保护范围的情况下，尽管海鹤公司在庭审中认可涉案仿制药具有权利要求2-6的附加技术特征，其仍然不落入权利要求2-6的保护范围。据此，中外制药株式会社有关涉案仿制药落入涉案专利权利要求1-6的保护范围的主张不能成立，对此不予支持。

综上所述，海鹤公司申请注册的涉案仿制药并未落入中外制药株式会社的涉案专利权利要求1-6的保护范围。

原审法院依照《中华人民共和国专利法》第七十六条，《药品专利纠纷解释》第二条、第三条，《侵犯专利权纠纷解释》第五条、第七条之规定，判决：驳回中外制药株式会社的诉讼请求。案件受理费750元，由中外制药株式会社负担。

本案二审期间，当事人均未提交新证据，并均对原审判决对于证据真实性、合法性和关联性的认定不持异议。

中外制药株式会社向本院提交了两份调查取证申请。第一份调查取证申请的申请事项为请求法院向海鹤公司收集由其生产的、用于药物临床试验的艾地骨化醇软胶囊（规格：0.75μg/粒）。主要理由为：基于国家药品监督管理局数据库中登记的药用辅料A的信息及双方证据，在A和dl-α-生育酚中，只有dl-α-生育酚系依法登记用作抗氧化剂的药用辅料的A，故有理由相信海鹤公司为规避侵权，故意在药品注册申请文件中将药用辅料dl-α-生育酚替换为原料药A，而其实际使用的药用辅料应为dl-α-生育酚。为申请注册涉案仿制药，海鹤公司应当已经开展并完成了药物临床试验，故其生产的用于药物临床试验的艾地骨化醇软胶囊能够证明其申请注册的涉案仿制药实际使用的技术方案。第二份调查取证申请的申请事项为请求法院向国家药品监督管理局调取海鹤公司提交的关于艾地骨化醇软胶囊（规格：

0.75μg/粒）仿制药注册申请文件中涉及辅料 A 的资料，包括但不限于原审法院依职权调取的海鹤公司仿制药申报材料目录页载明的药品说明书、样品检验报告书、变更药用辅料种类的补充申请和研究资料、临床试验计划及研究方案。主要理由为：原审法院依职权从国家药品监督管理局调取的证据仅涉及海鹤公司提交的相关证据材料，其中显示海鹤公司并未提交与涉案仿制药所用辅料相关的申报资料，且海鹤公司在其提交的证据材料中故意遮盖与本案相关的药用辅料信息。

本院经审理查明：原审法院认定的事实基本属实，本院予以确认。

另查明：涉案专利授权公告的权利要求如下："1. 一种制剂，其包含：（1）(5Z,7E)-(1R,2R,3R)-2-(3-羟基丙氧基)-9,10-断胆甾-5,7,10(19)-三烯-1,3,25-三醇；（2）油脂；和（3）抗氧化剂；其中，加入所述抗氧化剂用于抑制(5Z,7E)-(1R,2R,3R)-2-(3-羟基丙氧基)-9,10-断胆甾-5,7,10(19)-三烯-1,3,25-三醇降解为 6E-(1R,2R,3R)-2-(3-羟基丙氧基)-9,10-断胆甾-5(10),6,8(9)-三烯-1,3,25-三醇和/或(5E,7E)-(1R,2R,3R)-2-(3-羟基丙氧基)-9,10-断胆甾-5,7,10(19)-三烯-1,3,25-三醇，经遮蔽、室温保存 12 个月后产生的 6E-(1R,2R,3R)-2-(3-羟基丙氧基)-9,10-断胆甾-5(10),6,8(9)-三烯-1,3,25-三醇和/或(5E,7E)-(1R,2R,3R)-2-(3-羟基丙氧基)-9,10-断胆甾-5,7,10(19)-三烯-1,3,25-三醇的含量为 1% 或更少。2. 根据权利要求 1 的制剂，其中，抗氧化剂是选择 dl-α-生育酚，二丁基羟基甲苯，丁基羟基茴香醚和没食子酸丙酯中的一种。3. 根据权利要求 1 或 2 的制剂，其中，制剂是软胶囊，硬胶囊或油性液体制剂。4. 根据权利要求 3 的制剂，其中，制剂是软胶囊。5. 根据权利要求 1 或 2 的制剂，其中，以重量计，制剂含有相对于油脂为 0.000 001%~0.01w% 的(5Z,7E)-(1R,2R,3R)-2-(3-羟基丙氧基)-9,10-断胆甾-5,7,10(19)-三烯-1,3,25-三醇和相对于油脂为 0.000 1~12w% 的抗氧化剂。6. 根据权利要求 5 的制剂，其中，制剂是软胶囊，硬胶囊或油性液体制剂。7. 根据权利要求 6 的制剂，其中，制剂是软胶囊。"

第 53498 号决定系国家知识产权局针对案外人四川国为制药有限公司（以下简称"国为公司"）、正大天晴药业集团股份有限公司（以下简称"正大天晴公司"）就涉案专利提起的无效宣告请求作出的审查决定。根据该决定的记载，针对国为公司提起的无效宣告请求，中外制药株式会社于2021年7月2日提交了权利要求书修改文本；针对正大天晴公司提起的无效宣告请求，中外制药株式会社于2021年8月6日提交了修改的权利要求书。两次提交的权利要求书修改文本内容相同。2021年9月23日，国家知识产权局对两无效宣告请求进行口头审理。第53498号决定依据的审查文本为中外制药株式会社修改后的权利要求1-6和授权公告的说明书、附图和摘要。

原审庭审中，海鹤公司称其于2021年12月9日向国家药品监督管理局申请将所作声明从针对权利要求2修改为针对权利要求1-7，但国家药品监督管理局不允许修改声明。针对中外制药株式会社新增的诉讼请求，原审法院释明称，仿制药申请人应当积极履行药品专利纠纷实施办法规定的义务，但是中外制药株式会社新增的诉讼请求单独作为诉讼请求不适当，不属于本案的审理范围，故不会体现在判决书中。双方当事人对此均表示清楚。

二审庭审中，中外制药株式会社称其在无效宣告程序中对权利要求的修改是为克服权利要求得不到说明书支持的缺陷。海鹤公司称涉案仿制药仍在技术审评中，未转入行政审批程序。

本院认为：本案为确认是否落入药品专利权保护范围纠纷。该类纠纷是专利法第七十六条规定的特殊类型纠纷，其实体审理的核心是确认被诉技术方案是否落入相关药品专利权保护范围，与侵害专利权纠纷中专利侵权判定部分的审理并无实质不同，故可以适用专利法及相关司法解释关于专利侵权判定的相关规定。

本案中，涉案专利权虽已被国家知识产权局宣告全部无效，但中外制药株式会社、海鹤公司均主张本案应进行实体审理，双方当事人均有在涉案仿制药上市前通过本案诉讼解决专利纠纷的意愿。且海鹤公司在本案中仅以涉案仿制药与涉案专利技术方案不同为由进行抗辩，涉案专利权的稳定性对本案争议问题的审理并无必然影响。因此，本院对本案继续进行实体审理。

根据当事人的诉辩主张，本案二审争议焦点问题为：首先，海鹤公司是否违反药品专利纠纷实施办法的规定及对此应如何处理；其次，涉案仿制药申请中作为本案比对对象的抗氧化剂辅料为何种抗氧化剂；另外，涉案仿制药申请中的抗氧化剂辅料与涉案专利中的 dl-α-生育酚是否构成等同技术特征。

海鹤公司是否违反药品专利纠纷实施办法的规定及对此应如何处理

第一，关于仿制药声明与药品专利权利要求的对应性。

根据药品专利纠纷实施办法第六条的规定，化学仿制药申请人提交药品上市许可申请时，应当对照已在登记平台公开的专利信息，针对被仿制药每一件相关的药品专利作出声明。仿制药申请人对相关声明的真实性、准确性负责。该规定仅对仿制药申请人作出声明所针对的专利提出了要求，并未明确声明所应当针对的药品专利的具体权利要求。仿制药申请人作出声明时，通常应该考虑被仿制药品与登记平台公开的专利权利要求的对应关系，即被仿制药品是否实施了登记平台公开的专利权利要求的技术方案。对于 4.2 类声明而言，该类声明的核心在于申明仿制药申请人申请的仿制药技术方案不落入被仿制药品专利权的保护范围。为保证声明的真实性和准确性，仿制药申请人原则上应该针对被仿制药品所对应的保护范围最大的权利要求作出声明。由于专利独立权利要求的保护范围最大，如果被仿制药品对应着专利独立权利要求，只要仿制药的技术方案不落入独立权利要求的保护范围，必然不落入从属权利要求的保护范围。但是，如果仿制药技术方案不落入药品专利从属权利要求的保护范围，并不能当然得出不落入药品专利权保护范围的结论。因此，对于 4.2 类不落入专利权保护范围的声明，如果被仿制药品对应着专利独立权利要求，仿制药申请人应当针对独立权利要求作出声明；当被仿制药品所对应的保护范围最大的权利要求存在两个或者两个以上的独立权利要求时，仿制药申请人针对该两个或者两个以上独立权利要求作出声明，才能保证声明的真实性和准确性。

专利权人在登记平台上登记信息之后，有可能在无效宣告程序中修改已登记专利的权利要求，但无论以何种方式修改权利要求，最终被接受的审查文本不得扩大原权利要求的保护范围，故只要仿制药申请人在提出仿制药申请时针对被仿制药品所对应的保护范围最大的权利要求作出 4.2 类声明，专利权人在无效宣告程序中对权利要求的修改就不会影响声明的真实性和准确性。

本案的特殊之处在于，仿制药申请人海鹤公司未针对修改前被仿制药品所对应的独立权利要求作出声明，而是仅对修改前的从属权利要求2作出声明。对此，本院认为，在无效宣告程序中，专利权人对权利要求的修改并不必然导致审查文本的变化，修改后的审查文本被国家知识产权局接受并公开的最早时点系在口头审理过程中。国家药品监督管理局于2021年8月16日受理海鹤公司提出的涉案仿制药注册申请时，国家知识产权局尚未对涉案专利的无效宣告请求进行口头审理。故海鹤公司申请涉案仿制药上市并作出4.2类声明在前，国家知识产权局进行口头审理在后。海鹤公司在作出4.2类声明之时，未对被仿制药品当时所对应的保护范围最大的独立权利要求作出声明，仅对保护范围更小的从属权利要求作出声明，不具有正当理由，有避重就轻之嫌，其行为难言正当。海鹤公司称其曾向国家药品监督管理局申请修改声明，但该事实发生在中外制药株式会社提起本案诉讼之后，难以证明海鹤公司行为的正当性。

中外制药株式会社在涉案专利权的无效宣告程序中修改权利要求的方式为，将原权利要求2中的部分附加技术特征合并至权利要求1，删除了权利要求2，并相应调整了其他权利要求的序号。海鹤公司作出的4.2类声明所针对的原权利要求2的保护范围大于修改后独立权利要求的保护范围，故海鹤公司的声明所针对的权利要求的保护范围事实上覆盖了修改后涉案专利权的保护范围。考虑到药品专利纠纷实施办法仍处于试行阶段，其仅规定了仿制药申请人针对被仿制药每一件相关的药品专利作出声明，在仿制药申请人的声明所针对的权利要求的保护范围事实上覆盖修改后涉案专利权的保护范围的情况下，人民法院基于修改后的权利要求审理针对该声明提起的诉讼，符合药品专利纠纷早期解决机制的目的。因此，从实际效果来看，海鹤公司作出的4.2类声明虽有不当之处，但并未对中外制药株式会社的实体和诉讼权利造成不利影响。

第二，关于仿制药申请人的通知义务。

药品专利纠纷实施办法第六条还规定："仿制药申请人应当将相应声明

及声明依据通知上市许可持有人，上市许可持有人非专利权人的，由上市许可持有人通知专利权人。其中声明未落入相关专利权保护范围的，声明依据应当包括仿制药技术方案与相关专利的相关权利要求对比表及相关技术资料。除纸质资料外，仿制药申请人还应当向上市许可持有人在中国上市药品专利信息登记平台登记的电子邮箱发送声明及声明依据，并留存相关记录。"该规定明确了仿制药申请人的通知义务，海鹤公司在作出声明时应当提供相关权利要求对比表及相关技术资料。同时，中外制药株式会社在登记平台上登记涉案药物的相关信息时亦登记了通讯地址、联系人、联系方式等信息。海鹤公司将声明及声明依据通知中外制药株式会社不存在任何障碍。但是，海鹤公司迟至中外制药株式会社提起本案诉讼后才提交相关材料，且并未给出充分而合理的解释，不符合药品专利纠纷实施办法第六条的规定，其行为明显不当。

综上所述，海鹤公司未针对被仿制药品专利保护范围最大的权利要求作出声明，未将声明及声明依据及时通知上市许可持有人，其行为确有不当，本院在此特予指出并给予批评。因批评教育不属于民事责任的承担方式，故本院对中外制药株式会社有关批评教育的诉讼请求不予支持。经查，双方当事人在原审审理中对该问题发表了意见，原审法院对此进行了释明。由于该诉讼请求本身因缺乏法律依据而明显不能成立，原审法院未在判决书中予以评述，并不属于遗漏诉讼请求。中外制药株式会社的相关上诉请求缺乏依据，本院不予支持。

涉案仿制药申请中作为本案比对对象的抗氧化剂辅料为何种抗氧化剂

药品上市审评审批过程中，药品上市许可申请人与有关专利权人或者利害关系人之间因申请注册的药品相关的专利权产生的纠纷仅仅是双方之间关于相关专利权的一种特殊形式的纠纷，通常被称为药品专利链接纠纷。对于化学仿制药而言，国务院药品监督管理部门依据仿制药申请人的申报资料进行药品上市审评审批，并在规定的期限内根据人民法院对该类纠纷作出的生效裁判决定是否暂停批准相关药品上市，故在判断仿制药的技术方案是否落入专利权保护范围时，原则上应以仿制药申请人的申报资料为依据进行比对评判。如果仿制药申请人实际实施的技术方案与申报技术方案不一致，其需要依照药品监督管理相关法律法规承担法律责任；如果专利权人或利害关系人认为仿制药申请人实际实施的技术方案构成侵权，亦可另行提起侵害专利权纠纷之诉。因此，仿制药申请人实际实施的技术方案与申报资料是否相同，一般不属于确认落入专利权保护范围纠纷之诉的审查范围。

本案中，原审法院从国家药品监督管理局调取的证据显示，海鹤公司向国家药品监督管理局申报的仿制药技术方案中的抗氧化剂是A，而非dl-α-生育酚。

对于中外制药株式会社关于涉案仿制药申报资料中的抗氧化剂不是A的相关主张，本院认为，首先，申报资料中记载的实验内容是分别采用A与α-生育酚作为抗氧化剂的对比实验，中外制药株式会社主张海鹤公司在临床申报过程中使用的药用辅料（抗氧化剂）是dl-α-生育酚缺乏依据。其次，该对比实验的相关记载亦说明海鹤公司所申报的作为抗氧化剂辅料的"A"并非生育酚类物质的上位概念，而是与α-生育酚并列的一种具体的抗氧化剂。再次，海鹤公司将登记为原料药的A作为涉案仿制药的辅料申报是否符合相关规定，属于国务院药品监督管理部门的审查范围，不影响本院对申报资料真实性和本案比对对象的确认。此外，中外制药株式会社亦无其他证据证明国务院药品监督管理部门审评审批涉案仿制药抗氧化剂的依据发生变化。因此，中外制药株式会社的相关上诉主张缺乏依据，本院不予支持。

对于中外制药株式会社二审提出的两项调查取证申请，本院认为，根据《最高人民法院关于适用〈中华人民共和国民事诉讼法〉的解释》第九十五条的规定，当事人申请调查收集的证据，与待证事实无关联、对证明待证事实无意义或者其他无调查收集必要的，人民法院不予准许。如上所述，作为涉案仿制药技术方案依据的应当是申报材料所体现的内容，而非仿制药申请人实际实施的技术方案，且在案证据已经足以证明涉案仿制药申报的抗氧化剂辅料为A，本案已无必要从国家药品监督管理局调取申报材料中的其他信息。因此，对中外制药株式会社提出的两项调查取证申请，本院均不予准许。

涉案仿制药申请中的抗氧化剂辅料与涉案专利中的dl-α-生育酚是否构成等同技术特征

本院已确认作为本案比对对象的是海鹤公司向国家药品监督管理局申报的仿制药技术方案，即使用 A 作为抗氧化剂的技术方案。涉案仿制药技术方案中的 A 与涉案专利权利要求 1 中的 dl-α-生育酚不构成相同的技术特征，双方当事人对此不持异议。中外制药株式会社主张二者构成等同的技术特征；海鹤公司主张不论是基于捐献规则，还是禁止反悔规则，均不应认定二者构成等同的技术特征。

对此，本院认为，捐献规则和禁止反悔规则都可以构成适用等同原则的限制，其目的都是在公平保护专利权人的利益和维护社会公众利益之间实现合理的平衡。如果符合限制适用等同原则的条件，通常无须再判断两特征是否构成手段、功能、效果基本相同以及本领域技术人员是否无须创造性劳动即能联想到。本案中，由于海鹤公司以中外制药株式会社修改权利要求的行为主张适用禁止反悔规则，以作为修改结果的专利文本主张适用捐献规则，故本院首先基于专利权人对权利要求的修改对本案是否应当适用禁止反悔规则作出评判。

根据侵犯专利权纠纷解释第六条的规定，专利申请人、专利权人在专利授权或者无效宣告程序中，通过对权利要求、说明书的修改或者意见陈述而放弃的技术方案，权利人在侵犯专利权纠纷案件中又将其纳入专利权保护范围的，人民法院不予支持。在专利权人修改权利要求的情况下，如果其主张原权利要求和修改后权利要求的保护范围之间的特定技术方案并未被放弃，应当进行举证或者给予合理的说明。本案中，中外制药株式会社在无效宣告程序中合并原权利要求 2 中的部分附加技术特征至权利要求 1，从而将权利要求 1 的抗氧化剂限定为 dl-α-生育酚，并删除原权利要求 2，相应修改了其他权利要求的序号和引用关系。该修改方式实质上是放弃了原权利要求 1 的技术方案，保留原权利要求 2 并列技术方案中的一个技术方案，使得独立权利要求的技术方案从可以使用任意一种抗氧化剂，变为仅保护使用 dl-α-生育酚。此外，涉案专利说明书列举了包括 dl-α-生育酚、A 在内的多种抗氧化剂。本领域技术人员结合涉案专利说明书记载的内容及涉案专利权利要求的修改过程可知，中外制药株式会社通过修改权利要求的方式对其要求保护的特定技术方案作出了明确的选择，且其是从原从属权利要求 2 所记载的并列的四种抗氧化剂中选择了唯一一种抗氧化剂，进一步说明其通过修改放弃采用 A 这一特定抗氧化剂的技术方案的意思具体明确。中外制药株式会社既没有对其修改时未纳入采用 A 作为抗氧化剂的技术方案作出合理说明，又未主张该修改与维持专利权有效无关，且事实上其也陈述该修改是为了克服权利要求得不到说明书支持的缺陷。因此，中外制药株式会社并无合理理由或者证据证明其并未通过修改权利要求放弃使用其他抗氧化剂的技术方案，故本案应当适用禁止反悔规则，不宜再将采用 A 作为抗氧化剂的技术方案纳入涉案专利权的等同保护范围内。

综上所述，涉案仿制药中采用的抗氧化剂 A 与涉案专利权利要求 1 中的 dl-α-生育酚不构成等同的技术特征，涉案仿制药的技术方案不落入涉案专利权的保护范围。鉴于依据上述分析已足以得出该结论，故本院对当事人有关等同特征的其他理由不再赘述。

综上所述，中外制药株式会社的上诉请求不能成立，应予驳回。原审判决认定事实清楚，适用法律正确，应予维持。本院依照《中华人民共和国民事诉讼法》第一百七十七条第一款第一项之规定，判决如下：

驳回上诉，维持原判。案件受理费 750 元，由中外制药株式会社负担。❶

综上所述，海鹤公司的仿制药在面临与中外制药株式会社的原研药之间的专利权纠纷过程中，采用了不落入专利权保护范围抗辩、捐献原则及禁止反悔原则抗辩等多种方式来维护自己的权利。同时，该案件也涉及专利无效，其也是解决原研药与仿制药之间专利权纠纷的有效措施。此外，海鹤公司充分利用中国药品专利链接制度早期解决机制来解决药品专利纠纷，避免给仿制药企业带来更大的损失。该制度不仅促进了行业的健康发展，还节约了社会资源。对于仿制药企业，当遇到专利纠纷时，可以采用专利无效抗辩、禁止反悔原则抗辩、不落入专利权保护范围抗辩等多种方式进行积极应对。同时，其还可以充分利用中国药品专利链接制度早期解决机制来避免较大的损失。

---

❶ 中国首例药品专利链接诉讼案【中外制药株式会社与温州海鹤药业确认是否落入专利权保护范围纠纷案】[EB/OL]. (2023-04-07)[2024-08-08]. https://mp.weixin.qq.com/s/lmQECq955HgfwmZtdybNNw.

总　结

对于仿制药企业而言，其是对原研药的仿制，在此过程中，进行专利侵权风险预警则显得尤为重要。若在研发概念阶段，产品尚未定型，技术也未成熟，通常可能仅有一个大致方向或框架。想要提前预知新技术的发展趋势，对可能发生的重大专利侵权争端及对企业可能产生的危害进行预警，这就要求分析人员对全行业的基本情况进行全面的信息采集，具备熟练的检索技能，并掌握科学的分析方法，将风险防控工作前移是首要考量因素。若企业某产品和（或）技术（生产方法）准备进入一个新的市场，或是准备在国内销售新产品或准备将已有产品销往国外时，则要更加全面了解全球的行业技术动向、竞争对手的专利布局等情报，从而对于主要竞争对手是谁、发展方向上的核心专利归属、主流技术方向上"雷"的分布，以及如何避免侵权纠纷等进行全面了解和掌握。企业可根据自身的实际情况及项目所处的时机，适当选择进行侵权风险预警分析，保障自主研发、降低专利侵权风险，以低成本解决可能遇到的巨额风险和纠纷。当仿制药企业遇到专利纠纷时，可以采用不侵权抗辩或免责抗辩的方式进行积极应对。同时，其还可以充分利用中国药品专利链接制度早期解决机制来避免较大的损失。本章内容希望在技术和法律的层面能够给到仿制药企业启发，方便企业在研发经营或应对危机时可以更快锁定恰当的分析方法，以期规避企业知识产权侵权风险，保障企业平稳持续发展，增强企业的市场竞争力。

第四节　曲妥珠单抗分析

近年来，随着大量生物原研药的专利保护逐渐到期、市场需求的不断扩大以及开发研究技术的飞速发展，生物类似药的发展与临床应用成为制药企业、医疗机构和肿瘤患者争相关注的热点。生物类似药有效性和安全性肯定，价格优势明显，其上市与应用有助于降低治疗费用，推动药品价格良性竞争，增加药物的可及性，为医师和患者提供更多治疗选择。肿瘤领域因治疗费用昂贵，成为生物类似药开发的重点，迄今国内外已有多个抗肿瘤生物类似药相继上市。❶

　　生物类似药源自"biosimilar"的简单中文翻译，最初翻译为生物类似物，后经学术研讨及国内技术指导原则的起草讨论，修订为生物类似药。这一翻译名称被借以泛指近年来兴起的生物仿制药，起名"biosimilar"的原因在于重组表达的生物大分子药物本身（包括原研药）并非均一，是高度相似或相近又结构复杂的一簇生物大分子组成的类似物，特别是单抗类生物制品。但在生物制品仿制药的理念中，如何正确理解和界定生物类似药，形成统一的专有名词并用于指导目前国内研发，仍在探索研究中。一般认为生物类似药的研发评价与小分子化学药的"generic"理念不同，但如何体现生物大分子的内在特征并符合生物制品复杂且相对不均一的特性，如何理解生物制品的"仿制"内涵与要义，一直以来都引起了业界的极大关注和热烈讨论。目前，不同国家对生物类似药的定义各不相同，但大同小异。我国国家食品药品监督管理总局（National Medical Products Administration，NMPA）于2015年颁布的《生物类似药研发与评价技术指导原则（试行）》将生物类似药定义为在质量、安全性和有效性方面与已获准上市的参照药（通常指原研产品）相似的治疗性生物制品。"生物类似药"（Biological Similar Drug）和"生物仿制药"（Biosimilar）这两个术语在医药领域经常会被提及，但它们实际上指的是同一类药物的不同称谓方式。一般认为，"生物仿制药"这个说法在已有政策出台的基础上被认为表述并不足够准确，通常使用的术语是"生物类似药"或者直接使用英文"Biosimilar"。

　　关于具体的疾病治疗，HER2自被发现以来，一直是肿瘤药物领域的热门研究靶点。HER2在正常成年人机体组织中低表达或不表达，而在乳腺癌、卵巢癌、胃癌、前列腺癌等多个肿瘤中会有扩增/过度表达。尤其在乳腺癌治疗中，HER2靶点药物是"最强主力军"。如今，HER2的研究已走

---

❶ 郭瑞臣.抗肿瘤生物类似药的发展与临床应用[J].实用肿瘤杂志,2020,35(4)：310-313.

过 40 年，但 HER2 领域仍然火热，ADC 等新型药物层出不穷。从药品类型来看，全球及中国的 HER2 靶点在研药物中，生物药占比均是最大的，其中大部分为曲妥珠单抗的生物类似药。

曲妥珠单抗（Trastuzumab，商品名 Herceptin®，被称为赫赛汀）是由罗氏制药子公司 Genentech Inc.（基因泰克公司，以下简称"罗氏"）研发的一种人源化 IgG1κ 型单克隆抗体药物，其与肿瘤细胞上的 HER2 结合并介导抗体依赖的细胞毒作用（ADCC），于 1998 年首次被 FDA 批准治疗 HER2 阳性乳腺癌，此后又获批用于治疗胃癌等；2002 年，赫赛汀被引入国内并被批准用于治疗 HER2 阳性转移性乳腺癌，是世界上第一个针对 HER2 致癌位点的药物，也是第一个上市的抗癌靶向药，它的成功上市开启了靶向治疗乳腺癌、胃癌的先河。本章将围绕赫赛汀展开介绍。

一、原研药的技术研发路线

赫赛汀一直是罗氏众多畅销药榜单中的重要一员。虽然近些年其专利遭到了仿制药企的不断挑战，不过罗氏持续涌现的新产品将使其继续称霸 HER2 阳性乳腺癌市场。赫赛汀是真正意义上的全球第一个用于临床的人源化单克隆抗体，也是全球首个分子靶向药。2010 年以来该品种全球销售额一直在 50 亿瑞士法郎（相当于 50 亿美元）以上，且持续走高，2018 年全球销售额近 70 亿美元，图 5-6 显示了赫赛汀额发展史❶。

赫赛汀的研发历程可以追溯到 20 世纪 80 年代，并且是一个涉及基础科学研究、技术进步和临床试验的复杂且充满挑战的过程，它代表了癌症治疗领域的一项重大突破。以下是赫赛汀研发过程中的一些关键阶段和发展背景。

目标发现与验证：研究人员于 1982 年首次从老鼠的神经母细胞瘤中分离出一种致癌基因，并将其命名为 neu 基因。科研人员在 1984 年的研究发现，neu 基因在人类中也有相应的同源基因，这一发现为后续的研究奠定了

---

❶ 深圳先进院. 罗氏赫赛汀专利布局路线［EB/OL］.（2020-09-26）［2024-09-14］. https：//mp.weixin.qq.com/s/GQbJSIcco6mRFBrYYZDhpg.

基础。由此，科学家们首先发现了 HER2（即人类表皮生长因子受体2）这一蛋白质，并认识到其在乳腺癌中的过表达与更恶劣的临床预后相关联。这使得 HER2 成为一个重要的治疗靶点。

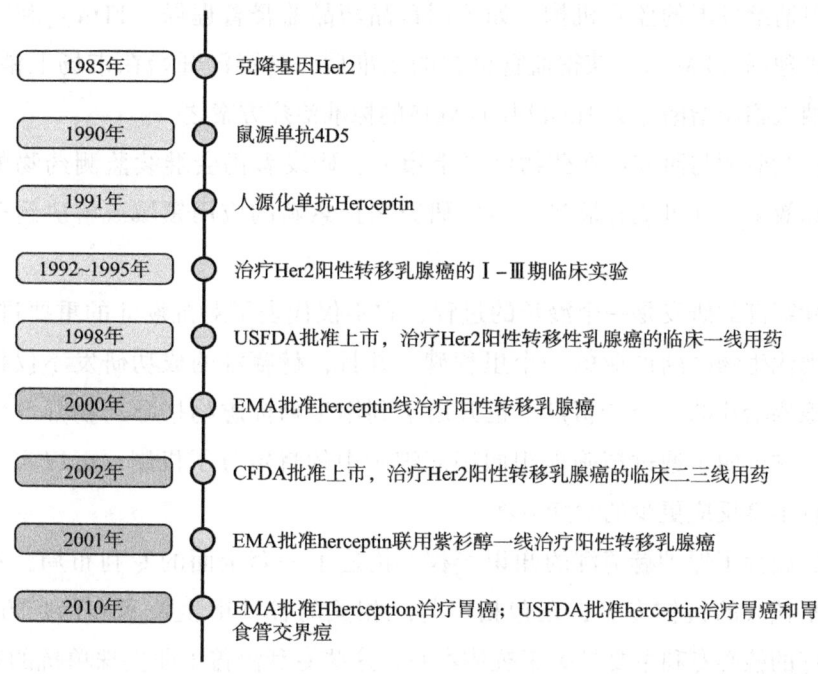

图 5-6　赫赛汀的发展史

抗体开发：赫赛汀的前身是通过实验室技术生成的小鼠单克隆抗体，这些抗体被设计成能够特异性地识别并结合 HER2 受体。随着科学技术的进步，为了减少人体对小鼠抗体的免疫排斥反应，科学家们在 20 世纪 90 年代初进一步尝试和开发了人源化抗体。人源化过程中，小鼠抗体的大部分结构被人类抗体的相应部分取代，但仍然保留了能够特异性结合 HER2 的关键片段。

临床前研究：在进入人体试验之前，研究人员需要在实验室环境中以及动物模型上对新抗体进行广泛的测试，以评估其安全性、有效性以及潜在的不良反应。

临床试验：经过临床前研究，曲妥珠单抗进入了多个阶段的临床试验。这些试验旨在评估药物对人体的安全性和疗效，同时也用于确定最佳剂量和给药方案。临床试验分为三个主要阶段（Ⅰ期、Ⅱ期和Ⅲ期），逐步扩大参与者的数量，并收集更多的数据来支持药物的审批。

审批与上市：完成所有必要的临床试验后，研发公司罗氏提交了药物审批申请给各国的监管机构，如美国食品药品监督管理局（FDA）和欧洲药品管理局（EMA）。获得监管机构的批准后，赫赛汀开始在市场上销售，并被纳入临床指南作为HER2阳性癌症的标准治疗方案之一。

持续监测与研究：在药物已经上市后，研发者仍会继续监测药物的安全性和效果，并可能开展进一步的研究来探索新的应用领域或解决耐药性问题。

赫赛汀的研发是一个漫长的过程，它不仅代表了对抗癌症的重要进展，也是现代生物医药产业的一个里程碑。并且，赫赛汀的成功研发不仅标志着乳腺癌治疗的一个转折点，也开启了利用生物标志物指导药物开发的新纪元，它证明了通过精确地靶向癌症细胞中的特定分子机制，可以实现更有效且不良反应更少的治疗方案。

罗氏为了保护赫赛汀的知识产权，构建了一套全面的专利布局，不仅包括了核心的抗体专利，还包括了与之相关的各种衍生技术和治疗方法。赫赛汀的核心专利主要是关于抗体本身，这些专利涵盖了曲妥珠单抗的基本结构及其制造方法。但是，赫赛汀的专利布局不只是包含了直接与药物本身有关的专利，也包括了围绕着药物的各种应用和技术改进的专利——周边专利，罗氏希望以此来确保其市场地位并尽可能延长产品生命周期，这些专利覆盖了抗体药物偶联物（ADCs）、联合用药策略、特定的治疗方案、诊断方法以及抗体的生产与纯化工艺等。其中，一个最为典型的布局产品示例就是 Kadcyla®（ado-trastuzumab emtansine，恩美曲妥珠单抗，赫赛莱®），它是由人源化 IgG1 曲妥珠单抗通过 MCC 连接子与美登素类生物碱 DM1 连接起来形成的抗体药物偶联物。

在某商业数据库中通过构建涵盖"曲妥珠、HER2、HER-2、单抗、抗体、抗原结合、结合抗原"及检索日期区间的检索式，可以获得截止日之前专利申请公开数量和技术分析的相关结果。从上述结果中可以获悉，首先，围绕HER2靶点的抗体药的申请数量呈现出逐年上升的态势，在近十年中走高的趋势更加明显,这表明了该领域的生物医药类企业仍然对围绕HER2靶点开发或改进更多的抗体药或其相关的应用和方法,展现出了非常浓厚的兴趣。其次,基于 HER2 靶点的抗体药相关的专利研究价值较高,尤其是曲妥珠单抗,仍然是众多生物医药类企业关注的热点。另外可以明确,企业之间的主要竞争点或主要涉及的研发方向较为发散,覆盖了抗体本身、基于抗体的 ADC 偶联药物、医药配置品、制备或检测方法、药物组合物及其医药用途等。

通过数据分析可知,首先,罗氏作为本行业的龙头企业,无论是在围绕抗 HER2 抗体尤其是曲妥珠单抗的专利数量上,还是在技术组成和铺底方面,都明显高于全球其他企业,这也直接说明了罗氏围绕曲妥珠单抗的研发和布局最广。其次,罗氏的相关技术被其他企业最大程度地用来对比、分析和研究,在本领域属于遥遥领先的水平。由此可以明晰,罗氏围绕曲妥珠单抗的抗体药物及其相关的医药配置品打造的专利壁垒固若金汤,实力远超本领域的其他企业。分析罗氏围绕曲妥珠单抗的技术研发目标和方向,在 2008 年之前,罗氏围绕曲妥珠单抗研发的重点在于通过优化其具体的结构组成来改善抗体的稳定性、生物安全性等;在 2008 年到 2012 年之间,其重点放在了为抗体提供更优的制备方法或使用方法上,在保证目标产品的生物学特性的前提下,提高产品的纯化效果和纯化效率;在 2012—2015 年,其重点在于改造曲妥珠单抗的长度,构建合适的组合物、偶联物或缀合物,优化其作为抑制剂在肿瘤治疗方面的应用;2015 年至今,其主要关注到产品的生物安全性并针对性地进行提升,此外也围绕曲妥珠单抗在亲和力方面进行了有效改善和深入挖掘。

二、原研药在华专利布局

具体而言,罗氏为了占领中国市场,更好应对原研专利到期而带来的专利悬崖,提早就进行了多方面的布局,如通过剂型改进、开发新的适应证、联合用药以及抗体药物偶联物(ADC)等。

在检索数据库中建立围绕 "AP = Genentech Inc." 合适的检索式,然后再筛选进入中国的专利申请，可以洞悉罗氏在中国市场的申请动向。具体分析可知，赫赛汀是在 2002 年进入中国市场，罗氏首先申请了一些保护重建制剂和蛋白质纯化方法的专利，比如 CN1151842C 保护一种等渗重建制剂，由蛋白质和稀释剂制成。曲妥珠单抗在使用前需要将冻干制剂配制为溶液以供静脉输注，CN1151842C 正是用来保护这一重建制剂。CN1305896C 保护使用阳离子交换色谱来纯化抗体的方法，从抗体的制备或纯化方法的角度对曲妥珠单抗的保护程度进行了扩大和外延。此外，罗氏还申请了一系列治疗用途相关的专利，比如：CN1269839C 保护使用曲妥珠单抗和化疗剂联合治疗 ErbB2 过表达疾病中的用途，该专利提出了一个用于治疗 ErbB2 过表达疾病的组合疗法，即将曲妥珠单抗与至少一种化疗剂（如蒽环类药物、紫杉醇等）联合使用。这种方法克服了单一治疗策略的局限性，帮助化疗药物可以更好地达到肿瘤部位，并且抗体可以帮助抑制肿瘤生长，这扩展了曲妥珠单抗的使用方式和疾病的使用场景。

Perjeta®（CN101641964B）和 Kadcyla®（CN101063546B）的问世在赫赛汀上市后多年临床应用的有效性，再次证实 HER2 这个靶点的重要性，罗氏针对这个靶点又陆续研发了两个新的药物，并分别在赫赛汀®专利到期前获得了 FDA 的批准上市。帕妥珠单抗（Pertuzumab，商品名 Perjeta®）是一种重组人源化单抗，通过靶向 HER2 胞外二聚体结构域阻断 HER2 受体的二聚化而抑制其激活，帕妥珠单抗还可以介导 ADCC 效应。帕妥珠单抗的结合位点有别于曲妥珠单抗，于 2012 年 6 月首次获批上市，与曲妥珠单抗和多西他赛等联合用于治疗未接受过 HER2 治疗或化疗的 HER2 阳性转移性乳腺癌患者。

除对不同抗体的开发外，考虑到抗 HER2 抗体通常与化合物联用，于是罗氏试图开发抗体药物偶联物（Antibody-drug conjugate，ADC），这样既可以降低化疗药的不良反应，又可以达到比联合施用更好的效果。Ado-Trastuzumab Emtansine（以下简称"T-DM1"，商品名 Kadcyla®）就是一种抗体药物偶联物，由曲妥珠单抗和美登素衍生物 DM1 共价连接而成。美登素衍生物 DM1 是一种微管抑制剂，能够诱导细胞凋亡。当曲妥珠单抗与细胞表面的 HER2 结合后，可以在细胞内释放 DM1 而发挥作用，从而降低 DM1 的全身毒性。其相关专利保护了肿瘤的治疗的制药用途，包括：(1) 鉴定肿瘤以过表达 ErbB2 为特征并且对于抗 ErbB 抗体治疗反应不足；(2) 施用 huMab4D5-8（即曲妥珠单抗）与美登木素生物碱 DM1 的缀合物，给药剂量为 $0.2\sim10mg/kg$。T-DM1 于 2013 年 2 月首次获批上市，作为单一药物用于治疗已接受过曲妥珠单抗和紫杉烷分别或联合治疗的 HER2 阳性转移性乳腺癌患者。上市后仅仅 4 个月，就有 8% 的患者接受了 Kadsyla® 的治疗，而短短两年后的年销售额就已接近 8 亿美元，这预示着未来 Kadsyla® 将会取得不错的市场表现。

罗氏通过多层次、多角度的专利布局，不仅保护了其产品免受早期仿制，还为其后续的产品线开发提供了坚实的基础。这种策略对于保持竞争优势至关重要，尤其是在生物制药领域，高昂的研发成本和长时间的研发周期使得专利保护成为维持商业成功的重要手段。通过布局策略，可以说罗氏已经将赫赛汀保护时间向后进行了最大程度的延长，以获取更大的经济价值。

三、潜在竞争对手相关专利技术

虽然罗氏已经通过多种策略尽量延长了赫赛汀的保持时间，但是伴随着赫赛汀核心专利在全球范围内的大规模的到期，全球开启了赫赛汀的仿制时代。据伯恩斯坦研究公司的数据显示，截至目前，赫赛汀的生物仿制药目前已占据了赫赛汀市场份额的 38%，值得注意的是，安进公司推出的 Kanjinti 占整个欧洲市场 8% 的份额。中国仿制赫赛汀的企业包括三生国健、嘉和生物药物有限公司、上海复宏汉霖生物技术有限公司、齐鲁药业、华兰基因工程有限公司、正大天晴药业集团股份有限公司、深圳万乐药业有限公司、浙江海正药物股份有限公司、上海复旦张江生物医药股份有限公司、喜康生技股份有限公司、哈药集团生物工程有限公司、浙江华海药物股份有限公司，等等。其中最近较受关注的是，复宏汉霖研发的仿制药注射用曲妥珠单抗（欧盟商品名：Zercepac®，中国境内商品名：汉曲优）已获批在欧盟及中国境内上市销售。

1. 德曲妥珠单抗 DS-8201

德曲妥珠单抗（Trastuzumab Deruxtecan，T-DXd/DS-8201，英文商品名 Enhertu®，中文商品名为优赫得®）是阿斯利康（英国）有限公司（AstraZeneca）和第一三共株式会社（Daiichi Sankyo）联合开发的一种新型靶向 HER2 的抗体偶联药物 ADC，已在海外获批多种适应证。如前文所述，在赫赛汀的相关专利布局中，恩美曲妥珠单抗（T-DM1）是靶向 HER2 蛋白的 ADC 类药物，在曲妥珠单抗的基础上和化学药物美坦辛衍生物（DM1）偶联起来，也是中国首个获批的抗体偶联药物（ADC）。恩美曲妥珠单抗是于 2020 年在我国上市，主要用于 HER2 阳性的乳腺癌患者，而德曲妥珠单抗（DS-8201）同 T-DM1 的研发情况类似，DS-8201 也是基于曲妥珠单抗开发的抗 HER2 ADC 类药物，是通过与伊立替康类化疗药物的偶联药物。但与 T-DM1 不同的是，DS-8201 具有独特的连接子和细胞毒性药物载荷 DXd，T-DXd 具有更高的药物抗体比（DAR，约 8：3~4），其具有更高药物载荷的同时，可发挥旁观者效应，从而实现更有效地输送到表达 HER2 的肿瘤细胞。德曲妥珠单抗由靶向 HER2 的人源化单克隆抗体通过四肽可裂解连接子与拓扑异构酶 1 抑制剂有效载荷连接组成。该药的作用机制为：首先通过药物中的抗体部分靶向并附着于癌细胞上的 HER2；然后德曲妥珠单抗会进入癌细胞，释放化疗药物，ADC 中的化疗部分可以杀死癌细胞以及附近的其他细胞。

2022 年 8 月 11 日，FDA 加速批准德曲妥珠单抗用于治疗不可切除或转移性既往接受过全身治疗并携带 HER2 突变非小细胞肺癌（NSCLC）成人患者，这是 FDA 批准的第一款针对 HER2 突变阳性非小细胞肺癌患者的药物。2024 年 1 月 3 日，中国国家药监局药品审评中心（CDE）官网公示，德曲妥珠单抗拟纳入突破性治疗品种，拟定适应证为：存在激活 HER2（ERBB2）突变且既往接受过至少一种系统治疗的不可切除或转移性非小细胞肺癌成人患者。2024 年 2 月 4 日，中国国家药监局药品审评中心（CDE）官网公示，德曲妥珠单抗拟纳入优先审评，拟定适应证为：存在 HER2（ERBB2）激活突变且既往接受过至少一种系统治疗的不可切除或转移性成人非小细胞肺癌（NSCLC）患者。

具体地，针对 DS-8201 在国内外的专利布局，保护四肽连接子的基础专利于 1999 年申请，专利权人是第一三共株式会社，现已过期。该申请在美国获得授权，但是进入中国后并没有被授权，最终失效。该连接子能被肿瘤中的特定的蛋白酶识别和酶切进而释放毒素分子。保护毒素 DXD 的基础专利于 1995 年申请，专利权人是第一三共株式会社，目前亦已过期。保护毒素 DXD 的基础专利没有进入中国，因此没有相应的中国申请。这款毒素是具有内酯环的喜树碱类似物，体内容易水解开环，难以单独成药，但是它在肿瘤的酸性环境下却不易水解，与抗肿瘤抗体偶联后因其易水解特性对正常组织低毒友好，单独选择性毒杀肿瘤细胞。保护修饰后的四肽连接子和 DXD 的 Linker-Payload 的基础专利于 2013 年申请，专利权人是第一三共株式会社，现在尚处于保护期内。保护修饰后的四肽连接子和 DXD 的 Linker-Payload 的基础专利在中美两国都获得了授权。保护 DS-8201 本身的基础专利于 2015 年申请，专利权人是第一三共株式会社，现已获授权。保护 DS-8201 本身的基础专利在中美两国均获授权，且均在保护期内。

DS-8201 不但对曲妥珠单抗本身有效的 HER2 高表达肿瘤有效，而且针对某些曲妥珠单抗治疗无效，且 HER2 低表达的肿瘤具有较好的疗效，还能治疗肿瘤的脑转移。乳腺癌患者中 HER2 阳性约占 15%，剩下的都是 HER2 阴性，其中 HER2 低表达患者占比 45%~55%。面对庞大的 HER2 低表达患者群体，曲妥珠单抗、帕妥珠单抗的治疗尝试先后告败，但是 DS-8201 为这些 HER2 低表达患者带来了新的希望。

2. 三生国健赛普汀

2020 年 6 月 19 日，三生国健药业（上海）股份有限公司（以下简称"三生国健"）自主研发的注射用伊尼妥单抗（商品名：赛普汀®）正式获得国家药品监督管理局（NMPA）批准，成为我国首个获批的自主研发、Fc 段修饰和生产工艺优化的抗 HER2 单抗。伴随着它的出现，长期以来进口 HER2 抗体垄断的格局开始改变。作为我国首个获批的自主研发、Fc 段修饰和生产工艺优化的抗 HER2 单抗，伊尼妥单抗具有更强的 ADCC 效应，伊尼妥单抗与曲妥珠单抗虽然在 F(ab')2 氨基酸序列上没有变化，但是 Fc 改了

2个氨基酸,成就了不同于赫赛汀的全球创新药。伊尼妥单抗药物的 Fc 段被通过这样独特的人工设计,更适于在哺乳动物细胞中进行表达,并且技术人员采用经过改造的基因和蛋白序列,制备了包含有特定基因序列的载体以及宿主细胞(CHOk1a),在蛋白纯化方面,技术人员通过不断的工艺优化创新也大大提高了纯化得率。在此基础上,赛普汀的临床效果不亚于曲妥珠单抗。体外研究显示,赛普汀与曲妥珠单抗具有同样的 HRE2 抗原的结合活性和亲和力,在对体外癌细胞增殖抑制活性、蛋白空间折叠和热稳定性等几个关键质量属性上两者保持一致。除此之外,基于赛普汀特殊的研发技术,在药物安全性等方面赛普汀也尤为突出。相关数据显示,通过对抗体 Fc 段修饰与生产工艺优化,赛普汀的抗体依赖性细胞毒性(ADCC)效应提升了11%,更好地实现了抗 HER2 单抗药物的治疗目标——既可以阻断 HER2 通路,直接抑制肿瘤细胞增殖和生长,又可以诱导 ADCC 效应通过机体免疫系统识别和杀伤肿瘤细胞,降低免疫原性风险;通过糖基化修饰使其抗唾液酸化水平增加60%,能够延长半衰期,同时经体外研究证实,其具有免疫原性风险降低的潜在优势。根据相关的Ⅲ期临床试验,纳入受试者341例,包括试验组(228例)接受伊尼妥单抗+长春瑞滨治疗,以及对照组(113例)接受长春瑞滨化疗+伊尼妥单抗序贯治疗。结果显示伊尼妥单抗组中位 PFS 为39.1周,对照组的中位 PFS 为14.1周。伊尼妥单抗联合长春瑞滨后序贯 PFS 约为长春瑞滨单药的3倍,临床疗效不容小觑。

三生国健作为国内最大的抗体药物生产企业,其主要从事的是人源化单克隆抗体基因工程药物的研发、中试和产业化,其研发的抗体类药物包括益赛普、健尼派、类宁、健妥昔,三生国健针对 HER2 靶点首次自主研发出的这款赫赛汀类似药,不仅可能瓜分赫赛汀在中国乳腺癌治疗的市场份额,也向国内珠单抗仿制药、生物类似药的研发企业发出了挑战。为了让更多患者了解和受益于赛普汀,当前,三生国健正在加快研究这款国产赛普汀与其他药物合用的可能性与使用疗效,拓宽赛普汀使用场景。同时,基于赛普汀的产品效果及适用病况,三生国健还在积极开展其在乳腺癌早期治疗过程中的临床试验。

为了保护知识产权,三生国健围绕 HER2 靶点,从多个角度进行了全面的专利布局，针对已经上市药物赫赛汀、HER2检测试剂盒、帕罗嘉、Kadcyla存在的治疗局限性、靶点单一、HER2检测精准度不足、连接子影响活性等方面的问题，以赫赛汀为主的上市药物的核心专利检测和治疗数据为比较基准，从结构修饰、纯化工艺、抗体偶联药物衔接子、信号肽、检测方法、新表位研究的技术角度进行优化设计，使赛普汀达到了提高纯度、提高活性、提高检测准确度的效果。

（1）布局抗体修饰、纯化工艺、产品活性、纯度超越赫赛汀

2001年，三生国健提出了第一件HER2单克隆抗体结构的申请CN1420128A（申请日为2001年11月16日），其产品赛普汀（伊尼妥单抗）与赫赛汀（曲妥珠单抗）相比，两者都作用于HER2受体的胞外部分，抑制细胞内酪氨酸激酶的活化，从结构而言，其和赫赛汀对比Fab片段具有相同的轻链，各有214个氨基酸，赛普汀在抗体恒定区进行了进一步修饰，其中Fc段重链恒定区的第359位、第361位进行氨基酸修饰，将第359位的D突变为E，第361位的L突变为M，从而使激活免疫系统的能力大幅提高，刺激了抗体依赖细胞介导的细胞毒性作用（ADCC效应），细胞株抗体表达量提高10~14倍，细胞实验抑制活性提高将近5倍，实验显示赛普汀的ADCC效应比赫赛汀提高大约11.1%。

在结构修饰的基础上，三生国健还从工艺纯化角度进行优化，并在2013年和2015年分别提交两件蛋白纯化方法相关专利申请：①CN104628846B（WO2015067147A1，申请日为2014年11月3日），其以重组抗HER2抗体为实例，结合相对低pH高盐上样，相对高pH低盐洗涤，可有效去除杂质，提高目标蛋白的纯度，减少目标蛋白损失率，其中WO2015067147A1已在进入中国、美国、欧洲、日本、巴西后，均获得授权。②CN106496302A（申请日为2015年9月8日）则提出了使用第一pH和（或）浓度的Tris缓冲液洗涤酸性异构体和小分子，再使用第二pH和（或）浓度的Tris缓冲液洗脱目标蛋白质，最后使用第三pH和（或）浓度的Tris缓冲液再生碱性异构体和聚集体，从而达到精纯蛋白，去除酸碱性异构体、聚集体和小分子等杂质的目的。

（2）针对赫赛汀治疗缺陷，设计双特异性抗体

在赫赛汀治疗过程中，因不可避免地出现细胞坏死和细胞凋亡，导致细胞表面呈现大量的磷脂酰丝氨酸（Phosphatidylserine，PS），使肿瘤耐受型免疫应答被诱导，降低治疗效果。针对赫赛汀治疗的缺陷，三生国健在2014年提交的CN104974261A（申请日为2014年4月1日）专利申请中，设计了同时特异性结合HER2与PS两个靶点的双特异性抗体，实现了在杀伤HER2和PS阳性肿瘤细胞的同时，还抑制了随后产生的肿瘤免疫耐受，阻断肿瘤免疫逃逸。

同时，选择PD-1靶点设计HER2/PD-1双特异性抗体，通过阻断PD-1/PD-L1信号通路、抗HER2的Fc段与NK细胞Fc受体结合，以及与高表达HER抗原的肿瘤细胞结合，从三个方面协同发挥抑制杀伤肿瘤细胞的效果。这一专利技术体现在2019年10月提交的专利申请CN111196856A/WO2020103629A1（优先权日为2018年11月19日）中。

（3）针对赫赛汀表达效率问题，设计信号肽提高抗体表达效率

抗体表达效率低是影响肿瘤抑制效率的关键因素。信号肽合成后被信号识别颗粒识别，引导蛋白质进入内质网腔后在信号肽酶的作用下被切除，从而可成倍提高外源蛋白，如抗体分泌效率。三生国健在2014—2015年共提交3件信号肽相关专利申请：CN104974226A（申请日2014年4月1日）、CN106478773A和CN106478774A（申请日均为2015年8月25日），对曲妥珠单抗连接信号肽检测表达量，体外实验显示可达到2倍以上的提高，对于抗肿瘤效果的提高具有一定促进作用。

（4）小分子药物偶联效果优于罗氏Kadcyla®

2014年，基因泰克公司推出了针对HER2位点的ADC药物Kadcyla，即曲妥珠单抗-Emtansine偶联物，结构为曲妥珠单抗（抗HER-2IgG1）与DM1通过硫醚连接子（MCC）连接。在此基础上，三生国健提出的CN104974252A（申请日为2014年4月1日），将衔接子改进为酰胺键连接，改善了疏水性结构，使抗体在常规制剂环境下更难产生聚合作用，在同等剂量下，其肿瘤抑制活性优于Kadeyla，具有较好的医疗前景。HER2单抗-DM1已于2017年8月申报临床试验。

(5) 对罗氏 HER2 检测方法进行改进以提高精确度

美国 FDA 认可的 HER2 检测方法分为免疫组化（IHC）和原位杂交（FISH、CISH、SISH）两类，罗氏设计的基于荧光定量 PCR 方法的 HER2 基因检测试剂盒，由于检测差异，以及选用参照基因胃泌素（Gastrin）在胃癌患者中也存在扩增的现象。在赫赛汀增加了胃癌适应证后该检测试剂盒退出了市场，而以赛默飞世尔为代表的相对标准曲线法具有较大误差。针对上述检测方法的问题，三生国健提出了 CN106399555A/WO2018086263A1（申请日为 2016 年 11 月 10 日），通过包含目的基因 HER2 和参照基因 RPPH1 连接而成的质粒作为标准品，提高了 HER2 基因扩增的可靠性和检测准确性。

(6) 新表位的发现，2020 年再度创新

抗体新结合表位的发现一向是抗体研发的难点，在赛普汀上市之际，三生国健于 2019 年 8 月提出了 PCT 申请 CN110790840A/WO2020025013A1（优先权日为 2018 年 8 月 1 日），在自主研发 HER2 单克隆抗体 19IH6 的基础上，进一步设计了嵌合抗体 19H6-ch 以及人源化抗体 19H6-Hu，其与赫赛汀和帕罗嘉的结合表位均不同。研究显示，抗体结合表位位于 HER2 的胞外区（HER2-ECD）的功能结构域 DⅢ内，属于首次发现并报道与该表位特异性结合的单克隆抗体。细胞实验表明，19H6 与赫赛汀联用可以显著抑制乳腺癌细胞和胃癌细胞体外增殖，其效果明显优于赫赛汀和帕罗嘉的联用，嵌合抗体 19H6-ch 以及人源化抗体 19H6-Hu 具有与 19H6 相当的抗肿瘤生物学活性，有望成为 HER2 过表达疾病患者的更好的潜在治疗药物。

可见，三生国健以赫赛汀和周边衍生类药物作为主要参照药，基于罗氏 HER2 检测方法针对其缺陷，从多角度进行改进型研发，也进行了全方位的专利布局，其专利申请效率较高，HER2 靶点相关专利除尚未审结的案件外均获得了授权，且权利要求撰写稳定性较好，授权范围合理，有助于其稳定占据市场。但是，三生国健对于部分早期核心专利，没有采用 PCT 形式申请，导致其权利具有一定地域性限制，对于产品国际化可能存在一定影响。三生国健早在 2012 年就已经完成赛普汀的Ⅱ期临床研究，由于临床数据存在部分问题，于 2015 年撤回国内药品上市申请后重新申报，于 2020 年 6 月获批上市，早于竞争对手复宏汉霖的汉曲优 2 个月，此时距离抗体结

构核心专利到期只剩余 10 年。后期三生国健围绕抗体纯化工艺、信号肽、抗体偶联药物等角度进行了专利布局，扩展了其研究成果的专利转化范围，也有助于延续赛普汀的保护周期。

3. 复宏汉霖汉曲优

2024 年 4 月，由复宏汉霖生物技术股份有限公司自主研发的国内首个双规格曲妥珠单抗（汉曲优®，Zercepac）获美国药品监督管理局（FDA）批准上市，成为全球首个获得中国、欧洲、美国批准的曲妥珠单抗，展现了中国生物医药产业的创新能力和国际竞争力。在合成开发方面，生物类似药要求对标多个批次的原研药，达到与原研药分子结构和生物学特性高度相似。复宏汉霖首先基于市场需求分析，确定了开发曲妥珠单抗生物类似药的战略方向。利用自身的生物药研发平台，复宏汉霖开始了曲妥珠单抗生物类似药的设计与开发工作。候选药物筛选过程中，通过一系列实验筛选出与原研药赫赛汀高度相似的候选药物，确立了与原研药一致的质量标准，确保候选药物在结构、纯度、效力等方面与赫赛汀相同，并且进行了系列非临床安全性评价，以确保候选药物的安全性。在后续临床试验中，复宏汉霖Ⅰ期临床试验主要评估了候选药物的安全性、耐受性和药代动力学（PK），并与原研药进行比较；Ⅲ期临床试验着眼于大规模临床试验，验证候选药物的有效性和安全性，并与原研药进行头对头对比，这些试验需要按照国际标准进行设计，并且要得到相关监管机构的批准。完成了临床试验之后，复宏汉霖提交了汉曲优的注册申请。

2020 年，汉曲优获得了中国国家药品监督管理局（NMPA）的批准，标志着中国首款自主研发的曲妥珠单抗生物类似药正式面世。复宏汉霖并没有将目光局限在国内市场，而是积极寻求国际市场的认可。2020 年至 2021 年间，复宏汉霖启动了汉曲优在美国的申报注册工作，并最终在 2023 年 2 月获得了美国食品药品监督管理局（FDA）的受理，这标志着汉曲优向国际市场迈出了一大步。2020 年 8 月 26 日，汉曲优在中国西部地区的首张处方在西安市第五医院开出，这标志着该药物正式进入临床使用阶段，并为 HER2 阳性乳腺癌患者带来了新的治疗选择。之后，汉曲优不仅推出了

150mg/瓶的规格，还在 2021 年获得了 60mg/瓶规格的批准文号，进一步满足了不同患者的治疗需求，并有助于降低患者支出。

自首次获批短短 4 年来，国产双规格曲妥珠单抗凭借其高质量品质迅速打通国际通路。目前已成功于中国、美国、英国、法国、德国、瑞士、澳大利亚、芬兰、西班牙、阿根廷、沙特阿拉伯等 40 多个国家和地区获批上市，并陆续获得诸多国家卫生体系认可，成功进入英国、法国、德国、比利时等国家和地区的医保目录，成为曲妥珠单抗市场的引领者。汉曲优的发现和发展反映了中国生物医药产业在创新能力和国际化道路上的进步。通过自主研发和国际合作，复宏汉霖不仅为中国患者提供了新的治疗选择，还推动了国产曲妥珠单抗生物类似药走向世界舞台。

在专利布局上，复宏汉霖针对 HER2 靶点申请了 CN111375057A（申请日为 2018 年 12 月 28 日），其针对 HER2 单克隆抗体稳定性不足的情况，设计了帕妥珠单抗（帕罗嘉）药物配置剂，可在室温或更高温度下提高药物稳定性，解决蛋白质药物稳定性问题，延长有效期。针对肿瘤治疗靶点，复宏汉霖还针对 EGFR 单抗和 VEGF 单抗申请了相关专利，进行专利布局和保护，如 CN106714830A/WO2015184403A2（最早优先权日为 2014 年 5 月 30 日）、CN108025067A/WO2017004254A1（最早优先权日为 2016 年 6 月 30 日），以及 CN109627337A（申请日为 2018 年 12 月 29 日），保护了抗 PRLR 的单克隆抗体，与 HER2 受体信号通路存在交联关系，作用 PRLR 可阻断信号通路抑制乳腺癌细胞增殖。复宏汉霖针对 HER2 靶点的专利相对于三生国健起步较晚，主要从改进上市药物稳定性角度以及信号通路角度进行研究申请专利；但不同于三生国健，复宏汉霖十分注重 PCT 申请，国际申请比例较高，在早期即准备好进军国际市场，为之后产品在国际市场的拓展打下知识产权的基础。

4. 齐鲁制药安曲妥

2024 年 7 月，国家药品监督管理局官方网站发布公示，宣布齐鲁制药的注射用曲妥珠单抗（商品名：安曲妥®，以下简称"QL1701"）已正式获得上市许可批准，该药物将用于 HER2 阳性早期乳腺癌、转移性乳腺癌以及转移性胃癌的治疗。

资料显示，齐鲁制药的曲妥珠单抗生物类似药自2017年启动研究，采用与原研曲妥珠单抗一样的中国仓鼠卵巢（CHO）细胞表达技术。非临床研究阶段，该生物类似药在食蟹猴体内的药代特征、安全性和免疫原性与原研药的高度相似性。在疗效评估方面，齐鲁制药曲的妥珠单抗生物类似药也充分证明了其与原研药在疗效上的相似性。

具体而言，对于生产系统，齐鲁制药的曲妥珠单抗生物类似药与原研曲妥珠单抗一样采用中国仓鼠卵巢（CHO）细胞表达，确保了与原研药相比，氨基酸序列和二硫键连接方式完全一致。药学头对头质量对比和稳定性研究则进一步证实了齐鲁制药的曲妥珠单抗生物类似药与原研药在结构、理化性质及活性方面高度类似，为临床研究的开展提供了坚实的药学基础。在非临床研究阶段，其曲妥珠单抗生物类似药在食蟹猴体内的药代特征、安全性和免疫原性与原研曲妥珠单抗的相似性，为临床研究的设计和剂量选择提供了重要依据。

进入临床试验阶段，CMC研究对工艺放大、工艺表征、工艺验证等关键生产环节进行了深入研究，确保了齐鲁制药的曲妥珠单抗生物类似药的生产工艺稳定和一致。Ⅰ期临床研究则主要评估了齐鲁制药的曲妥珠单抗生物类似药的安全性和耐受性，为剂量选择和给药方案提供了重要依据。Ⅲ期临床研究则是对该曲妥珠单抗生物类似药疗效的全面验证。QL1701-002研究是一项多中心、随机、双盲、阳性药对照的Ⅲ期临床试验，纳入了473例未经治疗的HER2阳性转移性乳腺癌患者，对比了曲妥珠单抗生物类似药或原研曲妥珠单抗联合多西他赛治疗的有效性与安全性。

在疗效评估方面，曲妥珠单抗生物类似药组与对照组在24周时的客观缓解率（ORR）分别为59.7%和56.1%，风险比（RR）为1.065，处于预设的等效界值内（0.8~1.25），这一结果充分证明了该类似药与原研曲妥珠单抗在疗效上的相似性。此外，试验组和对照组的中位无进展生存期（PFS）分别为8.3个月和8.4个月，两组的疾病控制率（DCR）在各个时间点也显示出良好的一致性，进一步证实了齐鲁制药的曲妥珠单抗生物类似药的疗效。

在安全性评估方面，该曲妥珠单抗生物类似药同样展现出与原研曲妥珠单抗相似的安全性。两组间的不良事件发生率无明显差异，包括3级以上的不良事件、严重不良事件（SAE）、导致治疗中断或停止的不良事件等。此外，免疫原性分析显示，类似药的抗药物抗体（ADA）阳性发生率与原研曲妥珠单抗相当，均处于较低水平，表明了良好的免疫耐受性。

齐鲁制药的曲妥珠单抗生物类似药成功获批，得益于国家药品监督管理局（NMPA）审评审批制度的不断完善和对创新药物研发的持续支持。这一成果的取得，标志着我国在生物类似药领域迈出了坚实的步伐，预示着我国在全球生物医药领域的竞争力和影响力将进一步提升。

总体来说，随着我国国内生物制药技术的不断发展和创新能力的提升，越来越多的企业开始涉足注射用曲妥珠单抗等生物类似药的研发和生产。这些企业的加入不仅丰富了国内医药市场的产品选择，也为患者提供了更多经济可靠的治疗方案，有望惠及更广泛的患者群体。目前，国内已上市的曲妥珠单抗产品来自多家制药公司，除罗氏之外，复宏汉霖、安科生物、博锐生物、正大天晴、齐鲁制药也都陆续加入了市场争夺战，部分产品信息见表5-12。上述企业目前已有的专利申请以及未来可能进行的专利布局点，同样值得关注。

表5-12 原研药厂在华专利申请结果

参照药通用名	靶点	生物类似药	公司	国内获批情况
曲妥珠单抗	HER2	汉曲优	复宏汉霖	已获批
		赛妥	正大天晴	已获批
		安瑞泽	博锐生物	已获批
		安赛汀	安徽安科	已获批
		安曲妥	齐鲁制药	已获批

四、专利侵权风险预警

假设我国A公司是刚成立的生物技术企业，其抵御风险的能力不强，此时需要对现有技术进行充分的调研分析，找准技术发展路线和目标定位，并做好侵权风险预警。例如，基于A公司自身的资源和特点，想要围绕曲妥珠单抗开发一款与另一种针对抗原靶点的抗体进行组合的双特异性抗体或多特异性抗体药物，那么目标就可以确定下来，即由点出发，基于现有技术进行抗 HER2 双或多特异性抗体的差异化创新，需要着重关注开发基于 HER2 的双或多特异性抗体药物的企业及相关授权专利。不仅要关注基础的曲妥珠单抗本身，而且也要关注领域内潜在的降低脱靶毒性、靶向毒性、靶向递送效率、提高治疗效果和应用范围的其他靶点的单克隆抗体。

1. 数据获取与结果分析

（1）侵权判定

完整的专利侵权判定过程包括两个环节：先是相同侵权的判定；如果不成立，再判定是否构成等同侵权，等同侵权是对相同侵权的补充。针对前述的拟打造的曲妥珠单抗-双或多特异性抗体药物，主要关注点是要查阅并查准现有技术授权的专利文献中是否有相同侵权或等同侵权的保护主题。对于偶联的结构，可以将其拆分为至少两个部分进行分别检索，然后再将其作为一个整体部分进行检索，制定合适的检索策略。对于基础的曲妥珠单抗而言，由于其具有特定的序列结构组成，可以优先在各公共数据库进行序列检索，以获取与其最为相关的技术方案。当然，该序列检索的方式适用于所有涉及某种特定多肽或蛋白。

（2）制定检索策略

专利检索对于企业研发创新有着重要的作用，专利中除包含技术和法律信息外，还有时间、地域和人员等多个维度，这些维度的信息也能反映出企业在运作过程中的一些市场战略和经营规划等。防止侵权检索是专利检索的重要组成部分，其主旨是为避免发生侵权纠纷而主动针对某一新技术新产品或即将实施的新技术或新产品进行的专利文献检索，其目的在于找出可能落入了专利权保护范围的专利；判断一件可执行专利的权利要求书是否主张了你的技术方案。对于抗体相关的生物药而言，由于其通常具有特定的氨基酸或基因序列结构，所以在制定检索策略时首先要充分考虑采用序列特征在适合的数据库中进行专利检索，其次要兼顾其他特征如关键词、分类号等进行全覆盖性检索。

对于使用核苷酸或氨基酸限定的抗体，通常有以下几种限定方式：

①CDR 序列，包括重链可变区的 3 个 CDR 序列和轻链可变区的 3 个 CDR 序列；②可变区序列，包括重链可变区序列和轻链可变区序列；③全长序列，包括重链全长和轻链全长。对于可变区序列或轻重链全长限定的抗体，适用于一般的蛋白质检索策略。对于 CDR 序列限定的抗体，应首先利用 CDR 组合检索，必要时再进行其他扩展。另外在实践中应注意，不同的序列数据库在检索 CDR 时策略可能也是有所不同的。

在通过序列检索获得全部结果后，为了最大化减少漏检风险，可以再以赫赛汀、herceptin、曲妥珠、曲妥单抗、trastuzumab 等作为关键词与双或多特异性抗体抑制剂进行"与"的运算，搜寻可能具有侵权风险的专利文献。

构建相对全面的检索式。例如，可以限定权利要求中涵盖"赫赛、herceptin、曲妥珠、曲妥单抗、trastuzumab、偶联、耦合、连接、交联、缀合、偶连、络合、coupl*、link*、双特异、三特异、四特异、多特异、抗原结合、结合抗原、抗体"，在更多数据库中继续搜寻可能涉及侵权的专利文献，最后将以上这些数据库提取得到的专利数据进行比对和整合，即能够得到最终可信的专利数据集合。

（3）结果可视化与侵权风险

获得基于曲妥珠单抗的双或多特异性抗体药物相关的专利数据详见表 5-13。

分析以上具体结果可知，CN109715671B 设计了一种双特异性抗体，其结构组合了帕妥珠单抗和曲妥珠单抗，曲妥珠单抗能够抑制 HER2 同源二聚化的形成，并防止 HER2 的细胞外结构域经历蛋白水解裂解形成组成型活性 p95 蛋白；帕妥珠单抗能够阻断 HER2 异二聚体形成，然后完全阻断 HER2 介导的信号转导，该双特异性抗体通过翔实的实验数据证明了强烈的 CDC 活性，其通过靶向不同的 HER2 表位，增强了其肿瘤抑制作用并实现协同作用，并增强 ADCC 功能。该专利于 2020 年 8 月被授予专利权，对于以曲妥珠单抗为基础的双/多特异性抗体的设计具有重大参考价值，其在独立权利要求 1 中即保护了这样的双特异性抗体，保护范围相对较大，如果企业有倾向于组合帕妥珠单抗和曲妥珠单抗来设计双特异性抗体时，须重点关注权利要求 1 所涉及氨基酸序列结构的 2 种抗体，并且在使用各组件时避免采用同样的产品进行研发。

表5-13 基于曲妥珠单抗的双或多特异性抗体药物相关的专利数据集

序号	标题	申请人	公开号	公开日	相关的权利要求项	预警等级
1	双特异性抗HER2抗体	北京天广实生物技术股份有限公司	CN109715671B	2020-08-21	1. 一种人源化双特异性重组抗HER2抗体，包含一个含有曲妥珠单抗重链和轻链可变区的抗原结合位点，与另一个含有帕妥珠单抗重链和轻链可变区的抗原结合位点	☆☆☆
2	具有共同轻链的双特异性抗体或其混合物	苏州康宁杰瑞生物科技有限公司	CN105820251B	2019-10-15	1. 双特异性抗体或其抗原结合部分，所述双特异性抗体或其抗原结合部分具有相同的轻链，所述双特异性抗体或其抗原结合部分的两条轻链和重链在生理条件或其体外的蛋白表达状态下结合而同时识别帕妥珠单抗和曲妥珠单抗各自的抗原，其中所述轻链可变区的序列选自如SEQ ID NO: 1~SEQ ID NO: 4中第1~107位氨基酸所示的序列; 所述双特异性抗体或其抗原结合部分的重链可变区分别来源于帕妥珠单抗和曲妥珠单抗的重链可变区	☆☆☆
3	4-1BB结合蛋白及其应用	和铂医药（苏州）有限公司	CN114729053B	2022-10-18	1. 一种4-1BB结合蛋白，其特征在于，其包括轻重链……; 10. 如权利要求1所述的4-1BB结合蛋白，多特异性抗体，其特征在于，其为全长抗体、双特异性抗体……; 13. 一种双特异性抗体……; 15. 如所述的双特异性抗体，其特征在于，所述的HER2抗体为trastuzumab……	☆☆☆

序号	标题	申请人	公开号	公开日	相关的权利要求项	预警等级
4	针对HER2的单抗	根马布股份公司	CN107253992B	2022-03-11	1. 抗体，所述抗体结合人表皮生长因子受体2……； 14. 权利要求1的抗体，其与曲妥珠单抗相比有更高量的瘤细胞系内化； 16. 双特异性抗体，其中所述第二抗体选自：权利要求1-14中任一项的抗体……	☆☆☆
5	Fc结构域中具有突变的稳定异源二聚体	酵活有限公司	CN104808811B	2019-09-27	1. 一种分离的异源多聚体Fc构建体，包含修饰的异源二聚体的CH_3结构域……； 7. 根据权利要求1所述的分离的异源多聚体Fc构建体，其中所述异源多聚体是双特异性或多特异性抗体； 10. 所述的分离的异源多聚体Fc构建体，其中至少一种治疗性抗体选自曲妥珠单抗、ProxiniumTM……	☆☆☆
6	一种双特异性抗体HER2XCD3的构建及应用	武汉友芝友生物制药有限公司	CN104829728B	2019-03-12	1. 双特异性抗体，其特征在于，所述抗体包含：(a) 单价单元，为轻链重对，该轻链重链对针对免疫细胞表面抗原CD3和HER2具有特异性结合能力……	☆☆☆

续表

序号	标题	申请人	公开号	公开日	相关的权利要求项	预警等级
6	一种双特异性抗体HER2XCD3的构建及应用	武汉友芝友生物制药有限公司	CN104829728B	2019-03-12	2. 制备权利要求1所述双特异性抗体的方法……； 3. 根据权利要求2所述方法，其特征在于，所述方法的步骤（1）中：所述单价单元为抗-CD3抗体，所述单价单元为抗-CD3抗体；……表得装入抗 HER2ScFv-Fc 抗体，质粒命名为pCHO1.0-潮霉素-赫赛汀-ScFv-Fc-LDY……； 4. 双特异性抗体在制备药物中的用途……	☆☆☆
7	一种双特异性抗体HER2XCD3的构建及应用	武汉友芝友生物制药有限公司	CN104558192B	2018-12-28	1. 双特异性抗体，其特征在于，所述抗体包含：(a) 单价单元，为轻链重链异性结合能力；……该轻链重链对针对免疫细胞表面抗原CD3和HER2具有特异性结合能力……； 2. 根据权利要求1所述双特异性抗体的方法…… 4. 根据权利要求2所述方法的步骤（1）中：所述HER2抗体，扩增其轻链……质粒命名为pCHO1.0-赫赛汀-HL-KKW；所述单链抗-CD3ScFv-Fc抗体……； 5. 权利要求1所述的双特异性抗体在制备药物中的用途……	☆☆☆

续表

序号	标题	申请人	公开号	公开日	相关的权利要求项	预警等级
8	用于治疗或预防人表皮生长因子受体-3 (HER-3) 相关疾病的材料和方法	安进公司	CN102812045B	2018-04-13	1. 第一剂与第二剂在制备用于治疗或预防受治疗者的HER-3相关疾病的药物或套件中的用途,其中所述第一剂是与HER-3结合的抗原结合蛋白……所述第二剂组成的组,所述抗原结合蛋白是曲妥珠单抗和T-DM1组成的组; 11. 如权利要求1-4中任一项所述的用途,其中与HER-3结合的所述抗原结合蛋白是多特异性抗体; 17. 如权利要求11所述的用途,其中所述第二剂是曲妥珠单抗	☆☆☆
9	抗FcRH5抗体和免疫偶联物及使用方法	霍夫曼拉罗奇有限公司	CN102471380B	2015-01-14	1. 一种分离的单克隆抗FcRH5抗体,其包含轻重链可变域; 25. 所述抗体是双特异性抗体; 64. 抗体制备药物中的用途,该药物用于治疗增殖性病症; 82. 权利要求64的用途,其中所述药物进一步包含有效量的另一种治疗剂;治疗剂选自下组:velcade、revlimid、他莫昔芬、来曲唑、西妥昔单抗或曲妥珠单抗等	☆☆☆

续表

序号	标题	申请人	公开号	公开日	相关的权利要求项	预警等级
10	抗HER2抗体和免疫缀合物	基因泰克公司	CN107001479B	2021-09-28	1. 一种结合HER2的分离的抗体，其中所述抗体包含重链可变区和由SEQ ID NO: 10的序列表示的轻链可变区； 21. 所述抗体是双特异性抗体； …… 45. 一种药物制剂，其包含抗体和药学上可接受的载体； 50. 如权利要求44或45所述的药物制剂，其还包含额外治疗剂，额外治疗剂选自曲妥珠单抗、曲妥珠单抗-MCC-DM1（T-DM1）和帕妥珠单抗；	☆☆
11	CRIPTO结合分子	比奥根艾迪克MA公司	CN101137673B	2013-12-04	1. 一种结合分子，其包含：(a) 轻链以及 (b) 重链，其中该结合分子特异结合人Cripto抗原； 32. 权利要求1-31之一的结合分子，该分子是双特异性的； 37-42. 权利要求1-36之一的结合分子、核酸分子、组合物、宿主细胞、制备方法； 42. 权利要求42的用途，其中所述用途用于治疗患有恶性肿瘤的受试者的药物中的用途； 43. 权利要求42的用途，其中所述药物与其他的试剂联合使用；	☆☆

续表

序号	标题	申请人	公开号	公开日	相关的权利要求项	预警等级
11	CRIPTO 结合分子	比奥根艾迪克 MA 公司	CN101137673B	2013-12-04	45. 权利要求 43 的用途，其中所述其他试剂选自那他珠单抗，曲妥珠单抗等； 46. 权利要求 36 的结合分子在制备用于治疗过表达 Cripto 的肿瘤的药物中的用途	☆☆☆
12	肿瘤靶向缀合物及其使用方法	SBTX 公司	US20190336615 A1	2018-08-02	72. 一种用于诱导免疫细胞活化的缀合物，其包含：a）抗体构建体，其包含：i）第一结合构域，其中所述第一结合构域特异性结合肿瘤抗原；ii）第二结合构域，其中所述第二结合构域特异性结合抗原呈递细胞上的抗原，其中所述抗原是所述抗原呈递细胞上的分子……； 92. 根据权利要求 68-91 中任一项所述的抗体构建体或缀合物，其中所述第一结合构域具有一组可变区 CDR 序列，所述第一组可变区 CDR 序列包含表 3 或表 4 中列出的一组可变区 CDR 序列	☆☆

第五章　仿制药专利分析

243

CN105820251B 涉及双特异性抗体或抗体混合物，其在独立权利要求 1 中即保护了核心技术，限定了所述双特异性抗体或其抗原结合部分的两条轻链具有相同的序列；所述双特异性抗体的重链或其抗原结合部分分别与所述轻链在生理条件或体外的蛋白表达状态下结合而同时识别帕妥珠单抗和曲妥株单抗各自的特异性抗原，该双特异性抗体的设计可以将两个原始抗体或抗体混合物中的轻链替换为共同轻链，以得到具有共同轻链的双特异性抗体或抗体混合物，该具有共同轻链的双特异性抗体或抗体混合物能够实现轻链和重链的正确组合，并且与两个原始抗体相比，具有良好的结合特性、生物学活性和稳定性，甚至在生物学活性上优于原始抗体。根据其结构设计可知，该专利同样是将现有的与 HER-2 受体胞外结构域 II 区结合的帕妥珠单抗和作用于乳腺癌细胞的 HER2-Neu 表面蛋白的曲妥珠单抗进行组合，只是具体结构连接关系不同于前述的 CN109715671B。由此，企业在进行研发生产时同样需要关注上述相同的侵权风险，做好预警和备案。

CN114729053B 提供了一种异二聚体抗体，该抗体包含两个不同的抗原结合多肽单元，异二聚体与其对应的同二聚体分子量大小不同，可利用分子量的大小来区别异二聚体和同二聚体，从而较方便地确定双特异性抗体的纯度。这是一种新型双特异性抗体 MSBODY，该发明包括了双特异性抗体药物研究过程中所介导的免疫细胞杀伤、双特异性抗体的制备，以及双特异性抗体体外体内药效模型的建立和检测。双特异性抗体 MSBODY 包括一组单链单元（ScFv 连接 Fc 组合），另一组则为单价单元（重轻链组合），其中单价单元特异结合一种人的肿瘤细胞抗原，包括 HER2 等一系列肿瘤细胞膜表面抗原，并且在其重链 Fc 区进行一些改造，使其相对野生型，不易自身形成二聚体；而另一组单链单元特异结合另一种人的 T 细胞抗原 CD3，同样在其重链 Fc 区进行另外一些改造，也不易自身形成二聚体，而这两组单元之间很容易形成异二聚体。与此同时，双特异性抗体能在靶细胞和功能分子（细胞）之间架起桥梁，激发具有导向性的免疫反应，在免疫细胞的参与下，该发明的双特异性抗体对肿瘤细胞有极强的杀伤效果，在肿瘤的免疫治疗中具有广阔的应用前景。在其权利要求中，通过具体描述可知，其保护范围明显也涉及了针对 4-1BB 和 HER2 肿瘤表面抗原的双特异性抗体。由此，企业在进行相关仿制药项目之前，必须关注到该专利文件所请求保护的技术方案。另外值得注意的是，该专利于2022年10月取得专利权，目前为有效状态，其专利权人铂医药（苏州）有限公司在当年年底进行了公司名称的变更（伴随着专利权的转让），为诺纳生物（苏州）有限公司。

CN107253992B授权了一类针对HER2的单克隆抗体和基于相关抗体的组合物和分子，以及包含所述抗体的药物组合物和使用所述抗体的治疗和诊断用途。该专利的主要目标在于提供用于医疗用途的新的高度特异的、有效的单克隆HER2抗体，虽然有些如交叉阻断HER2的结合测定中显示大部分抗体显然结合与曲妥珠单抗、帕妥珠单抗或F5/C1结合的那些HER2区段重叠的HER2区段，但与这些已知抗体相比，该专利提供的这类抗体能够提高在ADC测定中杀死表达HER2的肿瘤细胞的更高的效率，具有改进的内化和（或）其他优势。虽然其重点并不在于基于曲妥珠单抗的双特异或多特异抗体产品本身，但是具体核对授权权利要求的保护范围可知，其中的权利要求16限定了"所述第二抗体选自权利要求1–14中任一项的抗体"，前文的权利要求中明确提及了被作为对比对象的曲妥珠单抗。此外，结合前后的引用关系和技术特征表述，本领域技术人员显然能够概括出其仍然保护了一种基于曲妥珠单抗和该专利核心的抗HER-2抗体的双特异性抗体。值得注意的是，这样的授权专利的保护范围其实属于非常隐蔽的，如果没有对授权的权利要求进行深入的剖析，在前期准备工作中没有重点关注该专利，或者在先筛选过程中将其排除在外，后续会面对极高的专利侵权风险。该专利是在2021年年底取得了专利权，目前为有效状态。具体查阅信息可知，该专利具有多件同族专利（涵盖了国内和国外多件申请），其本身是属于母案CN103154035B的分案申请，母案在经过一系列的复审、重新审查的事件之后，在2017年同样取得了授权，不过其涉及的权利要求授权范围并没有涵盖曲妥珠单抗，因而并无显著的参考价值。

CN104080811B提供了支架具有在各个结构域（如CH_2和CH_3）不对称的重链，来实现超越用天然同源二聚体（对称）Fc分子的参与调节效应功能的各种Fc受体之间的选择性和所获得的变体Fc同源二聚体的增加的稳定性和纯度。该专利的重点在于在Fc结构域中通过设定具体的突变位点，实现稳定异源二聚的抗体设计。根据具体限定的内容，该专利授权的权利要求保护范围涉及分离的异源多聚体 Fc 构建体，其中所述异源多聚体 Fc 构建体是双特异性或多特异性抗体，其中至少一种治疗性抗体选自曲妥珠单抗。由此，该专利也必须作为预警专利之一进行重点规避，不应当采用权利要求中限定的那些异源多聚体 Fc 构建体的相关设计方案。该专利在 2017 年先被实质审查员驳回，随后申请人提出了复审，在 2019 年 2 月，国家知识产权局专利局复审和无效审理部撤销了国家知识产权局于 2017 年 8 月 14 日对本申请作出的驳回决定。由国家知识产权局原审查部门在本复审决定依据的文本的基础上对本发明专利申请继续进行审查，最终在 2019 年年中取得了专利权，目前为有效状态。

　　CN104829728B 和 CN104558192B 属于武汉友芝友生物制药有限公司（石药集团）的 2 件同族专利，均涉及一种新方法制备双特异性抗体 SMBODY（ScFv and monomer bispecificantibody），该双特异性抗体包括两组单元，其中一组单元为轻重链对，称为单价单元，特异结合一种抗原，并且在其重链 Fc 区进行一些改造，使其相对野生型，不易自身形成二聚体；而另一组单元为单链-重链 Fc 区融合肽，称为单链单元，特异结合另一种抗原，同样在其重链 Fc 区进行另外一些改造，也不易自身形成二聚体，而这两组单元之间很容易形成杂合二聚体。并且其中一组的抗体结构为单价单元，另一组为单链（ScFv-Fc），单价单元针对免疫细胞的表面抗原 CD3 具有特异性结合能力，单链单元针对肿瘤细胞表面抗原 HER2 具有特异性结合能力，这样就避免了各自轻链与对方重链错配的可能性，从而形成 125kDa 的双特异性抗体蛋白分子。Fc 改造后，单价单元的重链和单链自然异二聚化，同时 CL 和 CH1 间自然二聚化，最后形成 SMBODY。涉及的两件专利保护范围较为相似，曲妥珠单抗的相关描述是在权利要求 2 的双特异性抗体的制备方法中，主要相关的权利要求限定的方法步骤过于具体，保护范围非常小。据此，在进行仿制药项目时，基于"单价单元针对免疫细胞的表面抗原 CD3 具有特异性结合能力，单链单元针对肿瘤细胞表面抗原 HER2 具有特异性结合能力"的 SMBODY 结构可以供研究人员充分参考，虽然参考价值较高，但是未来面对的侵权风险非常有限。涉案的 2 项专利分别在

2018年年底和2019年年初被授予专利权，目前为有效状态。

CN102812045B、CN102471380B、CN107001479B、CN101137673B中均涉及将曲妥珠单抗作为"额外的或另外的"治疗剂设计到双/多特异性抗体或其医药用途中，其中并没有明确限定出包含了曲妥珠单抗的双特异或多特异性抗体的技术方案。但是值得注意的是，这些涉及的专利在描述的时候并没有清楚表明额外的治疗剂一定是另外使用的，即不是作为双特异或多特异性抗体结构设计的一部分而是作为组合添加物质，因此后续在出现无效、侵权判定中可能会出现不确定的后果。此外，4件专利的各所属企业分别为安进公司、霍夫曼．拉罗奇有限公司、罗氏（基因泰克公司）和比奥根艾迪克MA公司，均属于国外实力较为强劲的企业，不排除其今后的研发方向会涉及具体的双特异或多特异性抗体结构设计中而不是作为药物组合物的添加物进行使用。因此，这些相关专利及其相关企业未来的专利布局点，也是企业在进行仿制药项目时非常需要关注的。

另外值得留意的是，US20190336615A1公开了一类用于诱导免疫细胞活化的抗体构建体，其主要目的是通过两个结合结构域协作，将特异性结合抗原呈递细胞（APC）带到癌细胞或肿瘤，从而允许APC通过细胞因子释放、趋化因子释放或将肿瘤相关抗原呈递给效应T细胞或辅助T细胞来引发/传播癌细胞/肿瘤特异性免疫应答。根据该专利请求保护的权利要求范围可知，其同样明显涉及了包括曲妥珠单抗结构的抗体构建体。目前该专利只申请进入了美国和欧洲，并且暂时属于未审结状态，暂未申请进入中国。但基于该专利的价值或相对较高，请求保护的技术范围较为宽泛，需要间歇性关注其案件审查的动向以及进入中国的倾向性，以免后续陷入不必要的侵权纷争。

在生物药制品行业，侵权风险的分析和评估首先需要考虑药品的活性成分。为加深理解，笔者结合目前领域内较为火热的案例进行剖析。例如，近来颇受业内关注的美国安进公司（以下简称"安进"）诉法国赛诺菲公司（以下简称"赛诺菲"）一案中，安进诉赛诺菲的降脂药PCSK9抗体Praluent（Alirocumab）侵权了安进公司的专利US8829165B2。这个专利的授权权利要求第1项是：An isolated monoclonal antibody, wherein, when bound to PCSK9, the monoclonal antibody binds to at least one of the following residues: S153, I154, P155, R194, D238, A239, I369, S372, D374, C375, T377, C378, F379, V380, or S381 of SEQ ID NO: 3, and wherein the monoclonal antibody blocks binding of PCSK9 to LDLR。这个权利要求里的要素包括：①分离的PCSK9单抗；②抗原表位，也就是抗体和至少一个在这里列出的PCSK9里的氨基酸位点结合；③抗体可以阻止PCSK9和LDLR的结合。可以看出，这个权利要求的保护范围是很广的，它不只覆盖了安进自己的PCSK9抗体产品Repatha，并且其他PCSK9抗体，只要是满足这三个要素，不论抗体的序列是什么，都落入它的权利要求保护范围之内。这里，赛诺菲的Praluent被安进认为满足了这些要素，所以卷入了这个侵权官司（这个案件目前结果是法院认为安进的专利无效）。假如一个PCSK9单抗，不满足这个专利中的某些要素，比如它不与任何列出的氨基酸位点结合，或者不能阻止PCSK9和LDLR的结合，那么它侵权这个专利的风险就比较小。

除活性成分外，侵权评估也要考虑产品中的其他成分，以及活性成分相关的产品、治疗或检测方法、制造方法以及医药用途等。比如在百时美施贵宝诉默克的PD-1抗体Keytruda侵权案中，百时美施贵宝所用的专利之一US8728474B2保护的就是用PD-1抗体治疗方法。该授权专利的权利要求第1项是 A method for treatment of a tumor in a patient, comprising administering to the patient a pharmaceutically effective amount of an anti-PD-1 monoclonal antibody。该权利要求里的要素包括：①PD-1单抗；②有效治疗癌症。可见，该权利要求基本上囊括了各种PD-1单抗治疗各种癌症的用途。百事美施贵宝认为Keytruda的治疗方法也在其中。这个案件最终以双方达成协议告终。如果某一个PD-1抗体被用在治疗癌症以外的疾病，那么这个用途对专利就可能不构成侵权。

上述两个例子中的权利要求都是以功能定义抗体的，所以保护范围比较广。抗体相关的专利有相当多的一部分是保护具体序列的（包括CDR，可变区等）。这类专利保护范围就相对较窄。如果一个抗体产品有不同的序列（比如不同的CDR，可变区序列等），则就不太可能构成侵权。生物类似药在进行开发时可以尤其关注到这一点，将会很容易绕开侵权风险专利。

在进行侵权风险分析的过程中，有时也会发现一些还没有授权的专利申请，例如前文提及的US20190336615A1。此外，一些申请的现有权利要求覆盖范围会比较广，但是它们可能会在申请过程中被修改，范围变窄。如果现有权利要求和自己的产品相关，则需要跟踪这些申请的状态，看最终授权的权利要求是否会构成风险。另外，实施侵权风险分析只能在已经公开的专利和申请中检索。基于我国目前申请途径的多样性增加，如果希望在本国国内进行侵权风险分析，在条件允许情况下，最好每过一段时间更新检索结果并进行分析研讨，查看有没有需要引起注意的新的专利申请出现。

2. 专利侵权风险应对

HER2靶点的抗体药的专利竞争中，国内企业面临的形势相对较为严峻，尤其是对于一些核心的关键技术，国外医药巨头已经布下了专利网。由于抗体药物利润丰厚，一般拥有专利权的企业都采用在专利期内垄断市场的策略。因此，企业主体既要防止国际抗体药物巨头发起侵权诉讼，又要阻止国内的后来者轻易进行仿制，这也是其知识产权策略的主要目标。[1]

自主知识产权是企业首选的专利策略，从抗体修饰、纯化工艺、衔接子等角度优化研发，绕开国外医药巨头的核心专利的保护范围，申请自己的专利。同时关注竞争对手的专利申请进程，尤其是从产品是否存在授权缺陷等角度，阻止相关专利的授权，是最直接也是最经济的手段。对于已经授权的专利，通过无效宣告进行挑战，无论是时间还是金钱都需要大量消耗，可能错过黄金时间。笔者筛选了关于曲妥珠单抗的龙头企业罗氏在华核心专利被无效宣告的案例，以及近年来较为知名的抗辩方式，进行侵权应对解析。这些案件都是基于国内专利法体系，充分利用行政和司法程序，积极挑战跨国制药公司的专利权，通过这些案例分析，以期国内创新主体在无效宣告国外抗体药物公司在我国的核心专利时，可以从不同角度进行借鉴。[2]

---

[1] 深圳先进院.罗氏赫赛汀专利布局路线[EB/OL].(2020-09-26)[2024-09-14]. https://mp.weixin.qq.com/s/GQbJSIcco6mRFBrYYZDhpg.

[2] 郭雯,等.创新药专利精解[M].北京:知识产权出版社,2021.

(1) 用药禁忌

赫赛汀的一起无效宣告案件被评为 2014 年专利复审无效十大案件之一 (第 23948 号无效决定), 涉案专利名称为"用抗 ErbB2 抗体治疗", 无效宣告请求人为个人, 专利权人为基因技术公司被罗氏收购, 主要涉及抗体药物制品以及在制备治疗乳腺癌的药物中的用途, 包装插页上有避免使用蒽环类抗生素化疗剂与组合物组合使用的说明。由于我国《专利法》第 25 条规定, 疾病的诊断和治疗方法不能授予专利权, 可见我国专利法出于实用性、人道主义和社会伦理的目的将"疾病的诊断和治疗方法"排除在授权主题范围之外, 并在审查实践中指出了给药对象、用药方案、用药剂量制备的药品如果没有产生结构的不同是不影响新颖性的判断的, 而欧洲、美国、日本针对瑞士型权利要求的理解是不完全相同的, 即使使用了瑞士型权利要求撰写医药用途发明, 也并未解读为产品制备方法类型, 只是作为新的医药用途保护方式, 给药对象、用药方案、使用剂量等特征也大多采用了认可限定作用的原则。

无效宣告请求人对专利 CN1820734B 进行了无效宣告。请求人给出的主要证据, 即证据 1 公开了 rhuMoAbHER2 抗体与帕利他塞或顺铂的药物组合物, 用于联合治疗人类乳腺癌肿瘤, 其中帕利他塞或顺铂不属于蒽环类抗生素类化疗剂。请求人认为两者区别仅在于权利要求的技术方案将药物组合物制成了药盒制品, 属于常规技术。而专利权人认为, 证据 1 并未打破蒽环抗生素治疗乳腺癌的常规, 相反其 II 期临床的治疗方案均包含蒽环抗生素类型的化学治疗剂, 因此并未教导排除使用蒽环抗生素, 涉案专利记载了抗 ErbB2 抗体 (即赫赛汀抗体) 与蒽环类抗生素联合使用的不良反应非常大, 属于预料不到的技术效果。该案具体争议焦点在于: 包装插页中的用药禁忌是否构成权利要求与对比文件之间的区别技术特征, 影响创造性的判断。对此专利复审委员会认为, 用药禁忌对于权利要求没有实际限定作用, 在确定保护范围时不应予以考虑, 尽管专利权人上诉北京知识产权法院、北京市高级人民法院, 北京市高级人民法院于 2016 年最终维持了专利复审委员会胜诉, 专利 CN1820734B 被全部无效。

由此可见, 准确把握国内对药物相关保护主题的审查标准, 是中国企业在抗体药物领域维权的基础，尤其是针对国外医药巨头在华的核心专利。除了此案涉及的用药禁忌外，往往涉及给药对象、用药方案、用药剂量等，通常隐藏在瑞士型权利要求中。虽然理论上这种限定在我国专利审查实践中通常对制药用途不会产生影响，但国内企业对此如果不了解可能会选择绕开专利范围进行研究，而没有选择去无效宣告，则会给企业带来损失。中国企业可重点研究国外医药巨头在国内授权的核心专利，合理维权，无效其在华的不当权利。

（2）用药剂量

在罗氏使用用药禁忌限定制药用途专利被无效宣告的基础上，基因技术公司（即罗氏）又一件重要核心专利 CN100443118C（涉案专利名称为"用于抗 ErbB2 抗体治疗的制剂"）保护了包含抗 ErbB2 抗体在制备用于治疗易患或被诊断患有以过度表达 ErbB2 受体为特征的人类患者病症之产品中的用途；并限定了用药剂量和用药方案的包装插页。请求人赛特瑞恩股份有限公司对上述专利提出无效宣告请求，给出的证据 1，公开了人源化抗 ErbB2 抗体和化疗剂联合治疗易患或被诊断患有过度表达 ErbB2 的转移性乳腺癌患者的方法，使用的剂量以及用药方案不同。无效宣告请求人提出，给药剂量和给药时机的限定是医生在治疗时用药过程中的选择，其不会对该专利制药的原料、制造方法以及适应证等产生实质性的影响，对该药物的制药用途不能构成实质性的区别；而专利权人认为，给药剂量和（或）给药方案，以及包装插页或标签的文字说明的技术特征限定能够为制药用途带来实质性影响，应在新颖性判断时予以考虑。对此合议组认为，给药剂量、给药时机的变化仅仅停留在用药过程中，不介入制药过程，不能使制药用途权利要求与现有技术相区别，包装插页或标签上的文字说明也只是提供所述产品在使用中的相关信息，对产品的结构组成没有本质上的影响。专利权人上诉至最高人民法院，最终最高人民法院维持原判。

尽管罗氏核心专利被无效，但罗氏公司对于上述专利，经过两次上诉，直至最高人民法院，也可看出罗氏对于在我国境内欲获得相关专利授权的态度。然而，用药剂量、给药方案是否会产生不同的制药用途，也是中国和国外不同的核心争议点之一。以欧洲专利局为例，中国对于医药用途发明审查的标准与欧洲专利局早期审查标准比较接近，但欧洲专利局于后期对于"给药方案"特征的认定是评价第二医药用途发明新颖性和创造性时需要考虑的，逐渐突破了将瑞士型权利要求局限于制药工业的限制，而扩展到用药过程中，这与我国相应地不考虑给药方法特征的审查标准是不同的。然而，国外医药巨头抗体药物以给药方案作为核心专利之一，也是专利布局中的重要一环，以此为出发点，可能成为我国企业突破国外医药巨头核心专利的突破口之一。

（3）利用专利权人在先申请无效

专利布局中，国外医药企业往往需要构建较为复杂、数量庞大的专利网。由于公司研发程序紧凑，内容延续性较好，对应的专利虽然权利要求只针对一个具体的方向，但为了得到说明书的支持，说明书中往往会给出全面的记载和披露，因此其内容难免相互交叠。例如，国内个人请求人采用罗氏自己提出的在先申请作为无效证据，成功宣告 CN1260249C 全部权利要求无效。

授权专利独立权利要求 1 要求保护一种包含抗 HER2 抗体和一种或多种其酸性变体的组合物，其特征在于：该酸性变体的量少于 25%，从属权利要求进一步限定了组合物还包含药物可接受的载体，以及抗体为 humMAb4D5-8。

主要证据文献 1（WO9704801A1）公开了抗 HER2 抗体组合物制剂，可脱氨基降解，未降解蛋白质含量由 82% 逐渐变低，但仍保持非变性蛋白质含量不低于 75%（即制剂中降解蛋白质含量小于 25%），文献 2 WO9633208A1 公开了抗 HER2 抗体及其蛋白纯化方法。上述文献均为罗氏自己申请的专利文献。请求人认为文献 1 的纯化条件可以将非变性蛋白与降解蛋白分离，如果收集阳离子交换色谱的单一洗脱峰，必然获得纯度高（大于 25%）的非变性蛋白质。而专利权人认为文献 1 中纯化条件不同，没有明确公开"组合物中酸性变体的量小于 25%"这一技术特征。对此合议组认为，证据 1 所述的阳离子交换色谱已测定出非变性蛋白与降解蛋白的百分比含量，降解蛋白的含量在 18%~25%，由于 HER2 抗体主要的降解途径是脱氨基，涉案专利中解释抗 HER2 抗体的酸性变体是指 HER2 抗体多肽通过脱氨基或脱酰胺基形成的比原始多肽更为酸性的变体，因此酸性变体属于降解蛋白。由此就能推导出证据1中测定的抗HER2抗体蛋白组合物制剂中酸性变体的量必然低于降解蛋白总量,因而必然小于25%。尽管专利权人上诉北京知识产权法院、北京市高级人民法院,而北京市高级人民法院于2011年最终维持了专利复审委员会胜诉,专利CN1260249C被全部无效。

由此可见,抗体医药企业的核心专利,同样存在权利不稳定的情形。由于原研药物研发起点较高,检索专利权人以外的现有技术文献很难获得技术启示,而国内医药企业可从其本人在先专利文献着手,尤其针对短权利要求、成分简单的组合物权利要求可重点检索,起到事半功倍的效果。对于权利要求没有被公开的技术特征,如果能够从现有技术文献中通过合理推导获得,同样也是十分值得尝试无效抗体医药企业的核心专利。

(4)从涉案专利说明书寻找不足、合理缩小专利保护范围

由于权利要求概括过宽而得不到说明书支持的条款也是挑战授权专利、合理缩小专利保护范围的常用手段之一。罗氏授权专利CN1151842C即存在上述情况,授权权利要求如下:

一种包含溶解保护剂和单克隆抗体的冻干混合物的制剂,其中溶解保护剂和单克隆抗体的摩尔比为100至600摩尔溶解保护剂比1摩尔抗体,所述溶解保护剂选自非还原性糖、谷氨酸单钠、组氨酸、甜菜碱、硫酸镁、三元醇或高级糖醇、丙二醇、聚乙二醇、Pluronic及其组合。

权利要求涉及冻干混合物制剂,所包含成分和组分含量限定内容较详细,但其中"单克隆抗体""非还原性糖"等都属于上位概括的表述,说明书具体实施例必然需要使用具体的种类进行实验,是否能够通过实验数据获得的效果支持上述范围不得而知。对此请求人提出,涉案专利说明书记载的能够和单克隆抗体形成稳定制剂的只有海藻糖或蔗糖,而且即使含有非还原性单糖(甘露糖醇)的制剂对于控制IgE抗体的凝聚都是不理想的,而专利权人认为"在2~8℃下保藏时,单糖制剂(甘露糖醇)的凝聚速度与缓冲液对照中的相同"的描述只表示在所述pH为5的琥珀酸钠条件下,甘露糖醇的凝聚速度与缓冲液对照相同,并不表示含甘露糖醇的制剂不稳定而不能实现本发明的目的。对此合议组认为:涉案专利说明书实验数据证明并非任何类型的非还原性糖均像蔗糖和海藻糖一样可用于稳定单

克隆抗体冻干制剂，非还原性单糖如甘露糖醇相对于缓冲液对照就没有显现出更好地控制蛋白质凝聚以保持蛋白质稳定性的效果，而且其他溶解保护剂与蔗糖或海藻糖属于性质不同的化合物。

结果虽然只是将权利要求部分无效，使专利权人将非还原性糖缩小到海藻糖或蔗糖，但对于国内企业，可在海藻糖或蔗糖以外的非还原性糖中进行选择制备含有 HER2 抗体的冻干制剂，扩展可研究范围。专利说明书针对权利要求的上位概括，需要提供实验数据的支持，从涉案专利说明书中寻找不足也是合理缩小专利保护范围的一条途径。

总 结

根据目前的世界形势，对于生物医药类企业而言，由于其行业更具有特殊性，药物研发和生产过程往往周期长、成本高、难度大，进行专利侵权风险预警则显得尤为重要。若在研发概念阶段，产品尚未定型，技术也未成熟，通常可能仅有一个大致方向或框架。想要提前预知新技术的发展趋势，对可能发生的重大专利侵权争端及对企业可能产生的危害进行预警，这就要求分析人员对全行业的基本情况进行全面的信息采集，具备熟练的检索技能，并掌握科学的分析方法，将风险防控工作前移是首要考量因素。若企业某产品和（或）技术（生产方法）准备进入一个新的市场，或是准备在国内销售新产品，或是准备将已有产品销往国外时，则要更加全面了解全球的行业技术动向、竞争对手的专利布局等情报，从而对于主要竞争对手是谁、发展方向上的核心专利归属、主流技术方向上"雷"的分布，以及如何避免侵权纠纷等进行全面了解和掌握。企业可根据自身的实际情况以及项目所处的时机，适当选择进行侵权风险预警分析，保障自主研发、降低专利侵权风险，低成本解决可能遇到的巨额风险和纠纷。本章内容希望在技术和法律的层面能够给到企业启发，方便企业在研发经营或应对危机时可以更快锁定恰当的分析方法，以期规避企业知识产权侵权风险，保障企业平稳持续发展，增强企业的市场竞争力。

第五节 阿塞那平专利分析

一、原研药的技术研发路线

阿塞那平（Asenapine）是一种多靶点的非典型抗精神病药物，化学名称为(3a R,12b R)-反式-5-氯-2-甲基-2,3,3a,12b-四氢-1H-二苯并[2,3:6,7]氧杂并[4,5c]吡咯，CAS 登录号为 65576-45-6。其是一种新型非典型抗精神病药物，为 5-HT 受体、α-肾上腺素受体、多巴胺 D 受体及组胺 H 受体的拮抗剂，对 M 胆碱受体没有亲和力。主要用于治疗成年人急性精神分裂症以及双相情感障碍 I 型的急性躁狂发作或混合性发作（伴/不伴精神病性症状）。

阿塞那平由诺华公司与欧加农生物技术公司共同开发，Schering Plough（先灵葆雅）公司生产，是通过对四环类抗抑郁药米安色林（mianserin）进行结构改造而发现的新型非典型抗精神病药。于 2009 年 8 月 14 日经美国 FDA 批准上市，2009 年 11 月 27 日经欧盟批准上市。

阿塞那平的研发起点可以追溯到对四环类抗抑郁药米安色林（mianserin）的结构改造。米安色林于 1996 年合成，刚开始的资料并没有显示其可能的抗抑郁作用，但随后的临床药理学研究表明它是一种有效的抗抑郁药，并且与三环类抗抑郁药相比，有更少的抗胆碱能作用和心脏毒性。米安色林和米氮平一样，同属特异性 5-HT 受体拮抗剂（NaSSA）类抗抑郁药物，通过阻断去甲肾上腺素 α2 自受体和异受体，选择性阻断 5-HT2 型受体和 5-HT3 型受体，同时阻断 H1 受体来发挥其抗抑郁、抗焦虑、促睡眠的作用，不过与米氮平不同，米安色林还具有强效的 α1 受体拮抗作用，α1 受体拮抗作用联合 H1 受体拮抗作用，有效阻断脑内唤醒系统，镇静作用更为明显。传统抗精神病药物往往存在不良反应大、疗效有限等问题，因此寻找一种新型、高效、不良反应小的抗精神病药物成为药物研发的重要方向。在这一背景下,四环类抗抑郁药米安色林的结构引起了科学家们的关注。米安色林虽然主要用于抗抑郁治疗,但其独特的化学结构和药理特性为新型抗精神病药物的研发提供了灵感。科学家们首先对米安色林的结构进行了深入分析,试图通过结构改造来发现具有抗精神病活性的新化合物。他们利用现代药物化学技术,对米安色林分子中的不同官能团和取代基进行了替换、增减、调整,生成了一系列结构类似物。随后,这些类似物被逐一进行生物活性筛选,以评估其潜在的抗精神病效果。早期阿塞那平的研发并不顺利,由于严重的肝脏首过效应(hepatic-first-pass),近38%的代谢产物通过肝脏排泄,使得该药的口服生物利用度非常低(<2%),个体间药物暴露量变异系数大。所以其最初是考虑使用静脉常规途径应用,但后来它被成功地配制成舌下快速溶解片剂。故此前全球上市的阿塞那平剂型仅有舌下片,1天需给药2次。但精神分裂症患者发病时难以按照舌下片要求服药,且阿塞那平舌下片可能引发口腔溃疡及味觉障碍,故该剂型的安全性与患者依从性亟待提高。这也导致了初期该药的销售市场未能达到预期。

接着,久光制药(Hisamitsu Pharmaceutical)另辟蹊径,利用自有的透皮给药系统(Transdermal Drug Delivery System TDDS)平台技术,开发了阿塞那平通过皮肤给药的贴剂,解决了患者用药不便问题。阿塞那平透皮贴剂为储库型,在Ⅰ期临床试验中,通过药代动力学主要指标AUC和cmax与对照药品舌下片进行桥接试验后,直接开展Ⅲ期临床试验。FDA对阿塞那平透皮贴剂的批准是基于一项随机、双盲、含安慰剂对照的Ⅲ期临床试验。该研究共入组了616例精神分裂症成人患者,在6周的治疗期内评估了阿塞那平透皮贴剂治疗成人精神分裂症的有效性和安全性。阿塞那平透皮贴剂组患者在第6周的阳性和阴性症状量表(PANSS)总分较基线时得到显著改善,达到了该临床试验的主要终点。另外,在第6周时对患者的疾病严重程度-临床总体印象量表(CGI-S)的评估也达到了统计学意义上的改善,达到了该临床试验的关键性次要终点。在安全性方面,阿塞那平透皮贴剂和舌下片的已知安全性是一致的。2019年阿塞那平贴剂Secuado®以"新剂型"形式获得 FDA 批准上市，Secuado® 是目前 FDA 批准的首款用于治疗精神分裂症患者的透皮贴剂药物。

二、原研药物在华专利布局

以 2024 年 8 月 13 日作为检索时间界限，且考虑到该药物所属领域为医药化学领域，因而采用与该领域适用的商业数据库进行结构检索和数据处理，辅以国家知识产权局智能检索平台，并对最终检索结果进行合并、去重、无关文献剔除，最终获得了适合作为分析使用的数据集。对阿塞那平相关原研药物专利布局作出如下分析。

权利要求范围涵盖阿塞那平的首个专利申请追溯到 1972 年 11 月 8 日公开的 US3636045A，申请人为 GEIGY CHEM CORP（嘉基化学公司），是诺华制药公司的前身之一。其在美国、巴西、瑞士、德国、以色列、肯尼亚、奥地利、荷兰、尼日利亚、瑞典、英国、爱尔兰、波兰、比利时、乌克兰、芬兰、马来西亚等进行了专利申请，共申请了 43 项发明专利，但未在我国进行专利布局。主要内容涉及二氢二苯并（2,3:6,7）氧杂䓬并-和硫杂䓬并（4,5-c）吡咯类化合物，该类化合物对中枢系统有抑制作用，可用作 CNS 抑制剂、镇痛剂和麻醉增强剂、抗组胺剂、安非他明拮抗剂、止吐剂、5-羟色胺拮抗剂和具有高治疗比例的退热剂。该专利申请权利要求请求保护的技术方案范围内包括了阿塞那平（未直接公开该化合物），但是其所报道的此类化合物用途与阿塞那平作为抗精神药物的用途是有所区别的。

公开号为 US4145434A，申请日为 1977 年 5 月 18 日，公开日为 1979 年 3 月 20 日，申请人为 Akzona Incorporated（阿克苏诺贝尔公司），其同时在澳大利亚、瑞士、日本、法国、英国、德国、列支敦士登、比利时、爱尔兰、丹麦、瑞典、荷兰、南非共和国、西班牙、匈牙利进行了相关专利申请，未在我国进行专利布局。该专利主要涉及具有生物活性的四环通式化合物，虽然未直接公开阿塞那平，但权利要求所保护的技术方案中涵盖了阿塞那平。该篇专利文献公开该类化合物通常显示出显著的 CNS 抑制活性，其可用于治疗紧张、兴奋和焦虑状态，以及用于治疗精神病和精神分裂症病症。此外所述化合物显示出优异的抗组胺和抗 5-羟色胺活性。该专利文献具体公开了阿塞那平马来酸盐。

1995 年 3 月 1 日, 欧加农生物技术公司、默克公司、阿克苏诺贝尔公司联合申请了 PCT 专利 WO95/23600A, 并于 1995 年 9 月 8 日公开。PCT 专利是《专利合作条约》的简称, 是一项旨在简化和统一全球专利申请程序的国际性专利申请制度, 我国于 1994 年 1 月 1 日加入 PCT。欧加农生物技术公司利用 PCT 制度在多个国家进行专利布局, 共申请了 46 项发明专利, 同时在我国也进行了专利保护 CN1143320A, 其内容涉及舌下或颊给药的药物组合物, 含有阿塞那平或其可药用盐和适用于舌下或颊给药组合物的可药用辅助剂; 还涉及该化合物用于制备治疗精神性疾病。权利要求 1 为: 1. 一种药物组合物, 其包含作为药物活性化合物的: 反式-5-氯-2-甲基-2,3,3a,12b-四氢-1H-二苯并[2,3:6,7]氧杂卓并[4,5-c]吡咯或其药学上可接受的盐; 其中所述组合物是固体组合物, 并且在 37℃下在水中在 30 秒内崩解。其记载阿塞那平是具有潜在抗精神病活性的非常有效的多巴胺和 5-羟色胺拮抗剂。然而, 关于经口施用的阿塞那平, Ⅰ期临床研究揭示了其发生了严重的心脏毒性作用, 例如姿势性低血压和(或)压力感受器功能的损害。然而令人惊讶的是, 现在已经发现, 在舌下或颊部给药时, 阿塞那平具有显著更少的心血管不良反应。该组合物可用于治疗精神障碍, 诸如紧张、兴奋、焦虑、精神病和精神分裂症。最终该专利文献报道关于该药物, 口服治疗的犬显示出显著的不良反应, 例如长时间兴奋, 而舌下治疗的犬仅显示出短的兴奋期, 随后是长期镇静。权利要求 1 为: 1. 一种舌下或颊给药的药物组合物, 其特征在于该组合物含有反-5-氯-2-甲基-2,3,3a,12b-四氢-1H-二苯并[2,3:6,7]oxepino[4,5-c]吡咯或其可药用盐和适用于舌下或颊给药组合物的可药用辅助剂。

有关阿塞那平的首个在华专利申请 CN1143320A, 为 PCT 申请, 拥有国际申请日 1995 年 3 月 1 日, 并于 1997 年 2 月 19 日公开, 于 2002 年 2 月 27 日获得授权, 2015 年 4 月 8 日专利权终止。同时还在中国香港进行了专利布局, 专利号为: HK1008417A, 该专利于 2004 年 12 月 15 日获得授权, 于 2015 年 3 月 20 日专利权终止失效。

国外大型制药公司在早期对阿塞那平的全球专利布局，均未涉及我国，主要原因是我国专利制度起步较晚。追溯到1978年，当时中央作出了"我国应建立专利制度"的决策。随后，原国家科委开始筹建我国专利制度，并从1979年3月开始制定专利法。经过一系列的筹备和审议，最终在1984年3月12日，第六届全国人民代表大会常务委员会第四次会议通过了《中华人民共和国专利法》。这部法律于1985年4月1日正式生效，标志着我国专利法制度的正式确立。

随后，欧加农生物技术公司就阿塞那平主题，于2005—2011年在我国申请了共计10件发明专利申请。

专利TW200501946A（公开日2005年1月16日）公开提供治疗精神分裂症的手段，包括使用asenapine制造抗精神病药，且将该抗精神病药给过重病患服用，或给因抗精神病药导致体重增加的病患服用，或防止体重增加的病患服用。其给出相关药效实验，结果显示体重增加的发生率低；在治疗精神分裂症中与任何其他抗精神病药物相比是安全的并且不会引起不良反应；将其功效和安全性与利培酮一起在患有精神分裂症的受试者中进行试验。权利要求1记载为：一种治疗过重患者的精神分裂症之药学组合物，其包括一有效量的抗精神病剂，其中该抗精神病剂为阿塞那平。该案件获得授权后于2015年5月1日失效。

专利CN101039667A（公开日2007年9月19日）原始权利要求请求保护化合物或其药学上可接受的盐、溶剂化物、水合物或旋光异构体用于制备治疗哺乳动物的双相性精神障碍的药物制剂的用途。然而申请文件中仅仅给出了药效试验的设计方案、实施步骤和所需测定的参数，而并未给出任何asenapine在所述试验中的结果数据，因而由于说明书公开不充分，不符合《专利法》第26条第3款的规定而被予以驳回。最终为驳回失效状态。

专利CN101175741A（公开日2008年5月7日）主要涉及阿塞那平的制备方法，该专利于2011年2月10日被授予专利权。授权文本中的权利要求相关化合物是制备阿塞那平的中间体。2014年5月28日专利权终止。

专利TW200722428A（公开日2007年6月16日）主要涉及阿塞那平马

来酸盐的晶型,该专利于2012年5月21日获得授权,目前处于失效状态。该文献记载为了开发阿塞那平舌下组合物,因而需要有小粒子尺寸的药用物质,为了减小晶体的粒子尺寸,要施以微粉化步骤。本申请在采用单斜晶型起始微粉化之后,得到单斜晶型、斜方晶型或多种多形体的混合物。该晶型能够赋予更为让人满意的加工和压缩特性。最终获得d95<30微米的斜方多形体。

专利CN101484456A(公开日2009年7月15日)主要涉及阿塞那平的制备方法和用于所述方法的中间产物,该制备方法具有良好的总产率,最终于2011年9月7日获得授权,目前已失效。专利TW200831514A(公开日2008年8月1日)涉及无定性型阿塞那平及其医药上可接受的盐、溶剂化物、水合物,以及制备该无定型的方法。该专利于说明书部分提供了相关吸湿性实验,但最终未获得授权。专利CN101918411A(公开日2010年12月15日)涉及制备阿塞那平的方法,以及制备方法中所用的中间体,该案件于2012年9月28日视为撤回。专利CN102596172A(公开日2012年7月18日)涉及含有阿塞那平的注射剂,该案件于2013年9月18日视为撤回。专利TW201118102A(公开日2011年6月1日)主要涉及一种羟基阿塞那平化合物,最终未获得专利授权。

经过上述技术梳理,原研药厂在华专利申请总结如下,见表5-14。

表5-14 阿塞那平原研药厂在华专利申请

专利号	主要研究方向	是否授权	是否失效
CN1143320A	阿塞那平舌下或颊给药组合物	是	是
TW200501946A	一种含有阿塞那平的施用于过重病患的抗精神病药物	是	是
CN101039667A	阿塞那平相关化合物	否	是
CN101175741A	阿塞那平的制备方法及其中间体	是	是
TW200722428A	阿塞那平马来酸盐的晶型	是	是
CN101484456A	阿塞那平的制备方法及其中间体	是	是
TW200831514A	无定型阿塞那平	否	是
CN101918411A	阿塞那平的制备方法及其中间体	否	是

续表

专利号	主要研究方向	是否授权	是否失效
CN102596172A	含有阿塞那平的注射剂	否	是
TW201118102A	羟基阿塞那平化合物	否	是

原研药企业欧加农生物技术公司、诺华、默沙东均针对阿塞那平在我国进行了专利布局，涉及化合物、制剂、制备方法和中间体、无定型态、晶型。但是早期获得授权的专利由于已到期或未缴费而使得原研药厂在这些专利上的独占权消失。重点原研药企业欧加农生物技术公司在全球范围内的专利申请主要集中在2010年以前。而后未再针对阿塞那平进行专利布局，在基础专利到期后可能原研药厂没有对阿塞那平取得进一步新的、具有显著创新性的研究成果，从而将研发重心转向了其他更具市场潜力和创新性的药物领域，因此减少了对阿塞那平的专利申请。在医药领域，随着早期药物基础专利的相继到期，一个充满机遇与挑战的新篇章悄然开启，为仿制药市场带来了前所未有的红利期。这些基础专利的失效，如同解锁了知识宝库的大门，使得众多制药企业能够站在巨人的肩膀上，以前所未有的效率和成本效益，推进药物的复制与生产。仿制药的崛起，不仅极大地丰富了患者的治疗选择，更为全球医疗体系注入了新的活力。通过严格的质量控制和生物等效性评价，仿制药在确保与原研药疗效一致的同时，显著降低了药物价格，使得更多患者能够负担得起必要的治疗，实现了医疗资源的更广泛分配和可及性的提升。此外，仿制药市场的繁荣还促进了医药产业的多元化竞争，激励企业不断创新，探索更高效、更经济的生产工艺，进一步推动了整个行业的技术进步和成本优化。对于发展中国家而言，这一红利尤为显著，它有助于缓解医疗资源紧张的局面，加速实现全民健康覆盖的宏伟目标。总之，早期药物基础专利的失效，为仿制药行业开辟了一条宽广的道路，其带来的红利不仅体现在经济效益上，更深刻地影响了全球医疗体系的公平性与可持续性，为构建更加健康、包容的世界贡献了重要力量。

三、潜在竞争对手相关专利技术

通过判定合适的检索式获得检索结果,并将主题与阿塞那平关联度不大的专利文献剔除,从专利申请量、专利质量、有效专利量、在华专利维持年限等多个维度进行筛选。此外,结合阿塞那平相关制药公司的市场份额,市场覆盖能力来确定潜在竞争对手。

1. 久光制药株式会社

久光制药株式会社(Hisamitsu Pharmaceutical Co., Inc.)(以下简称"久光制药")是一家历史悠久且享有盛誉的日本制药公司,成立于1847年,总部位于日本佐贺县鸟栖市及东京都。作为透皮给药系统(TDS)领域的先驱,久光制药在该领域拥有深厚的技术积累,其TDS领域的发明专利超过100篇,包括DermaLight® 和 TransDermaSal ® 等核心技术。该公司的主要产品包括外用止痛药、胶带、透皮镇痛消炎药等,其中"撒隆巴斯(Salonpas)"作为公司的代表产品,已在全球100多个国家注册了商标,并持续位居日本国内销量首位。久光制药不仅在日本国内市场占据重要地位,还积极推进全球化品牌战略,产品已在美国、印度尼西亚等超过30个国家销售。久光制药通过其子公司进一步研发了阿塞那平的透皮贴片形式,即Secuado®,并于2019年10月获得美国FDA的批准上市。久光制药株式会社申请了多项与阿塞那平贴剂相关的专利,如CN112789039A,该专利提供了一种具有优异缓释性能的含阿塞那平的贴剂,使用硅酮类粘合基剂以增加皮肤渗透性。贴剂中包含阿塞那平和(或)其药学上可接受的盐、硅酮类粘合基剂以及控释剂,从而达到最大皮肤渗透速度的时间至24小时,阿塞那平的最大皮肤渗透速度与最小皮肤渗透速度之比小于1.62。久光制药还申请了抑制贴剂中阿塞那平或其药学上可接受的盐的分解的方法的专利(如CN116419748A),通过在粘合基剂层中加入特定的胺化合物(如单乙醇胺、二乙醇胺等)来抑制阿塞那平的分解,提高药物的稳定性和疗效。久光制药株式会社针对阿塞那平在华专利申请情况如表5-15所示。

表 5-15 久光制药株式会社在华专利申请

公开（公告）号码	标题	申请日	公开（公告）日	当前法律状态	同族个数/项	被引证次数/次
CN104487072A	贴附剂及其制造方法	2013-07-25	2015-04-01	授权有效	68	9
CN114302716A	抑制阿塞那平-N-氧化物的生成的方法	2020-10-19	2022-04-08	审中	10	
CN104487071A	贴附剂	2013-07-25	2015-04-01	授权有效	68	7
CN116406262A	含有阿塞那平的贴剂	2021-11-08	2023-07-07	审中	8	
CN107847488A	含有阿塞那平的贴剂的制造方法	2016-07-21	2018-03-27	审中	12	7
CN113382724A	贴剂	2020-01-30	2021-09-10	审中	13	
CN107847487A	含有阿塞那平的贴剂	2016-07-21	2018-03-27	授权有效	14	5
CN116419748A	抑制阿塞那平的分解的方法	2021-11-08	2023-07-11	审中	8	
CN113226308A	含有阿塞那平的贴剂	2019-09-25	2021-08-06	审中	12	
CN112789039A	含有阿塞那平的贴剂	2019-09-25	2021-05-11	授权有效	14	
CN104507472A	贴附剂	2013-07-25	2015-04-08	授权有效	68	7

从上述内容可知，久光制药株式会社有关阿塞那平专利申请主要致力于透皮贴制剂，这与其公司核心技术相关，并且授权率较高，目前未出现驳回或撤回失效案件。

2. 罗曼治疗系统股份公司

LTS Lohmann Therapie-Systeme（罗曼治疗系统股份公司），是一家在全球范围内享有盛誉的药物传递系统服务型公司，成立于 1984 年。作为透皮给药系统和口腔薄膜市场的领导者，LTS 在药物传递技术方面拥有深厚的积累与卓越的创新能力。该公司专注于开发创新给药系统，为制药行业提供从可行性评估、新配方研发、临床试验到生产和包装的全方位解决方案。LTS 在透皮给药系统领域取得了显著成就，开发并生产了近一半美国食品药品监督管理局（FDA）批准的透皮给药系统，掌握了世界上透皮给药系统的大量知识产权。这些系统包括但不限于经皮给药系统（TDDS），它们为治疗各种疾病提供了新颖、有效的给药途径。例如，LTS 生产的尼古丁透皮贴剂（如 Niquitin®），已被广泛应用于戒烟治疗，帮助吸烟者减轻尼古丁依赖性并缓解戒断症状。除了透皮给药系统，LTS 还致力于开发其他创新给药技术，如无痛注射和微针系统，这些技术对于大小分子药物（如疫苗）的透皮给药具有重要意义。LTS 拥有丰富的专利储备，已公开相关专利 100 余件，展示了公司在药物传递技术领域的深厚底蕴和创新能力。近年来，LTS 积极寻求国际合作，与全球多家制药企业建立了紧密的合作关系。例如，2020 年，中国丽珠集团与 LTS 合作开发阿塞那平透皮贴剂，该项目已进入临床阶段，标志着 LTS 在透皮给药系统领域的国际影响力进一步扩大。

罗曼治疗系统股份公司针对阿塞那平在华专利申请情况，见表 5-16。

表 5-16 罗曼治疗系统股份公司在华专利申请情况

公开（公告）号码	标题	申请日	公开（公告）日	当前法律状态	同族个数/项	被引证次数/次
CN110087640A	包含阿塞那平的透皮治疗系统	2017-12-19	2019-08-02	失效	28	3
CN110087641A	含有阿塞那平和聚硅氧烷或聚异丁烯的透皮治疗系统	2017-12-19	2019-08-02	有效	19	1
CN110799180A	含阿塞那平和硅氧烷丙烯酸杂化聚合物的经皮治疗系统	2018-06-25	2020-02-14	失效	12	
CN110958876A	含有阿塞那平的透皮治疗系统	2019-06-19	2020-04-03	授权有效	16	3
CN112533593A	含有阿塞那平的透皮治疗系统	2019-06-19	2021-03-19	审中	4	

从上述内容可知，罗曼治疗系统股份公司针对阿塞那平在华专利申请

目前保持有效的只有一项CN110958876A，主要内容设计用于头皮给药阿塞那平的治疗系统。

截至2024年8月20日，阿塞那平国内注册与受理情况见表5-17。

表5-17 阿塞那平国内注册与受理情况

受理号	药品名称	CDE企业名称	申请类型	注册类型	承办日期	审评状态	审评结论
CYHS2402669	马来酸阿塞那平舌下片	哈尔滨三联药业股份有限公司	仿制	3	2024-08-16	在审评审批中	—
CYHS2402668	马来酸阿塞那平舌下片	哈尔滨三联药业股份有限公司	仿制	3	2024-08-16	在审评审批中	—
JXHL2200315	阿塞那平透皮贴剂	丽安香港有限公司、丽珠医药集团股份有限公司研究院	进口	2.2	2022-10-28	临床默示许可	批准临床
JXHL2200313	阿塞那平透皮贴剂	丽安香港有限公司、丽珠医药集团股份有限公司研究院	进口	2.2	2022-10-28	临床默示许可	批准临床
JXHL2200314	阿塞那平透皮贴剂	丽安香港有限公司、丽珠医药集团股份有限公司研究院	进口	2.2	2022-10-28	临床默示许可	批准临床
CYHL2200043	马来酸阿塞那平舌下片	哈尔滨三联药业股份有限公司	仿制	3	2022-05-10	临床默示许可	批准临床
CYHL2200042	马来酸阿塞那平舌下片	哈尔滨三联药业股份有限公司	仿制	3	2022-05-10	临床默示许可	批准临床
CXHL1401724	马来酸阿塞那平舌下片	哈尔滨莱博通药业有限公司	新药	3.1	2014-12-25	已发件	不批准
CXHL1401725	马来酸阿塞那平舌下片	哈尔滨莱博通药业有限公司	新药	3.1	2014-12-25	已发件	不批准

续表

受理号	药品名称	CDE 企业名称	申请类型	注册类型	承办日期	审评状态	审评结论
CXHL1401723	马来酸阿塞那平	启东华拓药业有限公司	新药	3.1	2014-12-25	已发件	不批准
CXHL1400413	马来酸阿塞那平舌下片	南京华威医药科技集团有限公司	新药	3.1	2014-05-07	已发件	不批准
CXHL1400412	马来酸阿塞那平	南京华威医药科技集团有限公司	新药	3.1	2014-05-07	已发件	不批准
CXHL1301060	马来酸阿塞那平舌下片	天津市汉康医药生物技术有限公司	新药	3.1	2014-02-20	已发件	不批准
CXHL1301059	马来酸阿塞那平舌下片	天津市汉康医药生物技术有限公司	新药	3.1	2014-02-20	已发件	不批准
CXHL1301058	马来酸阿塞那平	天津市汉康医药生物技术有限公司	新药	3.1	2014-02-20	已发件	不批准
CXHL1300993	马来酸阿塞那平舌下膜	四川科伦药物研究院有限公司	新药	3.1	2013-12-17	已发件	批准临床
CXHL1300994	马来酸阿塞那平舌下膜	四川科伦药物研究院有限公司	新药	3.1	2013-12-17	已发件	批准临床
CXHL1300992	马来酸阿塞那平	四川科伦药物研究院有限公司	新药	3.1	2013-12-17	已发件	批准临床
CXHL1300795	马来酸阿塞那平舌下片	盛世泰科生物医药技术(苏州)有限公司	新药	3.1	2013-10-22	已发件	批准临床

续表

受理号	药品名称	CDE企业名称	申请类型	注册类型	承办日期	审评状态	审评结论
CXHL1300796	马来酸阿塞那平舌下片	盛世泰科生物医药技术(苏州)有限公司	新药	3.1	2013-10-22	已发件	批准临床
CXHL1300794	马来酸阿塞那平	盛世泰科生物医药技术(苏州)有限公司	新药	3.1	2013-10-22	已发件	批准临床
JXHL1100359	马来酸阿塞那平舌下片	N. V. Organon	进口	—	2012-02-15	已发件	批准临床
JXHL1100360	马来酸阿塞那平舌下片	N. V. Organon	进口	—	2011-10-18	已发件	批准临床

在阿塞那平的仿制药领域，随着部分仿制药企业成功通过临床批准，如四川科伦药物研究院有限公司，其拥有两项有效授权专利，即CN103864802A和CN102657535A，主要涉及制备方法和舌下膜剂。我国仿制药企业之间的竞争愈发激烈。这些企业竞相展示其研发实力、生产效率和成本控制能力，力求在市场中占据一席之地。同时，随着国家政策的支持和监管力度的加强，仿制药一致性评价的推进，仿制药企业间的竞争也更加注重产品的质量和疗效，力求在保障患者用药安全有效的同时，实现企业的可持续发展。

四、专利侵权风险预警

对于仿制药厂而言，专利侵权风险预警的意义在于提前洞察并规避潜在的专利侵权纠纷，确保仿制药的研发与生产能够在专利保护期外安全进行，同时优化资源配置，减少不必要的法律成本和时间消耗。这不仅有助于维护企业的市场声誉和竞争力，还能为仿制药的快速上市和市场拓展提供坚实的法律保障，推动仿制药行业的健康、有序发展。

1. 技术和目标定位

假设国内某公司欲进行阿塞那平相关制剂的开发。在研发初期,应进行全面的阿塞那平相关制剂的调研,了解相关技术领域内的专利现状和技术发展趋势。在技术研发过程中,应注重规避有效专利的设计,避免直接侵犯他人的专利权,对可能涉及他人专利的技术点进行深入研究和分析,寻找替代技术或解决方案。同时,也要加大对关键技术和核心技术的研发投入,提高公司的技术实力和竞争力。最终对研发成果进行及时的专利申请和保护,形成专利壁垒。加强专利管理和维护,确保专利权的有效性和稳定性。

2. 我国阿塞那平制剂相关专利情况

下述表格梳理了部分我国阿塞那平制剂相关有效专利情况,详见表5-18。

专利CN102657635B,申请日2012年5月4日,公开日2012年9月12日,授权日2013年8月7日,目前专利权人为上海现代药物制剂工程研究中心有限公司。主要内容涉及一种具有微孔的海绵状的阿塞那平膜剂及其制备方法,该专利采用高分子材料构成网状结构,药物混合于材料中,再将溶剂用水不溶性的微粉吸附后加入到高分子材料的水溶液中,通过造孔剂形成大量微孔。发明人通过将两种特定分子量的高分子材料,以特定的配比配合使用,同时加以分散在所述高分子材料中的特定比例的水不溶性微粉,就能很好地解决膜脆,易碎,无法正常生产、运输、保存和使用等问题,既可达到速释的目的,又能保证膜的强度。该专利技术主要是围绕分散阿塞那平的高分子材料开展的。当相关公司需研发阿塞那平膜剂时,若相关技术同样涉及高分子材料与微粉组合时,则需提高对该专利的注意,首先明确本专利保护范围,其次除了完全规避本申请的基础上,还可在其基础上作出进一步研发,如其他水溶性高分子材料的开发,或从其他技术角度出发,如在保障阿塞那平制剂水溶性的同时降低成本等。

表 5-18 我国阿塞那平制剂相关有效专利

序号	标题	申请人	公开号	公开日	授权日	授权权利要求
1	具有微孔的海绵状的阿塞那平舌下膜剂及其制备方法	上海现代药物制剂工程研究中心有限公司；四川科伦药业股份有限公司	CN102657635B	2012-09-12	2013-08-07	1. 具有微孔的海绵状的阿塞那平舌下膜剂，其特征在于，包括阿塞那平、水溶性高分子材料和分散在所述水溶性高分子材料中的水不溶性微粉；所述水溶性高分子材料为分子质量为130 000Da 的 PVA：分子质量为600 000Da 的 HPC=4：1； 或者为： 分子质量为 10 000Da 的 PVP：分子质量为 1 000 000Da 的 HPC=2：1； 或者为： 分子质量为 32 000Da 的海藻酸钠：分子质量为 700 000Da 的 CMC-Na=1：2； 或者为： 分子质量为 100 000Da 的 PEO：分子质量为 360 000Da 的 PVP=1：1； 分子质量为 20 000Da 的 HPMC：分子质量为 7 000 000Da 的 PEO=1：4； 所述水不溶性微粉为微晶纤维素微粉、淀粉、二氧化硅微粉、CaCO$_3$ 微粉、聚苯乙烯磺酸钠微粉、CMC 微粉或脱乙酰甲壳素微粉；水溶性高分子材料与水不溶性微粉的重量比为：水溶性高分子材料：水不溶性微粉=1：0.05~1.5。 8. 根据权利要求 1~7 任一项所述的具有微孔的海绵状的阿塞那平舌下膜剂的制备方法

续表

序号	标题	申请人	公开号	公开日	授权日	授权权利要求
2	一种阿塞那平组合物及其制备方法	石药集团中奇制药技术（石家庄）有限公司	CN103893139B	2014-07-02	2018-06-08	1. 一种阿塞那平组合物的制备方法，其特征在于所述制备方法是先将马来酸阿塞那平 5~10 份、无水直压乳糖 17.5~28 份、糖醇类稀释剂 42~62.5 份、润滑剂 2~5 份和具有升华特性的物质 15~20 份制成组合物，再将组合物中具有升华特性的物质除去，其中，糖醇类稀释剂为喷雾干燥甘露醇，润滑剂为聚乙二醇-6000，具有升华特性的物质为樟脑。
3	贴附剂及其制造方法	久光制药株式会社	CN104487072B	2015-04-01	2017-08-04	1. 一种贴附剂的制造方法，所述贴附剂具备支持体层和粘合剂层，该制造方法包括：制备混合物的工序：将阿塞那平或其药学上容许的盐与粒度分布的累积体积成为 50% 的乙酸钠的粒径 D_{50} 为 40~1000μm 的乙酸钠以所述乙酸钠的生成物的粒径 D_{50} 成为 100μm 以下的方式进行混合，而求得含有所述乙酸钠及所述阿塞那平或其药学上容许的盐的混合物；和形成粘合剂层的工序：使用混合物组合物，所述混合物组合物含有所述乙酸钠、所述敏性粘接基剂所得粘合剂层组合物，和所述压敏性乙酸钠粘结基剂的所述阿塞那平或其药学上容许的盐，在所述制备混合物的工序中，所述乙酸钠与所述阿塞那平或其药学上容许的盐的合计摩尔数的摩尔数比，即乙酸钠/阿塞那平或其药学上容许的盐的合计摩尔比为 1.5:1~6:1，在所述粘合剂层的利用 X 射线衍射法的测定中，源自所述乙酸钠组合物层强度大于源自所述乙酸钠的峰强度，并且，所述粘合剂粘合剂层组合物中未添加乙酸。 5. 一种贴附剂，其具备支持体层和粘合剂层，且是由权利要求 1~4 中任一项所述的贴附剂的制造方法所求得的。

序号	标题	申请人	公开号	公开日	授权日	授权权利要求
4	含有阿塞那平的贴剂	久光制药株式会社	CN107847487B	2018-03-27	2021-11-02	1. 贴剂，其具备支持体和层叠在支持体的单面上的粘合剂层，且粘合剂层含有阿塞那平或其药学上可接受的盐，所述低分子醇胺选自单乙醇胺、二乙醇胺、三乙醇胺、异丙醇胺和二异丙醇胺中的至少1种以上，所述低分子醇胺的含量以粘合剂层的总质量为基准，为0.5%～40w%，所述粘合剂基剂由橡胶系粘合剂基剂和二烯嵌段共聚物组成，苯乙烯-异戊二烯-苯乙烯嵌段共聚物与聚异丁烯的质量比为15:2～2:15，所述丙烯酸橡胶系粘合剂基剂为丙烯酸酯-乙酸乙烯酯共聚物，当所述粘合剂基剂为丙烯酸基剂时，所述粘合剂基剂具备支持体，和层叠在支持体的单面上的粘合剂层，液体石蜡和碳数6～20的脂肪酸酯。 2. 贴剂的制造方法，其中，该贴剂具备支持体，和在支持体的单面上的粘合剂层，所述方法包括： 由混合阿塞那平或其药学上可接受的盐、粘合剂基剂和低分子醇胺而得到的粘合剂组合物形成粘合剂层；或者由混合阿塞那平和低分子醇胺，作为粘合剂基剂的橡胶系粘合剂基剂的丙烯酸系粘合剂基剂，作为粘合剂基剂的脂肪酸酯而得到的粘合剂组合物的粘合剂组合物形成粘合剂层，液体石蜡和碳数6～20的脂肪酸酯由上层叠加粘合组合物得到的粘合剂的增粘树脂，所述低分子醇胺选自单乙醇胺、二乙醇胺、三乙醇胺和二异丙醇胺中的1种以上，所述低分子醇胺的总含量以粘合剂层的总质量为基准，为0.5%～40w%，所述橡胶系粘合剂基剂由苯乙烯-异戊二烯-苯乙烯嵌段共聚物和聚异丁烯组成，苯乙烯-异戊二烯-苯乙烯嵌段共聚物与聚异丁烯的质量比为15:2～2:15，所述丙烯酸系粘合剂基剂为丙烯酸酯-乙酸乙烯酯共聚物

续表

序号	标题	申请人	公开号	公开日	授权日	授权权利要求
4	含有阿塞那平的贴剂	久光制药株式会社	CN107847487B	2018-03-27	2021-11-02	3. 抑制粘合剂层的由吸湿导致的粘合力降低的方法，所述方法包括：在具备支持体、和层叠在支持体的单面上的粘合剂层的贴剂中，由混合阿塞那平或其药学上可接受的盐，作为粘合剂基剂的丙烯酸系粘合基剂和低分子胺或其药学上可接受的盐的粘合剂组合物形成粘合剂层；或者由混合阿塞那平或其药学上可接受的盐，作为粘合剂基剂的橡胶系粘合基剂、低分子胺、增粘树脂、液体石蜡和碳数6～20的脂肪酸酯而得到的粘合剂组合物形成粘合剂层，其中，所述低分子胺为选自单乙醇胺、二乙醇胺、三乙醇胺、异丙醇胺和二异丙醇胺中的1种，所述低分子胺的含量以粘合剂层的总质量为基准，为0.5%～40w%，所述橡胶系粘合基剂由苯乙烯-异丁烯-异戊二烯嵌段共聚物和聚苯乙烯-聚异戊二烯-聚苯乙烯嵌段共聚物和聚苯乙烯与聚异丁烯的质量比为15:2～2:15，所述丙烯酸酯系粘合基剂为丙烯酸酯-乙酸乙烯酯共聚物
5	含有阿塞那平和聚硅氧烷或聚异丁烯的透皮治疗系统	罗曼治疗系统股份公司	CN110087641B	2019-08-02	2024-03-12	1. 用于透皮给药阿塞那平的透皮治疗系统，其特征在于包含有治疗有效量的阿塞那平的自粘层结构，所述自粘层结构包含：A) 背衬层；B) 含阿塞那平的层，其包含：1. 含阿塞那平，其含量大于50w%，基于所述含阿塞那平的层的总重量；和 2. 选自聚硅氧烷和聚异丁烯的聚合物，基于不含阿塞那平的所述含阿塞那平的层的另外的皮肤接触层中所含阿塞那平的总量的0.5%～10w%的结晶抑制剂。 9. 用于透皮给药阿塞那平的透皮治疗系统，其特征在于包含有治疗有效量的阿塞那平的自粘层结构，所述自粘层结构包含：

续表

序号	标题	申请人	公开号	公开日	授权日	授权权利要求
5	含有阿塞那平和聚硅氧烷或聚异丁烯的透皮治疗系统	罗曼治疗系统股份公司	CN110087641B	2019-08-02	2024-03-12	A) 背衬层； B) 含阿塞那平，其包含： 1. 阿塞那平，基于含阿塞那平的层的总重量，其量为2%~7w%；和 2. 至少一种有机硅聚合物，基于含阿塞那平的层的总重量，其量为85%~98w%；和 3. 稳定剂，基于阿塞那平层的总重量，其量为0.01%~1.0w%；和 4. 结晶抑制剂，基于含阿塞那平层的总重量，其量为0.5%~10w%；和 C) 任选的另外的皮肤接触层。 13. 用于透皮给药阿塞那平的透皮治疗系统，其特征在于包含含有治疗有效量的阿塞那平的自粘层结构，所述自粘层结构包含： A) 背衬层； B) 含阿塞那平的层，其包含： 1. 阿塞那平，基于含阿塞那平的层的总重量，其量为2%~15w%；和 2. 至少一种聚异丁烯，基于含阿塞那平的层的总重量，其量为70%~98w%；和 3. 一种亲水性聚合物，基于含阿塞那平的层的总重量，其量为1%~20w%；和 C) 任选的另外的皮肤接触层。 21. 根据权利要求1至16中任一项所述的透皮治疗系统在制备用于治疗人类患者的药物中的用途。 22. 根据权利要求1至16中任一项所述的透皮治疗系统在制备用于治疗双相情感障碍和/或精神分裂症，或双相情感障碍的急性躁狂发作或混合发作的药物中的用途。

续表

序号	标题	申请人	公开号	公开日	授权日	授权权利要求
6	含有阿塞那平的透皮治疗系统	罗曼治疗系统股份公司	CN110958876B	2020-04-03	2020-12-18	1. 用于透皮给药阿塞那平的透皮治疗系统,其包含含有治疗有效量的阿塞那平的自粘层结构,所述自粘层结构包含: A) 背衬层; B) 含有阿塞那平的基质层,其量为基质层组合物组成,所述基质层组合物包含: (1) 游离碱形式的阿塞那平,其量为该基质层组合物的 3%~15%; (2) 聚合物,其选自包含羟基团的丙烯酸酯聚合物,其量为该基质层组合物的 50%~90%; (3) 另外的聚合物,其选自可溶性聚乙烯吡咯烷酮,其量为基质层组合物的 5%~15%; (4) 作为稳定剂的以下物质: α 为生育酚,其量为基质层组合物的 0.01%~2%,和抗坏血酸棕榈酸酯,其量为该基质层组合物的至少 0.01%~0.2%;和 (5) 中链甘油三酯。 29. 根据权利要求 1 至 24 中任一项的透皮治疗系统在制备用于治疗以下的一种或多种病症的药物中的用途:精神分裂症,双相型障碍,创伤后应激障碍,严重抑郁障碍,痴呆相关的精神病,躁动和躁狂性精神病,所述治疗包括将根据权利要求 1 至 24 中任一项的透皮治疗系统施用于患者的皮肤。 30. 根据权利要求 1 至 24 中任一项的透皮治疗系统用于治疗选自以下的一种或多种病症的药物中的用途:精神分裂障碍,双相型障碍,创伤后应激障碍,严重抑郁障碍,痴呆相关的精神病,躁动和躁狂性精神病,所述治疗包括将根据权利要求 1 至 24 中任一项的透皮治疗系统施用于患者的皮肤。

续表

序号	标题	申请人	公开号	公开日	授权日	授权权利要求
6	含有阿塞那平的透皮治疗系统	罗曼治疗系统股份公司	CN110958876B	2020-04-03	2020-12-18	31. 根据权利要求 1 至 24 中任一项的透皮治疗系统在制备用于治疗选自以下的一种或多种病症的药物中的用途：双相型障碍的急性躁狂发作或混合发作，所述治疗包括将根据权利要求 1 至 24 中任一项的透皮治疗系统施用于患者的皮肤。 32. 制备用于根据权利要求 1 至 24 中任一项的透皮治疗系统的基质层的方法，所述方法包括以下步骤： 1) 将至少为阿塞那平、丙烯酸聚合物、α 至生育酚、抗坏血酸棕榈酸酯、焦亚硫酸钠和中链甘油三酯的组分在溶剂中混合，得到涂层组合物； 2) 将涂层组合物涂覆到背衬层或离型村垫上；和 3) 干燥覆盖的涂层组合物以形成基质层。
7	含有阿塞那平的贴剂	久光制药株式会社	CN112789039B	2021-05-11	2023-10-24	1. 一种具备支撑体及粘合剂层的贴剂，其特征在于，粘合剂层包含阿塞那平和/或其药学上可接受的盐，粘合剂层以及控释剂，硅酮类粘合基剂和控释剂的至少一种，阿塞那平的最大皮肤渗透速度与达到最大皮肤渗透速度时间至 24 小时的最小皮肤渗透速度之比小于 1.62。

275

续表

序号	标题	申请人	公开号	公开日	授权日	授权权利要求
8	抑制阿塞那平-N-氧化物的生成的方法	久光制药株式会社	CN114302716B	2022-04-08	2024-09-17	1. 贴剂，其是在支持体上具备粘合剂层的贴剂，其中，所述粘合剂层包含：阿塞那平或其药学上可接受的盐，含有苯乙烯-异戊二烯-苯乙烯嵌段共聚物和聚异丁烯的橡胶系粘合剂基剂，选自硫代硫酸盐、亚硫酸盐和焦亚硫酸盐中的至少 1 种，脂环族饱和烃树脂，和棕榈酸异丙酯，阿塞那平或其药学上可接受的盐是阿塞那平游离碱或阿塞那平马来酸盐，当阿塞那平或其药学上可接受的盐是阿塞那平马来酸盐时，粘合剂层含有乙酸钠，乙酸钠的含量以粘合剂层的总质量为基准，为 2%~40w%，含有苯乙烯-异戊二烯嵌段共聚物和聚异丁烯的橡胶系粘合剂基剂的含量为 1%~30w%，阿塞那平或其药学上可接受的盐的总质量以粘合剂层的总质量为基准，选自硫代硫酸盐、亚硫酸盐和焦亚硫酸盐中的至少 1 种盐的含量为 0.005%~1w%，脂环族饱和烃树脂的含量为含量为 10%~90w%，液体石蜡的含量为 3%~50w%，棕榈酸异丙酯的含量为 2%~65w%，2%~40w%

续表

序号	标题	申请人	公开号	公开日	授权日	授权权利要求
8	抑制阿塞那平-N-氧化物的生成的方法	久光制药株式会社	CN114302716B	2022-04-08	2024-09-17	2. 贴剂的制造方法，其包括以下工序：向包含含有苯乙烯-异戊二烯-苯乙烯嵌段共聚物和聚丁烯的橡胶系粘合基剂、阿塞那平或其药学上可接受的盐、脂环族饱和烃树脂、液体石蜡、和棕榈酸异丙酯的粘合剂组合物中添加选自硫酸盐、亚硫酸盐和焦亚硫酸盐中的至少1种而得到粘合剂组合物；和在支持体上延展所述粘合剂组合物，其中，阿塞那平或其药学上可接受的盐是阿塞那平游离碱或阿塞那平马来酸盐，粘合剂层含有乙酸钠、乙酸钠的含量以粘合剂层的总质量为基准，为2%～40w%，以粘合剂层的总质量为基准，含有苯乙烯-异戊二烯-苯乙烯嵌段共聚物和聚丁烯的橡胶系粘合剂的含量为10%～90w%，选自硫酸盐、亚硫酸盐和焦亚硫酸盐中的至少1种盐的含量为0.005%～1w%，脂环族饱和烃树脂的含量为3%～50w%，液体石蜡的含量为65w%，棕榈酸异丙酯的含量为2%～40w%

续表

序号	标题	申请人	公开号	公开日	授权日	授权权利要求
8	抑制阿塞那平-N-氧化物的生成的方法	久光制药株式会社	CN114302716B	2022-04-08	2024-09-17	3. 抑制阿塞那平-N-氧化物的生成的方法，其包括以下工序：向包含有苯乙烯-异丁烯-苯乙烯嵌段共聚物和聚异丁烯的橡胶系粘合基剂、阿塞那平或其药学上可接受的盐、脂环族饱和烃树脂、液体石蜡、和棕榈酸异丙酯的组合物中添加选自亚硫酸代硫酸盐和焦亚硫酸盐中的至少1种，其中，阿塞那平或其药学上可接受的盐是阿塞那平游离碱或阿塞那平马来酸盐，当阿塞那平或其药学上可接受的盐是阿塞那平马来酸盐时，粘合剂层中有乙酸钠、乙酸钠的含量以粘合剂层的总质量为基准，为 2%～40w%，以粘合剂层的总质量为基准，阿塞那平或其药学上可接受的盐的含量为 1%～30w%，含有苯乙烯-异丁烯-苯乙烯嵌段共聚物和聚异丁烯的橡胶系粘合基剂的含量为 10%～90w%，选自亚硫酸代硫酸盐和焦亚硫酸盐中的至少1种盐的含量为 0.005%～1w%，脂环族饱和烃树脂的含量为 2%～65w%，液体石蜡的含量为 3%～50w%，棕榈酸异丙酯的含量为 2%～40w%

专利 CN103893139B，申请日 2012 年 12 月 28 日，公开日 2014 年 7 月 2 日，授权日 2018 年 6 月 8 日，目前专利权人为石药集团中奇制药技术（石家庄）有限公司。主要内容涉及阿塞那平的舌下或颊给药的组合物及其制备方法。如果能在片剂内部加入一种致孔剂，在保持片剂成型性的同时可以提高孔隙率，产品就可以达到与冻干片相同的效果。该专利将一种可升华性物质与主药和其他辅料混合均匀后压片，再将片剂在一定温度下热处理，使可升华性物质从片剂中完全除去，得到的产品外观完整、密度低、孔隙率高，崩解时限在 30s 以内。所述具有升华特性的物质（致孔剂）为樟脑。该专利独特之处在于向常规片剂的制备过程中加入了具有一定的辅助抗黏作用的特定致孔剂，最终获得了崩解时限符合药典要求的阿塞那平组合物。当相关公司研究阿塞那平制剂的切入点为加入致孔剂时，则需注意本专利加入的樟脑及其与其他无水直压乳糖、稀释剂等组分及其配比，从而做到有效防范专利侵权。

专利 CN104487072B，优先权日 2012 年 7 月 26 日，申请日 2013 年 7 月 25 日，公开日 2015 年 4 月 1 日，授权日 2017 年 8 月 4 日，目前专利权人为久光制药株式会社。该专利提供一种即便粘合剂层中不含有机酸，仍可保持较高阿塞那平皮肤透过性，且皮肤透过性的经时稳定性及制造稳定性优异的贴附剂及其制造方法。主要技术手段是通过在制备混合物的工序中将阿塞那平或其药学上容许的盐与乙酸钠在特定条件下混合，能够使得在粘合剂层中生成充足量的二乙酸钠，也就是说即使不使用乙酸，也能够由阿塞那平或其药学上容许的盐与乙酸钠生成二乙酸钠。由于在粘合剂层中不含有有机酸，因此皮肤透过性的经时稳定性优异，制剂之间的皮肤透过性的差异小，同时能够抑制对皮肤的刺激。当相关公司研究阿塞那平透皮贴的切入点为如何提高该贴剂经时稳定性、减少皮肤刺激时，注意规避该专利内容，或者可以在该专利的基础上，作出如何在不使用皮肤刺激性物质的基础上，使其他组分在使用过程中发生化学反应从而生成可替代物。

专利 CN107847487B，优先权日 2015 年 7 月 27 日，申请日 2016 年 7 月 21 日，公开日 2018 年 3 月 27 日，授权日 2021 年 11 月 2 日，目前专利权人为久光制药株式会社。该专利提供一种粘合剂，即使在粘合剂层吸湿后，也能抑制粘合剂层的粘合力的降低。该贴剂具备支持体、和层叠在支持体的单面上的粘合剂层，其中，粘合剂层含有阿塞那平或其药学上可接受的盐、特定的粘合基剂、和特定的低分子胺，并且上述物质以特定比例混合。由于贴剂与皮肤分泌的汗等的接触、暴露于空气中的湿气、沐浴或烹饪等日常生活中的与水或蒸气的接触，有时贴剂的粘合剂层吸湿，其粘合力即会降低。贴剂黏性随环境因素降低是制剂领域常见问题。当相关公司想要针对阿塞那平贴剂的黏性进行研究时，需注意本专利，关注其所用的低分子胺、特定的粘合基剂，以及组合物种各个物质之间的配比。

专利CN110087641B，优先权日2016年12月20日，申请日2017年12月19日，公开日2019年8月2日，授权日2024年3月12日，目前专利权人为罗曼治疗系统股份公司。该专利涉及用于将阿塞那平（asenapine）透皮给药至体循环的透皮治疗系统（TTS）。该专利显示随着硅粘合剂相对于丙烯酸酯粘合剂的量的增加，皮肤渗透率提高。并且在结晶抑制剂的存在下，可以实现更快速的起效。因而在研制阿塞那平透皮贴时，基于皮肤渗透率、起效时间开展研究时，需注意本申请比例的聚硅氧烷和聚异丁烯的聚合物及结晶抑制剂技术方案。

专利CN110958876B，优先权日2018年6月20日，申请日2019年6月19日，公开日2020年4月3日，授权日2020年12月8日，目前专利权人为罗曼治疗系统股份公司。该专利与前一专利均是用于将阿塞那平（asenapine）透皮给药至体循环的透皮治疗系统（TTS）。其公开的用于透皮给药阿塞那平的透皮治疗系统中，通过添加入特定比例的α-生育酚、抗坏血酸棕榈酸酯、焦亚硫酸钠来改善稳定性。当某公司出于对透皮贴稳定性研究时可进行参考，但是需规避上述组合的技术方案，寻求是否可在其基础上作出进一步的物质替换。

专利CN112789039B，优先权日2018年10月1日，申请日2019年9月25日，公开日2021年5月11日，授权日2023年10月24日，目前专利权人为久光制药株式会社。该专利涉及含有阿塞那平的贴剂，其通过采用特定的硅酮类粘合基剂提高了皮肤透过性，以及加入控释剂（油酸、硅酸铝镁、N-甲基-2-吡咯烷酮）从而实现较为优异的缓释性。当某公司出于对透皮贴缓释性、皮肤透过性研究时可进行参考，着重考量上述物质间的配合及比例，从而规避侵犯他人专利权。

专利 CN114302716B，优先权日 2019 年 10 月 28 日，申请日 2020 年 10 月 19 日，公开日 2022 年 4 月 8 日，授权日 2024 年 9 月 17 日，目前专利权人为久光制药株式会社。该专利涉及抑制阿塞那平-N-氧化物的生成的方法。其中含有特定比例的稳定剂丙烯酸系粘合剂（DURO-TAK 87-4287）或有机硅系粘合剂（BIO-PSA 7-4202）可有效抑制阿塞那平-N-氧化物的生成。当某公开研究阿塞那平贴剂稳定性时，可研究不同稳定剂之间的相互作用，寻找更加有效的试剂替换。

为了在研究阿塞那平相关制剂时规避专利侵权风险，公司应在研发开始前，务必进行充分的专利调查，查阅已有的专利文献，了解阿塞那平及其相关制剂的专利保护范围，避免落入他人专利的保护范围。在药物制剂领域，除药物活性成分外，还需要考量药物联合用药等其他物质配方、辅料、制备工艺、各个物质间的配比含量。对于药物制剂领域，在作侵权风险判定时，首先需要确认所涉及的药物组合物专利是否有效存在，即该专利是否已获得授权，并且当前仍处于有效保护期内。若专利已过期或已被无效宣告，则不存在侵权问题。然后对比所研究的疑似侵权产品与专利权利要求之间的关系，药物组合物专利的权利要求可以分为开放式和封闭式两种。开放式权利要求通常采用"包含""包括"等表达方式，意味着组合物中还可以含有权利要求中没有述及的组成部分。而封闭式权利要求则采用"由……组成"等表达方式，明确排除了权利要求所述组分以外的组成部分。在判断药物组合物是否侵权时，需要遵循全面覆盖原则，即被控侵权产品的技术特征必须完全覆盖专利权利要求中记载的全部技术特征。若缺少某一技术特征，或者存在额外未提及的组分，则可能不构成侵权（但需注意，对于封闭式权利要求，额外组分的存在通常会被视为侵权，除非该组分对药品性能无实质性影响且适用等同原则）。在某些情况下，即使被控侵权产品的技术特征与专利权利要求不完全相同，但两者在功能、效果上相同或相似，且对于本领域技术人员来说属于显而易见、可相互替换的，也可能构成等同侵权。然而，等同原则的适用并非绝对，需要具体案件具体分析。药物组合物专利的保护范围通常以其权利要求为准。因此,在判断侵权时,需要仔细审查专利权利要求的表述,明确其保护的具体组分、配比以及可能存在的限制条件。同时,还需要注意专利说明书中的描述,以了解专利的具体实施例和可能存在的保护范围扩展。以天士力 VS. 东莞万成案为例,该案涉及养血清脑颗粒的专利侵权问题。在判断侵权时,法院首先确认了专利的有效性,并对比了被控侵权产品与专利权利要求的技术特征。通过专家组的鉴定和药效学实验,法院最终认定被控侵权产品与专利存在实质性差异,不属于等同技术方案,从而作出了不侵权的判决。这一案例表明,在判断药物组合物是否侵权时,需要综合考虑多个方面的因素,包括专利的有效性、权利要求的类型、全面覆盖原则及等同原则的适用等。

3. 专利侵权风险应对

为进一步详细地说明专利侵权风险应对措施,笔者具体结合相关药物制剂领域案例进行讲解。

(1) 不侵权抗辩

天士力 VS. 东莞万成案是一起涉及中药制剂专利侵权的知名案件,以下是该案件的具体细节。

原告:天津天士力制药股份有限公司(以下简称"天士力"),是一家以制药业为中心的高科技企业集团,专注于中药现代化和国际化。被告:东莞万成制药有限公司(以下简称"万成公司"),是一家中外合资制药公司。涉及药物:养血清脑颗粒,一种由天士力独家研制生产的现代中药制剂。天士力于 1993 年 1 月 9 日申请了"养血清脑颗粒"的专利,并于 1999 年获得国家发明专利(专利号:ZL93100050.5)。该专利在 2004 年被列为国家二级中药保护品种,保护期为 2005 年 1 月 24 日至 2012 年 1 月 24 日。2005 年 3 月,天士力发现万成公司上市了同名的"养血清脑颗粒"药,并提供了虚假临床试验报告。天士力认为万成公司侵犯了其专利权,遂决定提起诉讼。2005 年 5 月,天士力向北京市第一中级人民法院提起发明专利侵权诉讼,要求判决万成公司专利侵权并立即停止生产、销售"养血清脑颗粒"药。一审中，万成公司主张其生产的"养血清脑颗粒"的组分与涉案专利相同，但与已有的公知药方相同，因此不构成侵权。法院一审认为万成公司的公知技术抗辩成立，驳回了天士力的诉讼请求。天士力不服一审判决，向北京市高级人民法院提起上诉。在二审中，北京市高级人民法院采纳了由多位知名专家组成的专家组的意见。专家组通过对比天士力专利配方与公知技术配方（即《"头痛Ⅱ"》一文公开的组方）的差异，认为两者在君药当归和川芎的用量上存在显著差异（相对差异率为21.7%），且药效学实验证明天士力专利技术的镇痛作用显著强于公知技术。因此，专家组认为涉案专利与公知技术之间存在实质性差异，不属于等同技术方案。北京市高级人民法院作出终审裁定，撤销一审判决，认定万成公司侵权行为成立。判决万成公司立即停止生产、销售"养血清脑颗粒"药品，并按天士力的索赔要求赔偿1元人民币。天士力 VS. 东莞万成案是一起具有深远影响的中药制剂专利侵权案件。它提醒制药企业在研发、生产和销售过程中应严格遵守知识产权法律法规，尊重他人的专利权，并加强专利检索和风险评估工作。同时，对于侵权行为，企业应积极采取法律手段维护自己的合法权益。

（2）专利无效抗辩

白云山科技不侵权诉讼案，原告为广州威尔曼药业有限公司（以下简称"威尔曼"），被告包括广州白云山医药科技发展有限公司（以下简称"白云山科技"）在内的11家国内企业及研发机构。涉案药物："注射用哌拉西林钠舒巴坦钠"，是一种由哌拉西林钠与舒巴坦钠两种药物通过4∶1的比例混合制成的复合制剂。威尔曼认为其于1997年6月就该复合制剂申报了国家发明专利（专利号：ZL97108942.6），并获得保护。而白云山科技等11家企业认为威尔曼的专利是无效的，因为这是一项国际公认的自由公知技术，并依据这些技术研发了该药品。双方因此产生专利纠纷。威尔曼在获得专利后，认为其他生产、销售该产品的企业均属侵权，并干扰上述企业的生产和销售。11家企业认为威尔曼的专利无效，并于2003年6月向国家知识产权局提出了"对该专利宣告无效的请求"。由于威尔曼以该专利已转让另一家企业产权未清为由，要求国家知识产权局中止（延缓）无效审理,此案拖延下来。案件经过审理,法院认为白云山科技等被告方的生产和销售获得了国家药监局的批准文件,且所采用的技术并非威尔曼公司已申请专利的技术,而是在该专利申请之前就已存在的众所周知的技术。因此,法院判决白云山科技等被告方不侵犯威尔曼的专利权。该案件为医药行业树立了重要先例,明确了在面临专利侵权指控时,企业可以通过提起不侵权诉讼来维护自己的合法权益。

(3) Bolar 例外

在药物制剂领域,Bolar 例外是一个重要的专利法概念,它允许仿制药制造商在专利保护到期之前,为了获得行政审批所需的信息而实施专利,以便在专利保护期届满后能够迅速上市仿制药。南京恒生制药有限公司与南京市知识产权局、拜耳知识产权有限责任公司专利行政裁决纠纷案,涉及专利是拜耳知识产权有限责任公司(以下简称"拜耳公司")拥有的"取代的噁唑烷酮和其在血液凝固领域中的应用"发明专利,而被诉侵权方是南京恒生制药有限公司(以下简称"恒生公司")。恒生公司在其官网和相关展会上展示了"利伐沙班片"和"利伐沙班片原料药",并配有包装盒、包装瓶图片及规格、用途等信息,同时印制了恒生公司的注册商标。拜耳公司认为恒生公司的上述行为构成了许诺销售,且落入其专利权的保护范围,因此提出专利侵权纠纷处理请求。南京市知识产权局作出行政裁决,责令恒生公司删除官方网站上侵权宣传信息,停止许诺销售行为。恒生公司认为其展示涉案产品的行为属于针对计划开发利伐沙班仿制药企业的定向投送,涉案产品并未处于可以销售的状态,因此不构成许诺销售。同时,恒生公司还主张其行为符合专利法关于药品和医疗器械行政审批例外的规定(即 Bolar 例外),因此不构成专利侵权。一审法院认为,恒生公司通过网站、展会向不特定对象作出销售涉案产品的意思表示明确、具体,构成许诺销售行为。同时,法院认为恒生公司的行为不符合 Bolar 例外的主体条件和行为范围,因此判决驳回恒生公司的诉讼请求。二审法院维持了一审法院的判决。法院明确指出,许诺销售行为不属于专利法关于药品和医疗器械行政审批的侵权例外(Bolar 例外)。在适用 Bolar 例外时,必须严格解释其适用条件,既要保障社会公众在专利权届满后及时获得价格低廉的药品和医疗器械，也要避免削弱对专利权人合法权益的保护。由该案件我们得到了相应启示，Bolar例外主要适用于为了获得仿制药品和医疗器械行政审批所需要的信息而实施专利的行为人，以及为该行为人专门实施专利的行为人。同时，所调整的行为是为提供行政审批所需要的信息而实施的"制造、使用、进口"行为，不包括许诺销售行为。许诺销售行为既可以针对特定对象，也可以针对不特定对象；既可以是发出邀约，也可以是发出要约邀请。只要销售产品的意思表示内容明确、具体，即可认定存在许诺销售行为。该案例是药物制剂领域涉及Bolar例外的典型真实案例，对于理解Bolar例外的适用条件和范围、认定许诺销售行为以及平衡专利权人与仿制药企的利益等方面都具有较为重要的指导意义。

（4）禁止反悔抗辩

禁止反悔抗辩是一种常见的专利侵权诉讼抗辩策略。假设原研药企拥有一项关于新型药物制剂制备方法的发明专利，并在专利文件中详细描述了该制备方法的技术特征和制备步骤。随后，仿制药企向国家药品监督管理局提交了仿制药的上市申请，并声称其仿制药的制备方法未落入原研药企的专利权保护范围。然而，原研药企认为仿制药企的制备方法实际上与其专利方法构成等同，因此向法院提起诉讼，请求确认仿制药企的行为构成专利侵权。在诉讼过程中，仿制药企提出了禁止反悔抗辩。仿制药企主张，在专利授权阶段，原研药企为了获得专利授权，曾对专利权利要求进行了修改，明确放弃了某些技术特征。因此，在专利侵权诉讼中，原研药企不得再将这些被放弃的技术特征纳入专利权的保护范围。为了支持其抗辩理由，仿制药企向法院提交了原研药企在专利授权阶段提交给国家知识产权局的修改文件和相关意见陈述。这些文件显示，原研药企在修改权利要求时，确实对部分技术特征进行了放弃。法院在审理过程中，对仿制药企提交的修改文件和相关意见陈述进行了仔细审查。法院认为，原研药企在专利授权阶段对权利要求进行的修改是明确的，且这些修改足以让专利审查员和社会公众相信原研药企真正想要保护的是修改后的技术方案。因此，基于禁止反悔原则，法院认为原研药企在专利侵权诉讼中不得再将被放弃的技术特征纳入专利权的保护范围。最终，法院判决仿制药企的制备方法未落入原研药企的专利权保护范围,驳回了原研药企的诉讼请求。该案例对于理解禁止反悔抗辩的成立条件、证据要求以及法院审理标准等方面都具有一定的指导意义,相关企业可进行参考。

(5) 技术研发合作

在药物制剂领域,为避免专利侵权,企业间合作是一种有效的策略。例如一制药公司与生物公司签订了专利信息共享协议,双方共享各自在新型药物制剂领域的专利信息,包括专利名称、专利号、专利保护范围等。这一举措有助于双方了解彼此的专利布局,避免在研发过程中侵犯对方的专利权。基于专利信息共享,制药公司与生物公司共同研发了一款新型药物制剂。在研发过程中,双方严格遵守专利法律法规,确保所研发的产品不落入任何现有专利的保护范围。为进一步巩固合作关系,制药公司与生物公司还签订了专利交叉许可协议。根据该协议,双方可以合法使用对方的专利技术,以生产和销售共同研发的新型药物制剂。这一举措不仅降低了专利侵权风险,还促进了双方产品的市场推广和商业化。

小　结

本节以阿塞那平相关制剂研究作为切入点,介绍了阿塞那平制剂的基本专利情况,剖析了阿塞那平制剂部分典型专利案件技术,同时提供了制剂方面相关专利侵权风险应对措施。虽然现有对于制剂领域专利侵权风险应对还存在其他措施,由于和其他节内容存在一定重复性,在这里笔者不再赘述。总体而言,制剂领域为避免侵犯他人专利权并作出有效的风险应对措施,企业应首先深入了解相关专利法律法规,并建立健全的专利信息检索和监测机制。在研发新产品时,务必进行全面的专利检索,确保所研发的药物制剂不落入他人专利权的保护范围。同时,企业还应加强内部知识产权管理,增强员工的知识产权保护意识,避免在研发、生产和销售过程中无意中侵犯他人专利权。此外,企业可以积极寻求与专利权人的合作,通过专利许可或交叉许可等方式,合法使用他人的专利技术。在合作过程中,应明确双方的权利和义务,确保合作顺利进行。若面临潜在的专利侵权风险，企业应及时咨询专业的法律人士，评估风险并制定应对策略。在必要时，可以主动向国家知识产权局等相关部门申请专利无效宣告或提出行政复议，以维护自身的合法权益。总之，企业在药物制剂领域应时刻保持警惕，加强专利信息检索和监测，增强知识产权保护意识，积极寻求合作并妥善处理潜在的专利侵权风险，以确保自身的研发和生产活动合法合规，降低法律风险。

参考文献

[1] 江苏省知识产权局.境外展会知识产权纠纷应对指南(2024版)[EB/OL].(2024-08-19)[2024-08-27].https://www.163.com/dy/article/J6R7Q26P0551MFDN.html.

[2] 金桢烨.美国涉华非关税贸易壁垒分析及应对措施——以337调查为例[J].产业创新研究,2022(23):105-107.

[3] 李鎏.心向明月,笑看清风——详解美对中301调查及应对[EB/OL].(2024-06-14)[2024-08-30].https://mp.weixin.qq.com/s/z3gRvPEhW1Mju6iZFFUOJw.

[4] 赵枫丹.美国贸易法"301条款"应对研究[D].开封:河南大学,2022.

[5] 京墨.药品研发过程中的专利布局点[EB/OL].(2022-11-24)[2024-09-01].https://mp.weixin.qq.com/s/LGWrnSi58a-BWDf1TZDXCA.

[6] 郭瑞臣.抗肿瘤生物类似药的发展与临床应用[J].实用肿瘤杂志,2020,35(4):310-313.

[7] 深圳先进院.罗氏赫赛汀专利布局路线[EB/OL].(2020-09-26)[2024-09-14].https://mp.weixin.qq.com/s/GQbJSIcco6mRFBrYYZDhpg.

[8] 郭雯等.创新药专利精解[M].北京:知识产权出版社,2021.

[9] 于会明.仿制药的专利侵权问题研究[D].哈尔滨:黑龙江大学,2017:3.

[10] 何淑方.我国专利侵权抗辩事由研究[D].南宁:广西民族大学,2020:1.

[11] 李文江.我国仿制药发展的专利制度保障研究[M].厦门:厦门大学出版社,2023.

[12] 郭雯.药品专利保护:制度与实践[M].北京:知识产权出版社,2023.